16	3	2	13
5	10	11	8
9	6	7	12
4	15	14	1

Sérgio Ferro

ARQUITETURA
E TRABALHO LIVRE II
De Brasília aos mutirões

Organização e apresentação
Pedro Fiori Arantes

Prefácio
Roberto Schwarz

editora 34

EDITORA 34

Editora 34 Ltda.
Rua Hungria, 592 Jardim Europa CEP 01455-000
São Paulo - SP Brasil Tel/Fax (11) 3811-6777 www.editora34.com.br

Copyright © Editora 34 Ltda., 2025
Arquitetura e trabalho livre II: de Brasília aos mutirões © Sérgio Ferro, 2025
"Saudação a Sérgio Ferro" © Roberto Schwarz, 2005

A FOTOCÓPIA DE QUALQUER FOLHA DESTE LIVRO É ILEGAL E CONFIGURA UMA
APROPRIAÇÃO INDEVIDA DOS DIREITOS INTELECTUAIS E PATRIMONIAIS DO AUTOR.

Imagem da capa:
A Escola de Brotas em construção, 1970, fotografia de Rodrigo Lefèvre

Capa, projeto gráfico e editoração eletrônica:
Franciosi & Malta Produção Gráfica

Preparação:
Milton Ohata

Revisão:
Beatriz de Freitas Moreira

1ª Edição - 2025

CIP - Brasil. Catalogação-na-Fonte
(Sindicato Nacional dos Editores de Livros, RJ, Brasil)

Ferro, Sérgio, 1938

F386a   Arquitetura e trabalho livre II:
de Brasília aos mutirões / Sérgio Ferro; organização
e apresentação de Pedro Fiori Arantes; prefácio de
Roberto Schwarz — São Paulo: Editora 34, 2025
(1ª Edição).
216 p.

ISBN 978-65-5525-227-9

1. Arquitetura - História e crítica.
2. Trabalho e teoria do valor. 3. Arquitetura Nova.
I. Arantes, Pedro Fiori. II. Schwarz, Roberto.
III. Título.

CDD - 720.01

ARQUITETURA
E TRABALHO LIVRE II
De Brasília aos mutirões

Apresentação, *Pedro Fiori Arantes* 7

Saudação a Sérgio Ferro, *Roberto Schwarz* 31

ARQUITETURA E TRABALHO LIVRE II:
DE BRASÍLIA AOS MUTIRÕES

Proposta inicial para um debate:
possibilidades de atuação (1963) 39

Arquitetura experimental (1965) 45

Arquitetura Nova (1967) 55

A produção da casa no Brasil (1969) 69

Brasília, Lucio Costa e Oscar Niemeyer (2003) 117

Flávio arquiteto (1995) 133

Em vez de prefácio (2019) 141

Sobre as escolas (2024) 157

Pressupostos possíveis dos
"canteiros emancipatórios ou experimentais" (2023) 175

Variante para a edição inglesa (2024) 183

"Trabalhador coletivo" e autonomia (2015) 201

Sobre o autor 211

Apresentação

Pedro Fiori Arantes

Neste segundo volume de *Arquitetura e trabalho livre* acompanharemos a produção de Sérgio Ferro no Brasil nos anos 1960 e, depois da prisão e do exílio, na França, com uma seleção de textos que mantêm diálogo com a realidade brasileira, recapitulam experiências e homenageiam os companheiros Flávio Império e Rodrigo Lefèvre. Ou seja, este volume concentra textos programáticos, alguns em tom de manifesto, ditando novos rumos para a arquitetura brasileira e onde aparecem as primeiras reflexões teóricas de Sérgio e seus companheiros da Arquitetura Nova, além de balanços subsequentes, escritos décadas depois, perfazendo sessenta anos de reflexão crítica. O livro conta com quatro textos recentes (de 2015 a 2024), posteriores ao volume organizado por mim e publicado pela editora Cosac Naify em 2006, sendo dois deles inéditos. Conta, ainda, com um prefácio do crítico literário Roberto Schwarz, homenagem a Sérgio Ferro por ocasião da sua condecoração com a Medalha Anchieta e o Diploma de Gratidão da Cidade de São Paulo, em 2005, conferidos pela Câmara Municipal por iniciativa do arquiteto e vereador Nabil Bonduki. Roberto esteve especialmente próximo a Sérgio nos anos 1960, animando o segundo grupo de estudos d'*O capital* e compondo a equipe da revista *Teoria e Prática* — ambos faziam parte do mesmo movimento de renovação do marxismo brasileiro.[1]

Abrimos este volume sobre o Brasil com o texto-manifesto inaugural da Arquitetura Nova, "Proposta inicial para um debate: possibilida-

---

[1] No conhecido texto de Roberto Schwarz sobre as consequências do golpe para a cultura brasileira, "Cultura e política, 1964-1969", hoje no volume *O pai de família e outros estudos*, o esquadro para a compreensão do que ocorria no campo da arquitetura foi dado por Sérgio Ferro. Sobre o diálogo entre os dois, ver meu texto "O crítico e os arquitetos", in Maria Elisa Cevasco e Milton Ohata (orgs.), *Um crítico na periferia do capitalismo: reflexões sobre a obra de Roberto Schwarz* (São Paulo, Companhia das Letras, 2007, pp. 241-54).

des de atuação", publicado em 1963 pelo grêmio dos estudantes da FAU-
-USP (o GFAU lançou em primeira mão textos do grupo), em que Sérgio, Flávio e Rodrigo cobram a tomada de uma posição ativa por parte
dos colegas arquitetos diante daquele momento histórico decisivo, com
a possibilidade de reformas de base e já vislumbrando a reação conservadora que culminaria no golpe — é importante lembrar que o primeiro
encontro pela Reforma Urbana no Brasil ocorre naquele mesmo ano de
1963. Ainda nesse primeiro texto programático, como veremos, o trio
propõe a "poética da economia", fornecendo a linha estética e política
inicial do grupo.

O capítulo seguinte, "Arquitetura experimental", apresenta de forma resumida textos e imagens do número de 1965 da revista *Acrópole*
dedicada aos projetos do trio. O tom de manifesto segue presente, mas
agora embasado nas experiências construtivas realizadas pelo grupo, a
maioria delas de casas para professores e conhecidos. Realizadas antes
do golpe mas apresentadas no ano seguinte, aquelas experimentações arquitetônicas pareciam perder seu chão histórico. Passaremos a seguir pelo acerto de contas com a chamada Escola Paulista no texto "Arquitetura Nova", que marca a ruptura com o mestre Vilanova Artigas e o Partido Comunista Brasileiro, ao indicar que o característico brutalismo dessa escola havia se tornado um estilo, uma forma arquitetônica à venda
para a burguesia (em suas mansões, por exemplo), traindo sua suposta
causa original mais generosa, vinculada ao projeto de desenvolvimento
nacional com inclusão e reformas sociais. Seguiremos com os roteiros de
aula elaborados pelo grupo da Arquitetura Nova, publicados pelo GFAU
com o título "A casa popular" (posteriormente rebatizadas de "A produção da casa no Brasil"), esquema fundamental que dará origem a *O
canteiro e o desenho*, escrito já no exílio na França e que hoje integra o
primeiro volume desta reedição de *Arquitetura e trabalho livre*.

Os demais textos que compõem este livro foram escritos na França,
a partir dos anos 1990, sempre com os olhos voltados para o Brasil. O
ponto de partida das rememorações é um testemunho e uma reflexão crítica sobre a construção de Brasília, que fornece um nexo central ao livro
e ao entendimento da trajetória do grupo, como veremos. Os dois textos
seguintes são dedicados aos grandes companheiros de Sérgio Ferro: um
para o catálogo de exposição sobre Flávio Império e o outro figura como
prefácio de livro dedicado a Rodrigo Lefèvre. Logo após, o autor rememora em depoimento inédito o projeto de oito escolas concebidas entre
1966 e 67 com Flávio e Rodrigo, fruto de encomenda de Mayumi Wata-

nabe de Souza Lima. O volume se completa com mais dois textos abrindo horizontes: sobre canteiros "experimentais ou emancipatórios", no qual o autor dialoga, noutro ensaio inédito, com experiências da FAU-USP e com os recém-criados (em 1962) cursos de arquitetura da UnB e da FAU-Santos (em 1969), além das experiências na França, tanto em Grenoble como em L'Isle d'Abeau; e, finalmente, um texto dedicado aos mutirões habitacionais, seus arquitetos e trabalhadores, que ensaiam práticas coletivas e autonomistas de produção.

Com isso, revisitaremos o "percurso brasileiro" de Sérgio Ferro, em parte vivido intensamente por aqui, depois nos olhando desde o exílio, até sua presença mais frequente nos últimos vinte anos, com visitas constantes ao Brasil. O conjunto de textos, como veremos, entrelaça a matéria brasileira com teoria crítica e prática radical, de Brasília aos mutirões autogeridos, passando pela experiência do grupo Arquitetura Nova.

OS CANTEIROS DE BRASÍLIA: PONTO DE PARTIDA

Foram poucos os arquitetos que perceberam à época o enorme desencontro entre as intenções progressistas dos que projetavam Brasília, a esperança anunciada no desenho da nova capital e a exploração e a violência sofridas pelos trabalhadores nos canteiros de obras — além de sua segregação nos acampamentos que deram origem às "cidades-satélites". Dentre esses poucos, ainda menos foram os que adotaram essa constatação como ponto de partida para a invenção de novas práticas e de uma teoria alternativa, numa espécie de acerto de contas com a profissão e com as promessas da arquitetura moderna brasileira.

Sérgio Ferro teve contato com os trabalhadores de Brasília em dois momentos. O primeiro, quando jovem arquiteto, ao ir à capital realizar projetos e obras para a construtora de seu pai. A memória desse período é relatada em "Brasília, Lucio Costa e Oscar Niemeyer". Ao presenciarem os grandes canteiros da nova capital, Sérgio e Rodrigo Lefèvre, ainda estudantes da FAU-USP, percebem o descompasso entre desenho e canteiro naquelas obras monumentais:

> Há um contraste doloroso entre o desenho apurado e elegante e o canteiro absurdo [...]. Vi operários que trabalhavam como trapezistas de circo, pendurados em cordas, passando de uma parábola a outra, com grande perigo. E, embaixo, outros,

Apresentação

com lixadeiras, polindo o mármore branco, para que ficasse lisinho, com jeito de bacia maternal acolhedora. Sem máscara, naquelas nuvens de poeira branca, estavam provavelmente alimentando silicose no pulmão. Isso, naquele ambiente que deveria sugerir acolhimento no seio da nossa terra, simbolismo lindo do Niemeyer. Um imenso descompasso: a figuração mais forte da confraternização, da união nacional, com as parábolas vindas de todas as regiões do país se juntando em festa, sendo erguida sem nenhuma consideração por seus construtores, aparentemente excluídos da comunhão.

O segundo encontro com operários de Brasília ocorreu uma década depois, na prisão, durante a ditadura (1964-1985). Sérgio, preso em 1970 por participar da resistência armada ao regime, encontra nas celas antigos operários que trabalharam na construção da capital:

> Anos mais tarde, quando fui preso, convivi com operários que participaram desta construção. Eles me contaram um sofrimento que mal imaginávamos então: suicídios numerosos, operários se jogando sob caminhões, disenteria quase cotidiana [...] canteiros e acampamentos cercados por "forças da ordem", jornadas intermináveis de trabalho, alimentação precária.

Sérgio Ferro, Rodrigo Lefèvre e Flávio Império, cuja trajetória e hipóteses construtivas e teóricas acompanharemos neste volume, iriam formar em São Paulo, no mesmo momento da inauguração de Brasília, um trio inseparável, posteriormente denominado Arquitetura Nova.[2] Um grupo que nasce atento a esse desencontro revelador entre promessas da forma e realidade da construção — descompasso sintomático em um país como o nosso, em que mesmo os comunistas estavam cegos à questão. Não por acaso, Sérgio e Rodrigo, que eram jovens militantes do PCB (enquanto Flávio participava de grupos trotskistas), farão parte do racha no

---

[2] Ver Sérgio Ferro, "FAU, travessa da Maria Antonia", in Maria Cecília Loschiavo dos Santos (org.), *Maria Antonia: uma rua na contramão*, São Paulo, Nobel, 1988. Sobre a história do grupo Arquitetura Nova, ver Pedro Fiori Arantes, *Arquitetura Nova: Rodrigo Lefèvre, Flávio Império e Sérgio Ferro, de Artigas aos mutirões*, São Paulo, Editora 34, 2002; e Ana Paula Koury, *Grupo Arquitetura Nova*, São Paulo, Romano Guerra/Edusp/Fapesp, 2003.

Partido em 1967, liderado por Carlos Marighella, e farão outras opções políticas, práticas e teóricas — pagando por isso um alto preço pessoal.

Sérgio e Rodrigo, nas idas a Brasília, começam uma leitura sistemática d'*O capital*, destacando as passagens que pudessem lhes ajudar a compreender aquele gigantesco canteiro de obras no coração do país. Leem com especial atenção os capítulos sobre cooperação (11), divisão do trabalho e manufatura (12), maquinaria e grande indústria (13), além de outros trechos sobre força de trabalho, jornada de trabalho, processo de valorização, taxa de mais-valia e limites legais à exploração (ou sua recorrente ausência, como viam em Brasília). Aos poucos, questionavam os manuais e resumos lidos no Partidão, esquemáticos e pautados por Moscou. A leitura atenta que faziam sobre processos produtivos e divisão do trabalho, confrontada com os canteiros de Brasília, irá depois ter continuidade tanto com a participação de Sérgio no grupo de leituras d'*O capital* na faculdade da rua Maria Antonia, quanto na abertura para as novas formulações do marxismo ocidental, antistalinista e geralmente em confronto com os Partidos Comunistas.

A Arquitetura Nova nasce, assim, de uma progressiva divergência com a linha do PCB — dada entre os arquitetos por Vilanova Artigas e Oscar Niemeyer — e questionando o ponto cego da Arquitetura Moderna Brasileira: sua completa desconsideração pelo trabalhador, suas condições de trabalho, de moradia e reprodução social e, para além da condição de classe, o desinteresse — ou ataque direto e deliberado — pelos saberes de ofícios e organizações do conjunto dos trabalhadores da construção.

Os comunistas em geral, e os arquitetos comunistas em particular, acreditavam mais no desenvolvimento das forças produtivas e numa aliança com o Estado e com a burguesia nacional, do que na solidariedade com os trabalhadores e no poder transformador da luta de classes, a começar pela luta de classes no canteiro de obras. Essa opção mostrou-se especialmente trágica e equivocada poucos anos após a inauguração da capital, quando se deu o golpe militar, antipopular e pró-imperialista. A assim chamada burguesia nacional, que de nacionalista não tinha nada, alinhou-se então naturalmente ao capital internacional e aos militares. E Brasília, ocupada pelo governo golpista, passa a ser enfim, ao longo dos 21 anos de regime ditatorial, uma cidade sitiada, uma capital-*Bunker*, uma "casamata", como chegou a antecipar Mário Pedrosa.[3]

---

[3] Mário Pedrosa, "Reflexões em torno da nova capital", in Otília B. F. Arantes (org.), *Textos escolhidos, III, Acadêmicos e modernos*, São Paulo, Edusp, 1998, p. 392.

ARQUITETURA NOVA:
UMA TRAJETÓRIA NO SUBDESENVOLVIMENTO

Nos anos 1960, a Faculdade de Arquitetura e Urbanismo da Universidade de São Paulo tornou-se a escola de arquitetura mais importante do país, com um projeto pedagógico próprio — distinguindo-se claramente dos cursos de engenharia e de belas-artes —, e palco privilegiado do debate sobre os rumos da arquitetura moderna brasileira pós-Brasília. O debate envolveu grande parte da faculdade e estendeu-se por toda aquela década, protagonizado pelo grande mestre da escola, o arquiteto João Vilanova Artigas, e três de seus principais discípulos dissonantes: Sérgio Ferro, Flávio Império e Rodrigo Lefèvre.[4]

Entre 1962 (dois anos após a inauguração de Brasília e dois antes do golpe) e 1968 (já em pleno aprofundamento da repressão política), a FAU-USP realiza fóruns de reforma curricular que influenciarão o debate sobre a profissão no Brasil. *Grosso modo*, do lado de Artigas estavam os partidários de uma *pedagogia do desenho* como meio de superação das carências sociais; do outro, estavam os defensores de uma *pedagogia do canteiro*, que daria prioridade a espaços de participação onde pudessem conviver o pensamento e a ação na prática do construir. Ou, nos termos em que definiu Sérgio Ferro, o debate incorporava: "[...] o confronto entre a busca prioritária do desenvolvimento das forças produtivas (Artigas) contra a crítica das relações de produção e exploração (Flávio Império, Rodrigo e eu)".[5]

Aquele início dos anos 1960 foi um momento de grande movimentação nacional e de expectativas positivas em relação ao que poderia vir a ser o desenvolvimento brasileiro. O governo de João Goulart (1962-64) acenava com as reformas de base, entre elas a reforma agrária e urbana, enquanto os sindicatos se fortaleciam com mobilizações de massa. Os arquitetos discutiam em 1963, pela primeira vez, num encontro do Instituto dos Arquitetos do Brasil, o que seria uma reforma urbana no país. A

---

[4] Retomo em mais detalhes esse debate em *Arquitetura Nova: Rodrigo Lefèvre, Flávio Império e Sérgio Ferro, de Artigas aos mutirões, op. cit.*

[5] S. Ferro, "FAU, travessa da Maria Antonia", in M. C. L. dos Santos (org.), *Maria Antonia: uma rua na contramão, op. cit.*

América Latina era tomada pela ideia de mudança social, animada pela industrialização acelerada e pela formação de uma inédita classe operária, como também pelas possibilidades históricas que pareciam se abrir com a Revolução Cubana de 1959. Havana sediava, também em 1963, o congresso da União Internacional dos Arquitetos, introduzindo novas questões e estabelecendo horizontes radicais.

Em 1962, Sérgio Ferro, Flávio Império e Rodrigo Lefèvre, recém-formados, tornaram-se professores da FAU-USP. No ano seguinte, lançam um texto em tom de manifesto, publicado pelo grêmio dos estudantes com o título "Proposta inicial para um debate: possibilidades de atuação". Nele, o trio de jovens professores questiona a compreensão positiva e sem contradições da modernização brasileira assumida pela imensa maioria dos arquitetos. Segundo eles, a produção da arquitetura estaria ocorrendo em uma "situação-no-conflito" entre trabalho e capital, fato que cobrava dos arquitetos uma "posição participante" — obviamente, ao lado dos trabalhadores. Exigência irônica feita a profissionais que, no Brasil, especializaram-se em realizar justificativas progressistas para suas práticas antissociais.

Nesse manifesto inicial, o foco do debate sobre arquitetura é deslocado do desenho, das escolas, estilos e biografias de arquitetos, para o campo das relações de produção e de como estas se plasmam na forma construída — questão que seria desenvolvida em todos os textos subsequentes do grupo e, em especial, de Sérgio Ferro. Para o trio, por exemplo, o "maneirismo" da arquitetura brasileira e sua aparente "irracionalidade", fato que Max Bill já denunciara nas obras de Niemeyer, teriam como função encobrir questões de classe e dominação numa sociedade que ainda mantinha as estruturas do racismo, do machismo, do patrimonialismo e da desigualdade abissal. Este era um problema que não seria superado pela industrialização da arquitetura, uma vez que esta reporia e reforçaria a dominação do capital sobre o trabalho — vale dizer, sobre os negros, as mulheres e os pobres. Tudo isso leva o grupo da Arquitetura Nova a considerar, em meio à euforia desenvolvimentista, a própria aceleração da modernização nacional e o desejo de se equiparar aos países centrais como forças que, contraditoriamente, obstruíam naquele momento uma saída progressista para os impasses sociais do país.

Recusando-se a compactuar com o processo em curso e com as grandes obras (e grandes empreiteiras) que ele exigia, o texto-manifesto define uma alternativa crítico-construtiva semelhante à do movimento do Cinema Novo, cujo mote principal era a explicitação da condição do sub-

Apresentação

desenvolvimento.[6] A "Estética da fome" (ou "Eztetika da fome"), de 1965, texto programático do Cinema Novo assinado por Glauber Rocha, apresenta duas estratégias de atuação: o uso da carência de recursos como dado para a produção artística, deixando de ser obstáculo para tornar-se fator constituinte da obra; e a exibição implacável da realidade social do país, apresentando um Brasil que não se quer ver e para o qual alternativas ainda não foram construídas (e, muitas vezes, nem mesmo imaginadas). Nesta perspectiva, o ponto de partida deixa de ser a equiparação aos modelos acabados das sociedades de consumo dos países centrais. O reconhecimento de nossa condição singular, a exigir soluções que nos sejam próprias, não significaria abdicar de uma perspectiva mais universal — afinal, o fenômeno do subdesenvolvimento constituía e ainda constitui parte do desenvolvimento desigual e combinado do sistema capitalista mundial, sendo realidade concreta para nada menos do que três quartos da população do planeta.

Foi em virtude de seu diálogo com o Cinema Novo que a experiência de Ferro, Império e Lefèvre acabou batizada de Arquitetura Nova. O "novismo" na arquitetura estabelecia um campo de reflexão e ação que se distanciava tanto do paradigma industrial moderno e seus cânones como também das propostas baseadas no "popular" e no "vernacular", as quais, segundo eles, seriam saídas regressivas e populistas para o impasse do subdesenvolvimento.

A plataforma inicial da Arquitetura Nova, enunciada no mesmo manifesto, baseou-se inicialmente na proposta da "poética da economia": "Do mínimo útil, do mínimo construtivo e do mínimo didático necessários, tiramos, quase, as bases de uma nova estética que poderíamos chamar a 'poética da economia'".[7] Formulado logo após a construção de Brasília, tal enunciado toma claro sentido de inflexão. Por trás da precariedade assumida, que os levou sem medo a aceitar a pecha de miserabilistas, há uma disposição em reconhecer as reais condições em que a grande maioria da população é obrigada a enfrentar o problema da habitação,

---

[6] Durante a década de 1960, o Cinema Novo foi o principal movimento de vanguarda cinematográfica no país, procurando alternativas estéticas e técnicas às produções hollywoodianas. Ver Ismail Xavier, *Alegorias do subdesenvolvimento: Cinema Novo, tropicalismo, cinema marginal*, São Paulo, Brasiliense, 1993.

[7] Em "Proposta inicial para um debate: possibilidades de atuação" (1963), reproduzido aqui nas pp. 39-43.

extraindo daí uma solução material para a casa popular e uma resposta expressiva e crítica ao subdesenvolvimento.[8]

A apresentação de projetos de Sérgio Ferro, Flávio Império e Rodrigo Lefèvre na principal publicação da área, a revista *Acrópole*, que dedicou aos três jovens arquitetos mais de vinte páginas em sua edição de 1965, é rebatizada de "Arquitetura experimental" no segundo texto deste volume. Desiludidos com as dificuldades técnicas e de desempenho de materiais modernos e industriais na casa-manifesto para o historiador Boris Fausto, os três decidem explorar as possibilidades de racionalização das técnicas e materiais populares e tradicionais: "a melhor técnica, em determinados casos, nem sempre é a mais adequada". Com essa posição heterodoxa, contrária ao que postulavam os modernos, irão realizar a primeira casa em abóbada do grupo, de 1961, em Cotia, com intenção inclusive de investigar alternativas econômicas e criativas para a habitação popular. Contudo, a publicação dos projetos realizados antes de 1964, mas apresentados em *Acrópole* no ano seguinte, depois do golpe, produz um desencontro entre expectativas e possibilidades. Nos textos, além do tom programático e explicações sobre os projetos, já se nota a inquietação do trio com a suspensão abrupta de perspectivas.

DIFERENTES CONCEPÇÕES DE PROJETO E CANTEIRO

Na prática, o debate/embate entre os três discípulos e o mestre Vilanova Artigas seria travado por meio de projetos de casas unifamiliares em São Paulo e, logo após, de escolas. Durante as décadas de 1950 e 60, Artigas foi o principal formulador dos princípios que deveriam nortear a moradia na cidade industrial mais importante do país. Seu objetivo era

---

[8] Como lembra Sérgio Ferro ao considerar o "primeiro Lucio Costa", o pioneiro da moderna arquitetura brasileira esteve "próximo do canteiro real, com pés no chão". Nos anos 1930, somada à carestia de materiais decorrente da crise de 1929, Lucio buscou refletir sobre como a arquitetura poderia responder às desigualdades e limitações técnicas e materiais próprias do subdesenvolvimento. No projeto para Monlevade, vila operária da Companhia Siderúrgica Belgo-Mineira, Lucio Costa propôs soluções que levavam em conta o contexto local e os recursos disponíveis. Ele chegou a sugerir o uso do que chamou de "barro armado", uma espécie de adaptação do concreto armado, mas com materiais locais e de baixo custo, como argila misturada a elementos estruturais. Nos anos 1960, Acácio Gil Borsoi, no projeto habitacional de Cajueiro Seco em Jaboatão dos Guararapes (PE), também irá retomar o que chamou de "taipa modernizada".

Apresentação

definir uma ideia do morar condizente com o espírito da modernização, em substituição aos palacetes ecléticos da burguesia local e à antiquada permanência de hábitos rurais na cidade.

Radicalizando a proposta de Artigas e, em parte, invertendo seu sentido, Sérgio Ferro, Flávio Império e Rodrigo Lefèvre experimentaram alternativas para seu barateamento e sua democratização, visando sempre o problema da habitação popular — mesmo que ainda realizando somente casas para amigos, quase todos professores universitários dispostos a participar das experiências. O princípio da grande cobertura e do interior livre seria levado às últimas consequências, mas a escolha de outros materiais e de outra forma de empregá-los, bem como a compreensão diferenciada da relação entre técnicas de projeto e de construção, arquitetos e operários, indicariam caminhos estéticos e políticos divergentes.

Nas casas da Arquitetura Nova, a grande cobertura deixa de ser uma caixa de concreto para se tornar uma abóbada. Mudança que não é mera opção formal, mas partido definido pela qualidade de tecnologia simples, barata e facilmente generalizável, ideal para a casa popular. A abóbada reúne estrutura, cobertura e vedação, criando um espaço interno totalmente livre. Ao mesmo tempo, ela é especialmente econômica, pois trabalha apenas a compressão, o que reduz significativamente a necessidade do uso de aço. Nela, são empregados materiais corriqueiros, vigotas, caibros e blocos cerâmicos. O objetivo é estabelecer um diálogo com o construtor popular na procura de alternativas à autoconstrução — sistema de produção de moradias "por conta própria" que predomina nos loteamentos das periferias das grandes cidades, caracterizado pela condução direta dos moradores, economia própria e ausência de apoio técnico.

A Arquitetura Nova parte, assim, do reconhecimento da autoconstrução como arquitetura "vivida" pela imensa maioria da população brasileira — o que era sumariamente ignorado pela quase totalidade dos arquitetos do país. Ao mesmo tempo, ela realiza a crítica dessa forma "natural" de reprodução social da classe trabalhadora, recusando o romantismo dos que lhe fazem apologia.

A abóbada proporciona uma nova racionalidade e expressividade plástica para a construção popular, como solução criativa e contemporânea para a inescapável falta de recursos materiais de um país subdesenvolvido. Por sua vez, a possibilidade de invenção livre na disposição dos volumes sob a grande cobertura significaria para a Arquitetura Nova a oportunidade para uma pedagogia do canteiro. Numa situação futura, seria imaginável que os volumes internos fossem decididos coletivamente por operários, arquitetos e moradores, dispensando o desenho *a priori* e valorizando as contribuições individuais. Ao longo do processo construtivo, protegido das intempéries pela cobertura da abóbada, o canteiro tornar-se-ia um ateliê. O desenho do arquiteto deixaria de ser um instrumento impositivo para indicar apenas situações para a reflexão coletiva dos participantes da produção. A Arquitetura Nova seria fruto do diálogo constante entre executores — o pensar e o fazer estariam reunidos.

A vontade de valorizar cada ofício, ao explicitar os procedimentos técnicos dos operários, forçaria Sérgio Ferro, Flávio Império e Rodrigo Lefèvre a pensar novos detalhes construtivos que partissem das necessidades do trabalho no canteiro e que expusessem na obra acabada as marcas do fazer humano que lhe havia dado origem — a história da obra seria assim restituída. Indicando uma nova relação possível entre desenho e canteiro, a Arquitetura Nova propunha uma verdadeira democratização da arquitetura: a) na *produção*, pela mudança nas suas relações; b) em seu *consumo*, ao atender uma necessidade vital e ensinar a construir ao apresentar didaticamente os saberes de ofício nos materiais aparentes; c) na sua *circulação*, procurando ampliar o acesso à habitação adequada, por meio de novas políticas, incluindo reforma urbana e agrária.

GOLPE E CORTE DE PERSPECTIVAS

Em 1964, o golpe de Estado instaurou a ditadura no Brasil em uma ação conservadora preventiva, com a justificativa de proteger o capital e o país da "ameaça comunista". Entretanto, mais que reagir a uma suposta ameaça, a ditadura militar pretendeu fortalecer as engrenagens conservadoras da modernização, ampliando a disparidade de forças entre capital e trabalho e, com isso, dando novo impulso ao crescimento econômico do capitalismo dependente e associado. Os sindicatos sofreram intervenção e repressão, houve terror na zona rural, rebaixamento geral dos salários, expurgo nos baixos escalões das forças armadas, inquérito nas universidades, dissolução das organizações estudantis, invasão de igrejas de orientação progressista, suspensão de direitos civis, prisões, torturas e assassinatos.

Principal nome da arquitetura moderna em São Paulo, Vilanova Artigas foi preso pelo regime e exilado por um ano no Uruguai. Na volta, ainda sob inquérito, permaneceu na clandestinidade até ser absolvido em

1966. Nesse período conturbado, projetou a residência Elza Berquó (1967), em São Paulo, e contou que fez o desenho como "arquiteto-presidiário". A casa é famosa porque sua cobertura não é suportada por pilares de concreto, mas por quatro troncos de árvore. Nos troncos que sustentam a laje pressentia-se a dúvida do arquiteto sobre as possibilidades do desenvolvimento nacional e a sensação de que todo seu passado poderia ter sido uma miragem: "Fiz uma estrutura de concreto armado apoiada sobre troncos de madeira para dizer que, nessa ocasião, essa técnica toda de concreto armado, que fez essa magnífica arquitetura, não passa de uma tolice irremediável".[9] Como intuiu Artigas, o projeto da casa burguesa, depois do golpe, não poderia ter mais o mesmo sentido positivo. Tudo parecia estar fora do lugar. O próprio PCB, perplexo e incapaz de fazer oposição ao novo regime, começou a se esfacelar, dando origem a diversos grupos mais radicais de luta armada. Os arquitetos, que julgavam participar da construção do país, perguntavam-se agora quais seriam as consequências do golpe para a arquitetura moderna.

É do mesmo ano de 1967 o texto de Sérgio Ferro que se tornou um divisor de águas entre o trio que compunha com Flávio Império e Rodrigo Lefèvre, de um lado, e os demais discípulos de Artigas, de outro. "Arquitetura Nova" é um dos mais agudos ensaios de Sérgio, escrito no calor da hora, com caráter de intervenção. Nele, investiga por que, após 1964, a tão celebrada arquitetura moderna brasileira não só se desfigura como se conforma à nova situação — de modo dramático no caso da chamada Escola Paulista, cuja floração tardia desabrocha em pleno regime militar. Sérgio constata o evidente "mal-estar" numa arquitetura que, naquele momento adverso, teimava ainda em conferir aparência de ordem racional a um objeto — a residência burguesa — de reconhecida insignificância, bem como a flagrante irracionalidade da encomenda individual, quando confrontada com as soluções de massa que se faziam, de fato, necessárias. Sérgio analisa o paradoxo com especial habilidade quando descreve os disparates que transpareciam nas estruturas arquitetônicas de então. Tanto seu conteúdo — a promessa de desenvolvimento que anteriormente enunciavam — quanto sua lógica construtiva passavam a sofrer deformações e desvios, escorregando para uma "racionalidade mentirosa", para "gestos ilusionistas", acossados pela urgência de camuflar seu próprio esvaziamento.

---

[9] Vilanova Artigas, *A função social do arquiteto*, São Paulo, Nobel, 1989, pp. 47-8.

Sérgio Ferro nota ali uma contradição, impulsionada pelo golpe, entre forma estética e conteúdo social. O corte de perspectivas não implicou de imediato um retrocesso formal (o novo regime não exumou estilos do passado), mas o aprofundamento, numa afirmação renovada e acentuada, das posições originais. Entretanto, a violenta inversão do seu sentido social produziu o impasse de uma forma artística que seguiu adiante, num contexto truncado, no qual foi sendo progressivamente desautorizada pela situação histórica, até deformar-se por completo. No caso da arquitetura, essa plasticidade será investigada por Sérgio na crítica ao falseamento das estruturas, uma distorção que se torna, ao fim, adaptação à situação dada. O resultado é uma arquitetura que, deslocada no contexto e desvinculada de um programa, apresenta-se sob o signo da autorreferência (narcisismo do qual até hoje não escapou), produzindo a dissociação completa entre progresso técnico e qualquer promessa de avanço social. Esse é o campo no qual irão aflorar tanto a venda privada de um conhecimento até então tido como coletivo quanto, na crítica, interpretações formalistas, que subordinam a análise a uma suposta significação e verdade internas à obra.

DAS CASAS ÀS ESCOLAS EXPERIMENTAIS

Voltando à prática do grupo Arquitetura Nova, outra oportunidade de contrastar a diferença de orientações políticas e tecnológicas para a arquitetura em um país como o nosso foi a realização, entre 1966 e 1967, de oito escolas encomendadas pela Secretaria Estadual da Educação, por intermédio da arquiteta Mayumi Watanabe de Souza Lima. Em "Sobre as escolas", Sérgio Ferro finalmente se pronuncia a respeito do assunto, em depoimento inédito, rememorando o diálogo do trio com Mayumi, o contexto histórico, as reflexões sobre pedagogia e o sentido da experimentação construtiva.

Segundo Sérgio, as oito escolas foram mais uma vez uma oportunidade de apresentar em forma arquitetônica a tese crítica da Arquitetura Nova, dessa vez com um programa público, educacional e numa escala de massa. O contraponto era, novamente, à matriz dada pelo mestre Artigas. No final dos anos 1950, no governo Carvalho Pinto, com o "chamado aos arquitetos paulistas" para projetarem escolas, o modelo do que deveria ser feito, uma vez mais, veio de Artigas, e foi seguido pela imensa maioria dos profissionais da área. Logo se tornaram notórias as esco-

Apresentação

las de Artigas e Cascaldi, em Itanhaém, Guarulhos e Utinga, e de Paulo Mendes da Rocha, em São José dos Campos e Campinas. São estruturas monumentais de concreto armado, concebidas com uma lógica de pré-fabricação pesada, semelhante às grandes obras de infraestrutura. Mais uma vez, a grande cobertura, ainda mais extensa e banhada por luz zenital, articula todo o programa funcional, enquanto cortinas de concreto descarregam seu peso em apoios "cantantes", tema aprofundado posteriormente no edifício da FAU-USP (1969). Os espaços amplos e generosos refletem a ambição de educar "o novo estudante", destinado a transformar e modernizar o país. Contudo, a escala e o simbolismo dessas estruturas revelam a influência da visão alinhada ao PCB: desenvolvimento das forças produtivas, modernização acelerada, grandes obras públicas — ou seja, centralização de capital e Estado autoritário.

Na encomenda que recebem de Mayumi Watanabe, o trio da Arquitetura Nova testará novamente sua experimentação política da poética da economia, do estritamente necessário e da pedagogia do fazer. O déficit de vagas era então imenso, o número de crianças fora da escola demandava soluções urgentes, baratas e bem concebidas. Quase todas as escolas da Arquitetura Nova foram projetadas com coberturas em abóbada, mas apenas uma chegou a ser construída assim (como Sérgio explica), respeitando o projeto, na pequena cidade de Brotas. Apostando em pré-fabricação leve, uso de tijolos — abundantes e baratos no interior de São Paulo — tanto nas abóbadas quanto nos *brises* e paredes, as obras poderiam ser feitas por pequenas construtoras locais, com baixo custo, e mesmo por cooperativas, como o trio imaginava. São basicamente obras em tijolo, com pouquíssimo aço e concreto, mobilizando os saberes corriqueiros dos trabalhadores da construção, sem grandes estruturas, fôrmas e ferragens de concreto armado — assim, sem a necessidade de grandes empreiteiras, guindastes e peças pesadas pré-usinadas.

No coração da proposta está a manufatura heterogênea possível num país como o nosso, com pré-fabricação ao pé do canteiro, sem grande maquinário e usinagem, podendo ser facilmente apropriada pelo conjunto dos trabalhadores. Os desenhos são didáticos, pormenorizados, e apresentam o processo de produção, em perspectivas axonométricas exibindo didáticas sobreposições de camadas construtivas. Não por acaso, o sistema de painéis cerâmicos com pré-fabricação leve será adotado pelo Núcleo de Desenvolvimento da Criatividade (NUDECRI) da Unicamp, nos edifícios para moradia estudantil desta universidade e depois em diversos projetos habitacionais de movimentos populares de moradia nos anos 1980-90. A pré-fabricação leve em argamassa armada foi também utilizada em diversos mutirões habitacionais e em obras de escolas projetadas em fábricas públicas, como as coordenadas por Lelé — João Filgueiras Lima — e por Mayumi, no CEDEC na gestão Luiza Erundina na prefeitura de São Paulo (1989-1992).

Nas escolas da Arquitetura Nova, encontramos espaços generosos e integrados aos jardins e áreas esportivas. E, novamente, todas as instalações à vista, ensinando como o edifício funciona e os saberes dos ofícios ali evidenciados. A "casa do zelador", prevista no programa de cada escola e, em geral, negligenciada pela maioria dos arquitetos, era projetada por Sérgio, Flávio Império e Rodrigo Lefèvre com esmero, como um ensaio para a habitação popular — tema que Rodrigo desenvolverá em projetos não executados em 1968 e depois nos anos 1970, em "Projeto de um acampamento de obra: uma utopia", sua dissertação de mestrado.[10]

Enquanto as obras das escolas eram construídas, Sérgio e Rodrigo estavam envolvidos na resistência armada contra a ditadura. A hipótese construtiva para um outro país era mesmo inviável naqueles anos e perseguia seus generosos imaginadores. Em 1970, no momento em que a escola de Brotas era inaugurada, são presos Sérgio e Rodrigo, e também Mayumi e seu companheiro Sérgio Souza Lima. Meses antes, estavam tratando do projeto e construção das escolas e dando aulas juntos, em Santos, levando os estudantes a melhorarem as condições de vida nas favelas.

Sérgio rememora que ele e Mayumi foram torturados juntos, na mesma sala da OBAN, e nas escadarias levavam cacetadas para cantar o hino nacional. Num intervalo de poucos anos, passaram da experimentação radical na invenção das escolas e novas pedagogias para os porões da ditadura; da utopia arquitetônica e educacional, generosa e factível, para a brutalidade da prisão ilegal e da tortura.

Enquanto estiveram presos, entre 1970 e 71, Sérgio e Rodrigo montaram um ateliê de artes no Presídio Tiradentes, que acolhia os demais presos políticos e tentava atenuar seu sofrimento. Na cadeia, Rodrigo também seguiu projetando e enviando os croquis para um parceiro externo, Félix Araújo, que finalizava os desenhos. Sérgio pintava e remetia

---

[10] Ana Paula Koury (org.), *Arquitetura moderna brasileira: uma crise em desenvovimento. Textos de Rodrigo Lefèvre (1963-1981)*, São Paulo, Edusp, 2019, p. 195.

por meio de familiares suas obras em fragmentos, enroladas, com instruções para montagem do lado de fora da prisão.

Antes de passarmos ao período do exílio na França, voltemos um passo no tempo para outro dos textos fundamentais deste livro.

PRIMEIRO ESQUEMA TEÓRICO:
DA CASA POPULAR À MAIS-VALIA DA CONSTRUÇÃO

Naqueles anos turbulentos, mesmo realizando projetos e envolvido na luta armada, Sérgio não deixou de dar aulas na USP e em Santos. Além de continuar participando dos debates sobre o currículo de arquitetura. Entre 1968 e 1969, a pedido de Artigas, interessado no desenvolvimento e na exposição das ideias de seu discípulo apresentadas inicialmente no Fórum de 1968, Sérgio ministra um curso de Estética do Projeto. Suas anotações servirão como rascunho para *O canteiro e o desenho* — concluído em 1976, já no exílio, e atualmente no volume 1 de *Arquitetura e trabalho livre*. A primeira versão do roteiro, cujo valor é também notável, foi publicada originalmente pelo GFAU em 1972, com o título "A casa popular". Nesses esquemas de aula, rebatizados em 2006 pelo autor como "A produção da casa no Brasil" e aqui republicados, já se percebe o aprofundamento na sua formação marxista, decorrente sobretudo de sua participação, naqueles anos, no grupo de leituras d'*O capital*, e na revista *Teoria e Prática*, ambos com colegas da Faculdade de Filosofia da USP, na rua Maria Antonia.

Neste ensaio-esboço, percebe-se um desenvolvimento progressivo da perspectiva crítica, que terá continuidade na tese consolidada em *O canteiro e o desenho*: Sérgio Ferro parte da questão da moradia em direção à economia política da construção, numa análise mais geral do modo de produção da arquitetura. O ponto de chegada deste primeiro esboço, não por acaso, é o de partida do texto definitivo: a arquitetura como forma da forma-mercadoria. Seu movimento é, assim, espelhado em relação ao da versão final. O autor realiza em "A produção da casa no Brasil" uma espécie de dialética ascendente, do particular ao universal, do concreto ao abstrato, passando da autoconstrução (não mercadoria, a princípio) à mansão (a mercadoria em sua forma-tesouro), até chegar à produção em massa para o mercado de classe média no Brasil (quando a forma-mercadoria se apresenta mais claramente). Em *O canteiro e o desenho*, como n'*O capital* — no qual Sérgio se inspira quanto ao método de exposição —, a lógica interna do texto é inversa: parte-se da forma abstrata mais simples (a forma-mercadoria e sua "forma de tipo-zero") até se chegar ao concreto pensado, o trabalho na arte e como arte, numa espécie de dialética descendente. No prefácio a O *capital*, Marx explica as diferenças entre método de pesquisa e de exposição e, se adotarmos os mesmos critérios, podemos considerar que no texto final (*O canteiro e o desenho*) Sérgio emprega claramente o procedimento de exposição de uma teoria (abstrata), enquanto no esboço ("A produção da casa no Brasil") encontramos um texto exploratório, de pesquisa, como Marx nos seus *Grundrisse*. Sérgio Ferro mobiliza dados primários (como a pesquisa de Carlos Lemos e Maria Ruth Sampaio sobre autoconstrução, dados do DIEESE, experiências pessoais com clientes, além de outras fontes), utiliza referências espaciais concretas (os bairros operários e favelas, o Morumbi das elites, a Consolação da classe média, Brasília e suas cidades-satélites) e deixa aparecer seu "canteiro" de redação — *Grundriss*, aliás, é esse traçado inicial que fornece as bases de uma obra, inclusive na arquitetura. Está impregnado da experiência brasileira, fato que ficou pressuposto nas entrelinhas de *O canteiro e o desenho*, e reverbera ainda a possibilidade da práxis transformadora, mesmo que naquele momento interrompida (não se sabia até quando...).

Em "A produção da casa no Brasil", Sérgio Ferro investiga pela primeira vez a condição efetiva do canteiro de obras, em detalhes e com vários exemplos. Ele encontra ali uma espécie de zona de sombra, um "lugar fora das ideias" — o canteiro como um espaço até então não pensado, não simbolizado, sem história — um território intelectualmente invisível e materialmente escamoteado — inclusive pelos tapumes. O mito da neutralidade da ciência e da técnica — tão poderoso que até então a maior parte dos marxistas considerava ainda as forças produtivas como uma categoria ideologicamente neutra e seu desenvolvimento como intrinsecamente positivo — será a partir de então desfeito metodicamente pela crítica de Sérgio, que descreverá o canteiro como um lugar importante na luta de classes, na extração de mais-valia e na alienação do trabalho, local onde se forma e se dá forma ao fetiche da mercadoria-arquitetura.

"A produção da casa no Brasil" é, assim, tanto uma leitura introdutória fundamental a *O canteiro e o desenho*, pois nos prepara para enfrentar a atmosfera mais rarefeita da teoria, como também possui luz própria. Nele, por exemplo, Sérgio Ferro interpreta com particular interesse a questão da moradia no Brasil, tema não mais abordado nos textos posteriores. Suas anotações para "A casa popular" deram as principais coordenadas para toda uma geração de críticos da autoconstrução nos anos 1970. Sérgio foi o primeiro a apontar que o caráter atrasado da autoconstrução nas periferias estava diretamente associado ao padrão de industrialização do país, e que esta forma rudimentar de provisão habitacional, baseada na economia e no esforço próprio dos trabalhadores, colaborava para a redução de seus salários no setor moderno. É deste modo que a produção de um valor de uso, a casa feita pelo morador, aparece socialmente como valor de troca, pois permite que se abrigue a baixíssimo custo uma mercadoria especial: a força de trabalho. É assim que "a produção aparentemente marginal revela o sistema totalmente inclusivo".

Ainda nesse texto, Sérgio caracteriza o atraso da indústria da construção no Brasil e avalia suas causas, tema igualmente não mais retomado. Em linhas gerais, as razões por ele apontadas são: 1) a abundância de mão de obra — diferentemente da Europa na reconstrução do pós-guerra, quando a escassez de trabalhadores impulsionou a pré-fabricação; 2) a estrutura arcaica do campo, estimulando uma migração ininterrupta para as cidades; 3) o interesse dos empresários em manter uma baixa composição orgânica do capital no setor — elevada taxa de capital variável, isto é, muita força de trabalho e reduzido capital constante, como máquinas —, o que torna a construção fonte generosa de mais-valia; 4) a posição retrógrada dos operários em relação à técnica, como estratégia para garantir o emprego; 5) a irrigação do estreito mercado de classe média por operações financeiras, como a criação do Banco Nacional de Habitação, que mobilizou fundos dos trabalhadores para "impulsionar com novo vigor o desumano processo tradicional da construção civil"; e, por fim, 6) um interesse geral dos demais setores da economia em manter áreas atrasadas de produção, uma vez que a mais-valia excedente ali produzida alimenta todos por meio de mecanismos de compensação.

Sérgio Ferro reconhece semelhanças entre o quadro de atraso que descrevia no canteiro de obras e nossa condição de economia dependente e subalterna, em diálogo com André Gunder Frank, em seu clássico livro *O desenvolvimento do subdesenvolvimento* (1966). E faz uma provocadora analogia ao comparar a posição da construção civil na economia brasileira com o papel que cumprem os países do Sul Global na economia mundial. Subdesenvolvimento e atraso na construção, por isso, não devem ser entendidos como anomalias ou etapas a serem vencidas, mas como parte coextensiva do próprio desenvolvimento desigual e combinado do capitalismo e das relações Norte/Sul.

A hipótese de Sérgio, infelizmente pouco desenvolvida noutros textos, é de que esses elos entre setores desiguais da economia, em que cabe à construção civil a produção adicional de mais-valia para compensar a queda da taxa de lucro nos setores intensivos em máquinas e automação, pode ser comparável à própria divisão internacional do trabalho entre as nações — divisão que não é natural, nem uma questão de "vantagens comparativas", mas sim resultado de trocas desiguais e injustas em um sistema imperialista com fortes assimetrias de poder, força militar, concentração de conhecimento e riqueza. Os canteiros de obras irrigam, assim, mais-valia suplementar ao conjunto da economia enquanto, de forma similar, as ex-colônias e hoje países subalternizados no sistema internacional alimentam a riqueza dos países centrais.

Exílio, arte e memória dos companheiros

Depois de sair da prisão, Sérgio Ferro não recebeu alocação de aulas na FAU-USP, o que configura uma demissão branca. Sem que tivesse sido oficialmente exonerado, ele partiu para a França e tornou-se professor na École d'Architecture de Grenoble (EAG). O terceiro volume de *Arquitetura e trabalho livre*, a ser lançado em breve, reunirá sua produção teórica francesa, voltada à história crítica da arquitetura, em especial europeia. Mas continuemos a seguir aqui o fio da meada deste nosso segundo volume, que acompanha a conexão de Sérgio com o Brasil, seus companheiros de Arquitetura Nova e movimentos sociais.

A relação com o Brasil, depois do exílio na França, tornou-se esporádica, sobretudo por meio dos brasileiros que o visitavam, como amigos ou estudantes, que lhe traziam notícias do que se passava por aqui. Em 1975, Rodrigo Lefèvre permanece um período em Grenoble. É um ano importante para os dois. Sérgio finaliza a redação de *O canteiro e o desenho*, publicado no ano seguinte no Brasil, e Rodrigo avança com sua pesquisa sobre a renda imobiliária, apresentada na reunião da Sociedade Brasileira para o Progresso da Ciência em 1976 e publicada em livro em 1979. Sérgio consegue retornar brevemente em 1976 para participar dessa reunião anual da SBPC. Depois, só com a Anistia.

Nos anos 1980, os dois companheiros de Sérgio Ferro, ainda jovens, falecem tragicamente. Em 1997, o Sesc Pompeia abriga uma grande ex-

Apresentação

posição em homenagem a Flávio Império. Sérgio escreve um texto para o catálogo, em que relembra a trajetória com o amigo, o escritório dos três na edícula da casa na rua Monsenhor Passaláqua e a importância de Flávio na experimentação do grupo. Explica que a casa projetada por Flávio em Ubatuba, em 1961, empregando abóbadas catalãs, foi pioneira na pesquisa de técnicas tradicionais, populares e baratas, com uso do tijolo. Sobre essas abóbadas há um teto-jardim — o que torna a casa quase invisível para quem a vê da praia. As águas da chuva que regam o teto gramado saem por gárgulas situadas nos encontros das abóbadas e percorrem canais até alcançar os pontos de captação — o caminho das águas produz sua cenografia. O trabalho de Flávio "abriu picadas para a nossa arquitetura", afirma Sérgio. Assistindo à primeira encenação de *Morte e vida severina*, em 1960, Sérgio se convenceu de que a cenografia e o figurino de Flávio estavam oferecendo uma "espécie de confirmação" do que deveria ser feito em arquitetura: "materiais simples (saco de estopa engomado e amassado nas roupas, papel e cola nas caveiras de boi) transfigurados pela invenção lúcida convinham mais ao nosso tempo do que a contrafação de modelos metropolitanos". Lembra ainda que a casa em abóbada desenhada por Flávio em 1965 para a família de sua irmã, mas não executada, concentrava "tudo o que queríamos em arquitetura", o protótipo teria sido "nossa contribuição mais original".

Na sequência deste volume, o texto que Sérgio Ferro dedica a Rodrigo Lefèvre é posterior em vinte anos. Foi apresentado como prefácio ao livro de Miguel Buzzar, *Rodrigo Brotero Lefèvre e a vanguarda da arquitetura no Brasil*, publicado em 2019.[11] Até o momento, Rodrigo tem merecido menos estudos do que Sérgio Ferro e Flávio Império, daí o agradecimento especial de Sérgio a Miguel, pela sua pesquisa e também por orientar outras, como a dissertação pioneira de Humberto Pio Guimarães defendida em 2006.[12] Em 2019, Ana Paula Koury, por sua vez, publicou um livro com os principais textos de Rodrigo, incluindo sua dissertação de mestrado "Projeto de um acampamento de obra: uma utopia" — tema de estudos também de sua orientanda Ana Carolina Buim Azevedo

---

[11] Miguel Antonio Buzzar, *Rodrigo Brotero Lefèvre e a vanguarda da arquitetura no Brasil*, São Paulo, Edições Sesc, 2019.

[12] Humberto Pio Guimarães, *Rodrigo Brotero Lefèvre: a construção da utopia*, dissertação de mestrado, Escola de Engenharia da Universidade de São Paulo, São Carlos, 2006.

Marques.[13] De modo que, aos poucos, mais pesquisas e publicações começam a dar o reconhecimento devido a Rodrigo Lefèvre.

No prefácio ao livro de Miguel Buzzar, Sérgio Ferro destaca que Rodrigo foi, entre os três, o que mais avançou nas soluções técnicas e construtivas da arquitetura (como as vigotas curvas que aprimoraram as abóbadas), e também o mais radical, o que foi mais fundo na luta contra a desigualdade e pela justiça social. O prefácio é também uma oportunidade para revisitar a teoria e a prática da Arquitetura Nova, seus fundamentos, referências históricas de longa duração ou mais imediatas. E, mais uma vez, para explicar por que o grupo não ficou à espera da revolução redentora, e optou pela atuação imediata na transformação possível da arquitetura, até a luta armada.

Sérgio relembra que atuavam como "se fôssemos militantes ocupados com a *agitprop*, multiplicamos nossas atividades pedagógicas, nossas intervenções em várias instâncias universitárias, em colóquios, debates, conferências, seminários, júris, jornais, livros etc. Ensinamos, pregamos, divulgamos, debatemos... Em cada uma de nossas atividades, arranjávamos um modo de atuar em seu miolo, em que a intervenção tem mais possibilidade de pegar. Mas sem descuidar das periferias, dos cursinhos, das assembleias" (p. 152).

A homenagem de Sérgio a Rodrigo é arrematada de forma poética e política, ao relembrar os meses de ambos dividindo uma cela no Presídio Tiradentes, as violências e arbitrariedades sofridas, a solidariedade entre os presos... e uma ação silenciosa de Rodrigo após uma das muitas cenas de violência carcerária, com a produção de um móbile de restos encontrados na cela, literalmente um fio de esperança naquele equilíbrio instável entre a vida e a morte, a sanidade e a loucura.

Vislumbrando arquiteturas emancipatórias

Este volume termina com dois textos que apontam alternativas, olhando sempre para o Brasil. Um primeiro ensaio inédito, fruto do diálogo de Sérgio Ferro com os canteiros experimentais das faculdades de arquitetura e urbanismo, rememora as práticas anteriores, interrompidas pela ditadura, e possíveis comparações com as experiências que acompa-

---

[13] A. P. Koury (org.), *Arquitetura moderna brasileira: uma crise em desenvolvimento. Textos de Rodrigo Lefèvre (1963-1981)*, op. cit.

Apresentação

nhou de perto na França: o Dessin/Chantier, o CRAterre e os Grandes Ateliês de L'Isle d'Abeau.

Os canteiros-escola nas faculdades de arquitetura, mas não só, são espaços pedagógicos fundamentais para todos os profissionais da construção e deveriam ser estimulados em vez de sucateados e segregados. Esses canteiros, numa perspectiva crítica e experimental, forneceriam a base para uma nova formação, preparando as condições epistemológicas, éticas e operativas para obras que superem as formas de alienação e exploração nos canteiros tradicionais. O canteiros-escola seriam tanto um meio para combater a hipertrofia do projeto arquitetônico e do poder separado do arquiteto, quanto para uma reorganização das práticas construtivas, colocando o canteiro como obra coletiva no centro da produção arquitetônica.

Sérgio dialoga com o filósofo Espinosa, resgata tradições do sindicalismo revolucionário e traz exemplos históricos e pessoais. Relembra as visitas a canteiros de professores na universidade, que aproximavam os estudantes do processo construtivo mas careciam de um envolvimento mais profundo entre o projeto e a obra. Cita a participação em debates na reforma curricular da FAU-USP e na abertura da Faculdade de Arquitetura de Brasília, que buscou integrar práticas pedagógicas em canteiros. Relembra que no Fórum da FAU-USP de 1968, em oposição às ideias de Vilanova Artigas, ele e seus colegas da Arquitetura Nova defenderam a centralidade do canteiro e a inversão das prioridades tradicionais da profissão, deslocando o foco do projeto para o processo produtivo, do ego do arquiteto para o coletivo de construtores.

A sua experiência na Faculdade de Arquitetura de Santos é destacada pelo seu pioneirismo ainda no fim dos anos 1960, definindo os temas de ensino a partir das necessidades concretas dos moradores de favelas próximas, rompendo com o modelo tradicional baseado em disciplinas fragmentadas e impostas de cima para baixo. Essa abordagem coletiva e contextual, no entanto, foi interrompida pela repressão política e pela prisão de vários dos professores em 1970. No exílio, na França, Sérgio enfrentou novos desafios ao tentar implementar práticas semelhantes na Escola de Arquitetura de Grenoble. Apesar das dificuldades, esteve à frente da criação de laboratórios de pesquisa, como o Dessin/Chantier, voltados para a integração do canteiro ao ensino e à pesquisa, em diálogo com o CRAterre e na formulação inicial do Centro de Pesquisas de L'Isle d'Abeau, que falhou ao tentar envolver os trabalhadores de maneira significativa.

De modo geral, outra história da arquitetura nasce exatamente deste questionamento da formação e das implicações do fazer, no olhar atento aos canteiros, com inúmeras consequências políticas, epistemológicas e práticas. Para Sérgio Ferro, o principal campo de experimentação de uma arquitetura emancipatória não estará no interior da produção dita convencional capitalista, das empreiteiras e incorporadoras imobiliárias, mas no que ele chama de territórios "liberados socialmente" pelas organizações populares como os assentamentos de reforma agrária ou as zonas de habitação popular, ou ainda aqueles territórios que conseguiram ou ainda lutam por garantir alguma proteção à sua autonomia e identidade sociocultural e ambiental, como quilombolas, indígenas, ribeirinhos e outros povos tradicionais, em suas terras comunais e reservas protegidas.

Os envolvidos na produção social do espaço dentro dessas áreas enfrentam, paradoxalmente, uma situação de duplo atraso que, não obstante, surge como favorável à invenção de novas práticas. Primeiro, há a possibilidade de tirar partido da forma de produção relativamente elementar da arquitetura — pois ela guarda o sentido experimental da autonomia produtiva, técnica e artística, melhor do que outros setores da economia e da cultura. Segundo, há grande maleabilidade para invenção nessas áreas liberadas e de autonomia conquistada, uma vez que o capital pouco se interessa por elas — a não ser em tomá-las para expandir a predação capitalista. Se sua condição de não inclusão ou ligação frágil com os circuitos de acumulação é, evidentemente, parte do fim de linha a que chegou a sociedade contemporânea, ela é também a chance para a invenção de novas formas de organização social e do espaço.

No último texto do livro, dedicado aos 25 anos do grupo Usina, Sérgio Ferro passa dos canteiros-escola nas faculdades para sua aplicação real — ou seja, o que pode ser feito nos canteiros autogeridos dos movimentos populares assessorados por profissionais engajados. Em que pese a referência à homenageada Usina, posso dizer que as considerações de Sérgio aqui transcendem o nosso grupo e dizem respeito a muitas outras iniciativas similares que ocorrem no Brasil, na América Latina e noutras parte do mundo. Minoritárias, sem dúvida, com pouco apoio estatal e de fundos públicos, em geral combatidas e perseguidas, mas ainda resistindo e indicando possibilidades, mesmo se cercadas de dificuldades e limites.

Sérgio vê nessa forma de atuação entre arquitetos e trabalhadores, em geral na luta por moradia — prática que se estabelece no Brasil desde

Apresentação

a redemocratização —, uma subversão da lógica tradicional, ao reconfigurar o papel de conjunto dos construtores em cooperação. O arquiteto passa a atuar como um facilitador, não como autor-autoritário, ao promover uma aliança com os movimentos sociais, trabalhadores e seus saberes. O processo começa antes mesmo da construção, com a organização de grupos, obtenção de recursos e definição coletiva de objetivos. O trabalho de projetação e construção emergiria, assim, como expressão da autonomia e da vontade coletiva, rompendo com a separação entre concepção e execução, tradicionalmente imposta pelo capital.

O autor observa que a interação entre a Usina e os grupos de mutirantes reconstrói o conceito de "trabalhador coletivo", não mais subordinado ao capital, mas atuando como sujeito autônomo de sua própria produção. Esse trabalhador coletivo de novo tipo abarca todas as etapas do processo produtivo, da organização inicial à construção, e se reconhece como agente de transformação, prefigurando relações de produção emancipadas.

A experiência autogestionária promovida pela Usina e pelos movimentos sociais é apresentada como uma forma de produção que pretende superar as práticas convencionais em qualidade e impacto social. Contudo, essa mesma prática enfrenta resistência das estruturas de poder e do capital, que temem a disseminação de um modelo que ameace a lógica do lucro e da exploração. Apesar disso, Sérgio Ferro ressalta a potência transformadora dessas iniciativas, que demonstram ser possível um outro exercício da arquitetura, ancorado na dignidade e na criatividade coletiva, e conclui reafirmando sua esperança de que experiências como essas se multipliquem, contribuindo para a construção de uma sociedade mais justa e igualitária. — "Tarefa para as novas gerações", como repete sempre, ao final dos debates de que participa.

Saudação a Sérgio Ferro[1]

Roberto Schwarz

Caro Sérgio, caros amigos,

Como todos aqui, estou feliz de participar desta inesperada homenagem oficial. Quero cumprimentar o nosso ex-vereador Nabil Bonduki pela iniciativa, e pela ideia generosa e heterodoxa que ele tem do que seja merecer a gratidão da cidade. Graças a essa ideia, faz pouco tempo o Chico de Oliveira, aqui presente, recifense e radical, também foi acolhido na galeria dos paulistanos ilustres, para satisfação da nossa intelectualidade não conformista.

Se não me engano, as intervenções mais salientes do Sérgio — aquelas que puseram a cidade em dívida com ele — foram quatro: 1ª) Muito cedo, antes ainda de 1964, ele e seus amigos Flávio Império e Rodrigo Lefèvre ensinavam que o teste verdadeiro da modernidade para o arquiteto estava no problema da habitação popular. 2ª) Pouco depois de 1964 ele observou e logo escreveu que o golpe vitorioso da direita, bem como a derrota da esquerda, haviam mudado o sentido geral da modernização, inclusive da modernização em arquitetura. 3ª) Diante dessa mudança, Sérgio entrou para a luta armada contra a ditadura e pelo socialismo, o que lhe valeu uma temporada de cadeia. E 4ª intervenção, unindo a análise do modernismo arquitetônico ao estudo econômico-social do canteiro de obras, ele concluiu, quanto ao primeiro, que se tratava de uma ideologia conformista, que recobria realidades de classe nada glamurosas ou adiantadas, muito distantes daquelas que a ideia de modernidade sugeria.

Convenhamos que as quatro intervenções são notavelmente críticas, para não dizer estraga-festas. Qual a ideia então de festejá-las e dá-las em exemplo? Seria o desejo de completar a reconciliação com as travessuras

---

[1] Discurso proferido em seminário sobre a trajetória de Sérgio Ferro na Faculdade de Arquitetura e Urbanismo da Universidade São Paulo, por ocasião da cerimônia em que foi distinguido pela Câmara Municipal com a Medalha Anchieta e o Diploma de Gratidão da Cidade de São Paulo, em 19 de abril de 2005. (N. do O.)

antigas de um respeitável sessentão cassado pela ditadura? Passado o tempo, que agora é outro, seria a vontade de reconhecer o valor histórico daquelas intervenções, para fazer delas uma parte assumida e legítima de nosso presente, apesar do incômodo causado em seu momento? Seria o sentimento de que as questões levantadas pelo Sérgio naquele tempo mal ou bem continuam vivas? Ou terá sido um cochilo do *establishment*, que o Nabil aproveitou para fazer justiça com as próprias mãos? Suponho que de tudo isso haja um pouco, mas a resposta cabe à geração de vocês.

Em 1964, Sérgio estava com 25 ou 26 anos. Isso quer dizer que ele pertence à última geração que ainda carregou as baterias nos anos da radicalização do desenvolvimentismo populista, quando durante um curto período pareceu que modernização, emancipação popular e emancipação nacional andavam de mãos dadas, sob o signo da industrialização. O entusiasmo causado por essa convergência, ilusória ou não, em que a presença da luta popular e dos sindicatos tornava substantivas as ideias de progresso e de democracia, foi grande. As aspirações daquele momento, de legitimidade quase irrecusável, deram substância crítica e subversiva à vida cultural brasileira durante decênios, muito depois de desmanchada aquela convergência. Pois bem, é nessa atmosfera de confiança no futuro e na força racionalizadora e saneadora da industrialização que Sérgio, Rodrigo e Flávio dão um passo surpreendente: como a industrialização e as suas bênçãos iriam tardar, eles buscaram uma solução para a casa popular que fosse para já, barata, fácil e pré-industrial. As suas pesquisas sobre a construção em abóbada, apoiada em materiais correntes e baratos, e em princípios construtivos simples, fáceis de aprender e de ensinar, ligam-se a esse quadro. Tratava-se de democratizar a técnica, ou, também, de racionalizar a técnica popular por meio dos conhecimentos especiais do arquiteto. Encarada assim, a casa em abóbada — um abrigo, uma oca, um invento modernista — adquiria estatuto metafórico de protótipo para uma nova aliança de classe, para a aliança produtiva entre a intelectualidade e a vida popular, à procura de uma redefinição não burguesa da cultura. Pedro Arantes, que historiou muito bem esse percurso, observa que se tratou de uma primeira crítica à industrialização da construção, a ser retomada depois, e de uma primeira hipótese, ligada a circunstâncias sociais brasileiras, sobre a construção fora do âmbito das relações de produção capitalistas.[2]

---

[2] Pedro Fiori Arantes, *Arquitetura Nova: Sérgio Ferro, Rodrigo Lefèvre e Flávio Império, de Artigas aos mutirões*, São Paulo, Editora 34, 2002.

Outro aspecto importante é a ligação dessa "poética da economia", tão diferente do modernismo aparatoso de Brasília, com o experimentalismo vanguardista das cenografias de Flávio Império. Flávio trabalhava com estopa, papel de jornal, palitos, roupa velha etc., materiais que são quase nada, se nada for o que está aquém do preço e não circula no mercado. Por aí, há um parentesco também com a "estética da fome" de Glauber Rocha e com o clima geral do Cinema Novo. São relações importantes, em que a pobreza brasileira suscitava respostas intelectuais e artísticas ousadas, de vanguarda, que reatualizavam o espírito antiburguês e revolucionário das grandes vanguardas do primeiro decênio do século XX.

Seja como for, em 1964 houve a inversão da corrente, inversão aprofundada em 1968. As perspectivas da esquerda estavam cortadas. No que dizia respeito aos intelectuais, um conjunto amplo de apostas no futuro e alianças de classe efetivas, de convicções políticas, sociais, artísticas e outras, além de possibilidades profissionais e garantias materiais, foi posto em xeque, passando a se modificar em função das circunstâncias. Sérgio foi rápido para assinalar, num grande artigo, que a promessa de modernização, tão importante para o prestígio político dos arquitetos, mudava de horizonte ao separar-se, ou ao ser separada, do combate pelo progresso social.[3] A aura moderna da profissão não ia desaparecer, mas perdia o voo e trocava o rumo. Na mão dos mais fiéis, ou mais frustrados, o padrão estético moderno passava a funcionar como uma objeção cheia de quinas, moralista e simbólica, além de impotente, ao curso das coisas. O funcionalismo deixava de ser funcional, pois "o equilíbrio dinâmico entre ser e dever ser", em palavras de Sérgio, se havia rompido. Para outros, a parafernália moderna era sobretudo a justificação da autoridade social de quem *sabe*, ou seja, dos tecnocratas em que eles mesmos se transformavam. Para outros, enfim, ela conferia o cachê do requinte a quem pudesse pagar. Diante do que considerava o esvaziamento da sua profissão, Sérgio concluiu que a luta não se podia confinar aos limites dela e acompanhou a parte da esquerda que se empenhou na luta armada. A facilidade com que esta foi derrotada, apesar da consequência pessoal dos que se engajaram, é um dado importante para a reflexão.

Não há tempo nem eu teria os conhecimentos para recapitular a luta contra a ditadura e para especificar as causas do recuo desta. O fato é

---

[3] Sérgio Ferro, "Arquitetura Nova", pp. 55-68 desta coletânea.

Saudação a Sérgio Ferro

que ao longo da resistência, e do processo da abertura, um bom número de figuras destacadas da esquerda se qualificou socialmente para a liderança em vários planos, inclusive o plano político. Assim, em pouco tempo e sem que o país no essencial tivesse virado à esquerda, tivemos um presidente da República de boa formação marxista, outro de boa formação sindical, para não falar de ministros, senadores e deputados ex-comunistas e ex-guerrilheiros. Não custa lembrar também a origem esquerdista de um grande batalhão de professores titulares, entre os quais eu mesmo. O fenômeno é notável e não foi suficientemente discutido. Contudo, o grande sucesso social-político da geração da resistência teve o seu preço. Conforme esta ocupava as novas posições, deixava cair as convicções intelectuais anteriores — por realismo, por considerar que estavam obsoletas, por achar que não se aplicavam no momento, por concluir que sempre estiveram erradas, ou também por oportunismo. De modo que o êxito da esquerda foi pessoal e geracional, mas não de suas ideias, das quais ela se foi separando, configurando algo como um fracasso dentro do triunfo, ou melhor, um triunfo dentro do fracasso. Talvez se pudesse dizer também que parte do ideário de esquerda se mostrou surpreendentemente adequado às necessidades do capital. O respeito marxista pela objetividade das leis econômicas não deixava de ser uma boa escola. Seja como for, a tendência é tão numerosa, e aliás espalhada pelo mundo, que uma crítica de tipo moral não alcança o problema. Vou tocando pela rama estas vastas questões porque elas formam as coordenadas para situar a originalidade do percurso do Sérgio, que tomou a direção oposta. Diante da derrota, ele aprofundou a sua matriz intelectual marxista, o que lhe permitiu inovar e chegar à linha de frente da atualidade, é claro que noutro plano, sem abrir mão da crítica. Mas também ele pagou um preço.

Quando, a partir de 1964, o racionalismo arquitetônico mostrou ser compatível com as necessidades da ditadura e da modernização capitalista do país, Sérgio resolveu examinar mais de perto as suas razões. Reatando com intuições anteriores a 64, que não viam como idênticas a causa da habitação popular e a causa da industrialização, *e portanto* não acatavam o *etapismo ritual dos Partidos Comunistas*, ele passou a estudar o canteiro de obras *na sua realidade*, fazendo dele uma pedra de toque.[4] A inspiração era claramente marxista: o segredo e a verdade da

---

[4] Sérgio Ferro, "O canteiro e o desenho", in *Arquitetura e trabalho livre I: O canteiro e o desenho e seus desdobramentos*, São Paulo, Editora 34, 2024, pp. 47-164.

sociedade moderna estão no processo produtivo e na sua articulação de classe. Repetia o caminho expositivo de Marx, que estabelecia a esfera da circulação de mercadorias como "o Éden dos Direitos Humanos", mas para ironizá-la e em seguida descer à esfera da esfola propriamente dita, que é o processo produtivo, onde a fachada civilizada e igualitária sofre um rude desmentido. É nesse espírito materialista e desmistificador que Sérgio fez da situação da força de trabalho na construção civil, ou da realidade tosca e autoritária do canteiro de obras, os testes do racionalismo arquitetônico e de suas pretensões. A discrepância é grande entre o discurso dos arquitetos, claro, arejado, livre, enxuto, transparente, humanista, desalienador etc., e, do outro lado, os fatos da exploração, do ambiente atrasado, segregado e insalubre no próprio canteiro. Encarada com o distanciamento devido, a diferença se presta à comicidade brechtiana. Os resultados teóricos são de primeira linha, muito inovadores e penetrantes — até onde vê um leigo —, próximos dos achados decisivos da crítica de 1968, que descobria e transformava em problema histórico-mundial o conteúdo político da divisão técnica do trabalho.

Em versão heterodoxa, vinham à frente Marx, a análise de classe e do fetichismo da mercadoria, o estudo social e relevante da forma artística, além de articulações muito sugestivas entre os aspectos bárbaros do processo produtivo e funcionamentos e patologias descritas pela psicanálise. No ponto de fuga, o questionamento das certezas acríticas quanto ao progresso, que animavam de modo razoavelmente semelhante os marxistas, os nacionalistas e os liberais. O alcance teórico e crítico dessas perspectivas, que estão apenas esboçadas, vai se mostrar no futuro, à medida que forem retomadas e reatualizadas pelos estudantes. O efeito imediato delas entretanto foi o encerramento da atividade de arquiteto de Sérgio, que ficou sem campo prático de trabalho e se recolheu ao ensino e à pintura. Foi o custo a pagar pela consequência, ou também o prêmio que ela lhe proporcionou.

Tomando recuo, digamos que há complementaridade entre os preços pagos por uns e outros, e também entre os prêmios obtidos. Em contato com as novas realidades do capital e diante da derrota das teses de esquerda no mundo, uma parte grande dos portadores do movimento crítico gestado à volta do 1964 brasileiro pôs de parte as questões e os termos, a experiência histórica verdadeiramente rica em que se havia formado. Renunciava a dinamizá-los e a reinventá-los em função do presente, no qual acabava se inserindo nos termos do processo vencedor, que inesperadamente a qualificava para participar em posição saliente do curso normal da sociedade contemporânea. Mesmo quando os motivos foram razoáveis, a quebra existiu. No campo bem mais restrito dos que insistiram na perspectiva crítica, a recusa da ruptura não evitou por sua vez que esta reaparecesse noutro lugar, também cobrando o preço da derrota. A visão negativa da atualidade tinha e tem pertinência e algumas vantagens teóricas evidentes: os lados aberrantes da sociedade contemporânea não desaparecem por não serem denominados teoricamente, e não se explicam sem a crítica ao capital. Mas o nexo com formas decisivas de prática deixou de estar à mão.

Para concluir, quero dizer que esta cerimônia, o interesse de grupinhos da nova geração pelo trabalho do Sérgio, a constituição de campos sociais em certa medida à margem do capitalismo, por força da dinâmica excludente deste último, tudo isto são indicadores de que o esmiuçamento social das realidades do capital deveria estar na ordem do dia. Pode estar fora de moda, mas entra em matéria e revela o que não quer e não vai calar.

Arquitetura e trabalho livre II: de Brasília aos mutirões

Proposta inicial para um debate: possibilidades de atuação[1]

Nada mais angustiante e penoso do que a definição e a escolha de caminhos, não só práticos mas, principalmente, teóricos, na arquitetura, quando se encara o problema com a responsabilidade devida. Desde as soluções mais diretas de qualquer caso, como na escolha de uma forma ou cor, ou das propostas um pouco mais gerais, como a orientação no planejamento, o decidir os vários elementos de uma obra, até o enfoque global, a direção primeira do pensamento, as inúmeras implicações de cada atitude, embaralham a intenção e confundem o pensamento. No exame da história das propostas que escolhemos, as diversas razões por que foram criadas e desenvolvidas nem sempre aparecem como coerentes com o que pretendemos. Na escolha que somos forçados a fazer, a determinação de quais as forças que a condicionaram nem sempre é possível. As previsões carregam mais tendências pessoais ou de situação do que se baseiam num andamento suposto e, por vezes, pouco informado. A dúvida é constante em qualquer opção: a angústia originada se acentua pelas intenções estranhas e mesmo desconhecidas com que se apresentam os caminhos.

Entretanto, a definição por um deles é necessária e está contida em qualquer posição que se tome. Para nós, é claro que inclusive os maneirismos positivo ou negativo, ambos não acompanhando a dinâmica do processo, aquele se desenvolvendo no sentido de refinamento formal e este se abandonando às fórmulas de solução caracterizadas por formas deturpadas, maneirismos que hoje marcam a arquitetura, por mais inconsciência ou indiferença que pretendam, não deixam de se identificar, perfeitamente, com correntes discerníveis do pensamento.

---

[1] Texto em coautoria com Rodrigo Lefèvre, publicado originalmente em *Caderno Encontros* (1963), pelo GFAU (Grêmio dos Estudantes da Faculdade de Arquitetura e Urbanismo da Universidade de São Paulo). (N. do O.)

É preciso deixar claro, contudo, que não houve, aqui, defesa de qualquer irracionalismo básico na atividade criadora: garantimos, quase, a possibilidade da orientação claramente estabelecida. Os conflitos que percorrem a nossa realidade são de tal magnitude, neles estamos de tal modo mergulhados que a consciência que temos de nós mesmos e da situação real sofre destas incoerências e as contém. A síntese social destas contradições todas, não tendo sido realizada ainda, não podemos pretender possuí-la no pensamento: isto envolveria uma posição de ilusória autonomia da razão que nos recusamos admitir. É com a consciência clara desta situação-no-conflito que devemos atuar. A lógica absoluta não pode ser nossa característica: mais que soluções reais, são problemas que levantamos. Entretanto, por serem confusas e obscuras as possibilidades, mais se torna necessário o esforço de conscientização dos vários aspectos e a procura da segurança das atitudes tem que ser maior. A certeza de um processo em andamento, garantida pelo exame do passado, nos encaminha para a criação de acordo com as suas prováveis necessidades atuais. Não é só modo de conquistarmos clareza para nós, não é só meio para superarmos nossas contradições pessoais, mas, através desta intenção, atingiremos o geral e ajudaremos a clareá-lo e resolvê-lo em parte. A angústia da escolha pessoal, pela indeterminação aparente das possibilidades, só será diminuída na medida com que se perceba suas diferenciações, pela predominância de algumas.

Assim, no momento, todo o complexo desencontrado do meio se reflete no nosso trabalho. São maneirismos, positivo e negativo, que nos impregnam e que, por distração ou inadvertência, deixamos tingir nossos estudos. As razões que nos conduzem, por vezes, se obscurecem em outras implicações que não estavam em nossos planos. As previsões e antecipações de uma solução, por mais que tentem se fundamentar, não passam de meras hipóteses e, pela insistência nestas visões de futuro, a obra se torna frequentemente inadequada para o caso presente. E o que é grave, sobretudo, as nossas respostas às solicitações, mesmo que opostas nos interesses e nas finalidades, são semelhantes no seu geral.

Apesar de tudo, no essencial, um nítido otimismo aparece: a confiança no andamento do processo num sentido progressista. Sabemos que as contradições surgidas vêm principalmente das situações de conflito refletidas em toda ideologia do tempo, onde as várias direções se mancham de suas contrárias, onde nem sempre é fácil determinar suas origens e seus compromissos. Sabemos que a nossa incapacidade de responder diferentemente aos chamamentos opostos vem mais da nossa participação em uma orientação, que nos envolve totalmente e contém, em si, os elementos da necessidade histórica. Sabemos que as simplificações a que somos levados se originam da imensa renovação que se propõe, onde cada passo deve ser cuidadoso; donde em lugar de simplificação, é de "economia" que deveríamos falar, "economia" de meios para formulação da nova linguagem.

Nossas opções

Esse processo, a que nos referimos, é passível da maior apreensão. Apesar dos contornos nem sempre claros, no fundamental, dele podemos tirar as linhas mestras situadas na evolução das bases econômicas da nossa sociedade, das suas forças de produção e na evolução paralela e dependente da consciência das oportunidades, que estas forças oferecem, de uma vida mais harmoniosa, una e total. Por um lado, a produção necessitando de grandes complexos sociais, de centralização e planejamento da economia, para seu pleno desenvolvimento; por outro, esta mesma evolução é requerida pelas camadas do povo, tendo em vista, principalmente, suas necessidades vitais e a humanização das relações sociais. São exigências comuns a ambos, produção e sociedade, e que, no campo específico da arquitetura são: o planejamento em todos os níveis, do nacional e regional ao de pequenos aglomerados, enquanto organização de espaços; a industrialização da construção envolvendo os problemas de quantidade e qualidade em que se produza os materiais de construção, os problemas de módulos e de pré-fabricados, os problemas de diferenciação das funções, considerando a necessidade de eficaz divisão do trabalho em que é fundamental o especificar progressivo da produção; a racionalização da construção, eliminando interferências, na obra, entre as várias etapas de montagem; preparo de pessoal capacitado e sua devida utilização; a conveniência dos espaços às novas condições de vida social e individual: o fornecimento, antes de tudo, de sistemas gerais de construção, de estrutura, de vedação, de uso dos materiais e de espaços, dos quais os casos particulares sejam só adaptações mais ou menos diferenciadas.

Porém, este andamento harmonioso é impedido pelas contradições maiores da nossa estrutura; por exemplo, a tendência cada vez maior da produção ser feita por grandes complexos sociais envolvendo no produzir e no consumir a população a se expandir, em contraposição ao fato de ser realizada com o fim único de lucro, deixando de lado as reais necessidades de produtores e consumidores; por exemplo, a necessidade de planificação nacional e regional da produção agrícola e industrial, das condições de habitação e trabalho, circulação e lazer tendo em vista a coletividade, a sociedade como um todo e o atendimento de todos, em contraposição ao fato de esta planificação ser dificultada por interesse das classes não necessitadas; por exemplo, os nossos técnicos e intelectuais, com provadas capacidades, utilizados indevidamente dentro ou fora de seus reais campos de atividade, pelo desencorajamento e desvio provocados pela necessidade e possibilidade de maiores ganhos; e enfim, no sentido mais geral, a divisão entre capital e trabalho, originadora de classes de possuidores de capital e de possuidores de trabalho.

É, portanto, graças à tomada de posição participante no desenvolvimento, contínuo, do processo que nossas propostas são mais no sentido de acompanhar esta evolução, apesar de a mesma estar sendo truncada no presente por aquelas contradições, e de nossas obras adquirirem um caráter contraditório com a situação atual. Assim é que surgiram as propostas de ocupação do lote urbano, esclarecedoras da urgência de planejamento. Assim é que surgiu a preocupação, na obra individual, não genérica, do emprego dos materiais de construção como quando utilizados em larga escala, sempre considerados como produtos de um processo e destinados a uma função. Assim é que foi feita uma experiência de pré-fabricação, imprópria no caso, pela pouca quantidade de unidades produzidas, e de modulação injustificada pela ausência de harmonia industrial. Assim é que se diferenciaram as funções — cobertura e equipamento, estrutura e vedação etc. — para favorecer economia na produção e no consumo, tanto dos materiais empregados como da obra acabada, e que só em conjunto tomam sentido. Assim é que foram gerados os novos espaços, mais adequados às próximas relações sociais, e sua mobilidade, como fator de economia no futuro, ao permitir a múltipla utilização de um mesmo local, e no presente, ao enfrentar as dificuldades de transferência de habitação com a adaptação desta às condições variantes. Assim é que se impôs uma unidade dos espaços, tendente a aumentar, baseada em uma unidade fundamental da atividade humana, por enquanto irrealizável. Assim é que, desta atitude criadora positiva — acreditamos, numa tentativa de substituir, pelo vigor da afirmação, a falha quase total de conteúdo instantâneo — deriva o caráter didático das soluções, por vezes a razão primeira da insistência na clareza dos espaços, na diferenciação acentuada desnecessariamente do uso dos materiais etc.

Assim é que do mínimo útil, do mínimo construtivo e do mínimo didático necessários, tiramos, quase, as bases de uma nova estética que poderíamos chamar a "poética da economia", do absolutamente indispensável, da eliminação de todo o supérfluo, da "economia" de meios para formulação da nova linguagem, para nós, inteiramente estabelecida nas bases de nossa realidade histórica.

Conclusão

Esta apresentação não pretende ser mais que uma colocação de problemas e dúvidas. Não há outra intenção que a de fornecer elementos dos quais partir para um debate aberto da atividade profissional. Nenhuma conclusão é inabalável, nenhuma passagem é rígida. É com a convicção, entretanto, que só um trabalho coletivo de síntese, exame e proposição, só com a colaboração dos mais variados pontos de vista é possível uma orientação segura.

Arquitetura experimental[1]

Há quem se sinta profundamente moderno por afirmar que o nosso século é "caótico" e que o mundo do nosso tempo é *"non sense"*.

Essa atitude subjetivista resguarda o sossego da neutralidade incentivando o conforto heroico-masoquista dos dramas pessoais.

As relações humanas nunca foram cartesianas, a não ser em épocas cujos limites são oficialmente definidos. Para isso é necessário que se empregue a força, uma vez que o objetivo é reter a história.

O "caótico" nasce de uma comparação simplista da aparência dos fatos ou duma ânsia idealista de significações finais para a "explicação" do Universo.

Os sistemas não finalistas e móveis permitem conhecimento. Conhecimento como forma de participação e não como explicação definitiva, instrumento de verificação e não "a verdade".

Nosso esforço de análise procura uma estrutura de fatores que inclua ocorrências, muitas vezes tidas como menores, num processo mais amplo de significados.

---

[1] Seleção, rebatizada, de textos que acompanharam a apresentação de projetos de Sérgio Ferro, Rodrigo Lefèvre e Flávio Império na revista *Acrópole*, nº 319, 1965, pp. 23-44. (N. do O.)

Nota do autor (2024): Fosse eu coerente, retiraria meus textos escritos para esse número especial da *Acrópole* dedicado à arquitetura de Flávio Império, Rodrigo Brotero Lefèvre e eu, ainda não chamada Arquitetura Nova (ver adiante nota sobre esse artigo). O número sofre de vários defeitos. Em primeiro lugar, é antitético. Nós três, abarreirados contra o recente golpe militar, falamos de crise; Vilanova Artigas, convidado por nós para nos apresentar, falou de "uma falsa crise", nos desautorizando com um pito inesperado. O desencontro entre o mestre e os candidatos a seus discípulos não podia ser maior. Em seguida, como diz mais ou menos Theodor W. Adorno sobre Mahler, nossa lamentação desafina querendo soar alto demais. E a bravata, com promessa de revanche que nunca veio. Um fiasco. Mas não sou coerente e deixo tudo como está, sobretudo porque Flávio e Rodrigo não podem mais dar suas opiniões.

A arquitetura dos últimos trinta anos desenvolve-se paralelamente a uma aproximação crescente do aburguesamento da economia pré-capitalista brasileira, apresentando aspectos altamente contraditórios se vistos à luz do seu real significado, como atividade social e criadora.

Seu emprego como obra de arte restringe-se a uma colocação de classe que a reserva para algumas obras especiais: a monumentalidade dos edifícios oficiais e o refinamento das residências mais caras etc., subestimando sua origem mais representativa.

A limitação do seu significado social afasta a arquitetura dos vínculos mais objetivos com a realidade, permitindo distorções que a impedem de agir no seu verdadeiro campo. Sua manifestação isolada esbarra, inevitavelmente, na incoerência do seu isolamento, perdendo-se na irracionalidade do processo de urbanização no seu conjunto. Brasília é o único momento mais amplo na arquitetura brasileira e, assim mesmo, sua realização prende-se à colocação de elite da obra de representação.

Flávio Império

Temos sido impedidos de agir porque qualquer proposta de solução em nossos termos, em termos de arquitetura, só pode contar com atitude modificadora no processo de desenvolvimento e atitude de não aceitação da infiltração de métodos de análise e de técnicas características de países superdesenvolvidos, que para nós assumem cunho de irracionalidade, por mais racionais que se apresentem em sua origem.

A distribuição do real e precário mercado de trabalho se faz, então, de forma irregular e absurda, o que provoca a dispersão da atuação de cada um individualmente, no sentido de diversos campos que nem de longe permitem contribuições ao nível de nossa formação, no sentido de campos afins à arquitetura, ou da ampliação do nosso próprio campo.

Assim é que surge o arquiteto "dono de casa de boliche", o arquiteto "corretor de imóveis", o arquiteto "vendedor de materiais de construção", o arquiteto empregado com funções de engenheiro, o arquiteto "decorador", o arquiteto "desenhista", ou o que mais se possa ser, em consequência da necessidade de sobrevivência nessa situação de "à margem da história".

Para combater a marginalização mais diretamente, é forçado a penetrar em setores não ligados à construção, como a comunicação visual, o desenho industrial etc.; é aumentada a atuação, pretensiosa em alguns casos, em campos próximos, como pintura, teatro, cinema, literatura etc.; é incrementado o interesse pelo levantamento e interpretação dos fatos de nossa cultura e sentida a necessidade de maior difusão e discussão de nossa arquitetura, através de publicações, debates, conferências, exposições etc., numa tentativa de substituir a falha quase total de atuação pelo rigor de cada atitude.

Essa dispersão pode assumir características comprometidas com as condições do regime, subdesenvolvimento e subserviência: é a escolha mais fácil e que tende a ampliar o conceito de arquitetura como artigo de luxo. Mas, ao contrário, essa dispersão, se consciente, controlada e ordenada, servindo para aumentar o conhecimento da nossa realidade, aliada à procura de interpretações coerentes, ajuda a estabelecer as bases para a superação dessa situação.

Rodrigo Lefèvre

Da aceitação e compromisso com o falseamento da profissão instalou-se o conceito de arquitetura como artigo de luxo, parâmetro de aferição do grau de aburguesamento ou elemento de identificação de nossa "elite" com os padrões de outras nações. O conceito se alargou e, hoje, encobre outras implicações. Associa-se a empreendimentos imobiliários, quando reúne o "bom gosto" com uma funcionalidade "suspeita", ao "*design*" meramente estético, ao urbanismo plástico das paisagens agradáveis etc.

Em nossas verdadeiras atribuições, temos sido impedidos de agir. A omissão oficial em relação à solução de problemas que nos dizem respeito ou à interpretação deformada, tendenciosa, de alguns deles, resultam na adoção de propostas em termos estritamente financeiros ou técnicos, ou, ainda, na adoção de propostas de especialistas estrangeiros. É nesse sentido que têm sido atacados os principais problemas, o habitacional e o do planejamento dos grandes centros urbanos.

As realizações concretas de arquitetura são poucas e restritas. As raras oportunidades são exploradas em todos os sentidos que possam oferecer, revelando uma ansiedade que procura compensar a frustração crescente.

Elas adquirem um caráter programático e militante com múltiplas intenções. Denunciam as contradições mais graves em cada caso através da clara e evidente expressão dos artifícios necessários para contorná-las.

Arquitetura experimental

Simultaneamente, fazendo papel de *arquitetura de laboratório*, ensaiam inúmeras possibilidades técnicas e espaciais, numa atitude de espera e estímulo de transformações sociais profundas.

A fisionomia geral é heterogênea — não há como encontrar linguagem harmônica em tempo essencialmente desarmônico.

Mas, e é o essencial, procura participar, dentro de um pensamento eminentemente crítico no momento presente.

Sérgio Ferro

Residência no Sumaré
Projeto: Rodrigo Lefèvre e Sérgio Ferro, arquitetos
Construção: Cenpla
Proprietário: Marietta Vampré
Local: rua João Moura e rua Praxedes de Abreu, São Paulo

O lote urbano, absurda consequência da propriedade privada da terra e do atomismo absoluto das concepções de vida que orientam nossas estruturas, frequentemente exige artifícios arquitetônicos para a implantação de um espaço que ofereça condições mínimas de conforto e salubridade.

Quando esses artifícios devem levar em conta ainda a mesquinharia das áreas do terreno, a intenção de máxima economia no investimento e os interesses imobiliários do proprietário, fica bem delimitada e equacionada grande parte da área de trabalho do profissional arquiteto no Brasil.

No caso, o problema só oferecia solução fora das estreitas e vazias restrições da propriedade individual; um jardim comum às duas residências permitiria o grau de abertura e insolação necessários a articulações vivenciais mais ricas que uma simples relação mecânica.

A exigência de máxima economia levou à absoluta racionalização da construção.

A dureza do espaço resultante deixa claro o significado da exigência.

Residência no Itaim
Projeto: Rodrigo Lefèvre e Sérgio Ferro, arquitetos
Construção: Cenpla
Proprietário: Albertina Pederneiras
Local: rua Eduardo de Souza Aranha, São Paulo

A racionalização da construção em todos os setores é fundamental para uma arquitetura residencial econômica. A supressão de todos os elementos dispensáveis na obra não é suficiente.

De significado maior é a organização do construir. A separação dos serviços, por exemplo, em tempos diferentes, evitando superposição de trabalho e as interferências possíveis, é fator de redução considerável nos custos.

Dependem do projeto muitas simplificações possíveis: o uso de módulos que facilitam medições, o emprego de materiais de construção de dimensões constantes (o bloco de concreto), a padronização dos caixilhos que auxilia a produção, as instalações elétricas e hidráulicas aparentes e centralizadas, a sistematização de detalhes de acabamento etc. Todos estes procedimentos têm consequências favoráveis.

Estas preocupações em nada prejudicam a caracterização arquitetônica mais expressiva. Ao contrário, fazem surgir oportunidades formais inteiramente novas.

A racionalização dos elementos de construção estimula a criação de novas possibilidades formais e expressivas. Nos menores detalhes, a austeridade do desenho imprime o significado geral da obra. A regularidade dos materiais não impede a riqueza formal.

Residência em Perdizes
Projeto: Rodrigo Lefèvre e Sérgio Ferro, arquitetos
Construção: Cenpla
Proprietário: Helladio Capisano
Local: rua Monte Alegre, São Paulo

Arquitetura é, além de ofício, atividade criadora que envolve a elaboração de formas significativas, como a pintura. Afirma e apresenta os valores que a orientam.

O limitado campo que o profissional novo encontra, força, muitas vezes, a transformação de uma residência em descabido manifesto: a necessidade de dizer, de comunicar, supera a de eficiência.

A arquitetura, hoje, poderia realizar o espaço de um outro tempo, mais harmônico, mais franco, menos comprometido com a ordem de ideias vigente. "Em tempo de guerra" talvez valham mais certas colocações, ainda que utópicas, cuja configuração contenha anseios e perspectivas de futuro.

Para ganhar em perspectiva o espaço quase inexistente, a construção foi elevada. Envolvendo o pátio interno (núcleo do qual participam todos os ambientes) os vários níveis, volumes, materiais, texturas se desenvolvem num espaço contínuo, em contraponto. A luz é controlada na cobertura de cristal por placas móveis; salienta, alternadamente, os vários detalhes, originando contínuas modificações no conjunto.

Residência no Butantã
Projeto: Sérgio Ferro, arquiteto
Construção: Cenpla
Proprietário: Boris Fausto
Local: avenida Afrânio Peixoto, São Paulo

As possibilidades da "nossa" indústria tentam continuamente o arquiteto.

Os ensaios de incorporação dos progressos que realiza se repetem.

Economicamente nem sempre se justificam: são raros os projetos com alcance necessário para um resultado compensador. Mas a formação universitária que a nova geração recebeu, orientada para as amplas tarefas, torna difícil a espera e dá origem a prematuras experiências.

O próprio momento brasileiro pediu o exame de caminhos novos; um leve indício, hoje desaparecido, de transformações sociais mais profundas, sugeriu ao arquiteto preparar-se para um exercício diferente da profissão. A racionalização de técnicas populares e a adaptação do desenho à produção industrial eram necessárias para as prováveis e diferenciadas solicitações.

As principais dificuldades que surgiram no nosso ensaio não foram as de mão de obra, que se adaptou facilmente às novas técnicas.

O produto industrializado, entretanto, não correspondeu às amostras, e uma série de "defeitos" de fabricação prejudicou o conjunto da proposta, forçando inúmeros expedientes corretivos (as placas não isolam, pela economia de material, o que a teoria faria supor, o mastique que desaparece sob a ação da água, forçando o emprego de mata-juntas que não estavam previstas etc.).

A cobertura, apoiada em quatro pilares centrais, protege uma área maior que a da casa, formando vários terraços cobertos. Sua regularidade facilita o emprego das placas. Quando necessário, é ampliada por lajotas pré-moldadas. As placas organizaram livremente o espaço, apesar da rígida modulação. As instalações elétricas aparentes facilitaram o trabalho e foram fator de economia.

Residência em Cotia
Projeto: Sérgio Ferro, arquiteto
Construção: Cenpla
Proprietário: Bernardo Issler
Local: Granja Viana, estrada de Cotia

A melhor técnica, em determinados casos, nem sempre é a mais adequada. Há mesmo situações em que a modernidade construtiva é fator secundário. Enquanto não for possível a industrialização em larga escala, o déficit habitacional exige o aproveitamento de técnicas populares e tradicionais. Sua racionalização, despreocupada com sutilezas formais e requintes de acabamento, associada a uma interpretação correta de nossas necessidades, não só favorece o surgimento de uma arquitetura sóbria e rude, mas também estimula a atividade criadora viva e contemporânea que substitui, muitas vezes com base no improviso, o rebuscado desenho de prancheta.

Uma abóbada circular, construída de vigas retas de tijolo furado, com o auxílio de cambotas simples de madeira. Foi erguida em poucos dias por um só homem. A independência da cobertura permite, simultaneamente, o rigor estrutural e o livre manejo do espaço interno, a distribuição de funções e áreas de acordo com um sistema de vida mais integrado e dinâmico, a mobilidade e economia espacial, podendo cada ambiente, desprovido de desnecessários excessos, ter mais de um uso. São, também, de tijolo, as divisões internas e os "móveis", já incluídos na obra (camas, mesas, pias, bancos e armários). A experiência teve custo bastante baixo: o preço do metro quadrado de construção não ultrapassou a metade do preço em São Paulo.

Arquitetura experimental

Arquitetura Nova[1]

A obra realizada de arquitetura esconde e revela um projeto; como qualquer realização, deforma-o atenuando ou alterando, na prática, suas propostas iniciais. Mas guarda, mesmo assim, sua orientação básica. E, por isto, a obra permite reconstruir, com razoável segurança, os traços mais significativos da estrutura do projeto.

O projeto, em arquitetura, envolve vários níveis: é particular, como solução para determinado problema imediato, e é, também, parte e reflexo de uma atitude global do seu autor e, através dele, do tempo que vive. Pela análise e a observação da obra acabada, pela verificação da

---

[1] Publicado originalmente na revista *Teoria e Prática*, nº 1, 1967, pp. 3-15. Posteriormente reeditado em *Arte em Revista*, nº 4, 1980, e *Espaço & Debate*, nº 40, 1997. (N. do O.)

Nota do autor (2024): Desta vez, o próprio texto é antitético. O faro crítico de Ana Paula Koury e de Pedro Arantes pressentiu a embrulhada. O autor, eu, escrevo como se escrevesse sobre outros. Somente percebi o que havia escrito quando li o texto no primeiro número da revista *Teoria e Prática*. Foi Roberto Schwarz quem me abriu a leitura de meu próprio texto. Mais, muito mais que sobre outros, o texto nos descrevia, a nós, Flávio, Rodrigo e eu. O faro crítico de Ana Paula e Pedro foi atinar que, pensando escrever sobre outros, eu havia escrito um *Confiteor*. Uma confissão. Os outros eram nós três. Mas três que eram como os outros. O mal-estar que descrevo era geral. Mas como fui eu quem abriu a boca, o título do artigo virou nosso nome, nossa marca: Arquitetura Nova. Mais ainda: a crítica que eu fazia, pensando criticar outros, era uma autocrítica. Como muitos outros cognomes — Gótico, Barroco, Fauvismo etc. —, o que originalmente pretendia desancar pretensões de outros passou a ser nosso nome de batismo. Com uma diferença: fui eu quem nos batizou, com um nome emprestado do Glauber Rocha — cujos filmes me pareciam merecer a crítica que eu fazia, no primeiro tempo, aos outros arquitetos da Pauliceia.

Mas a partir dos livros de Ana Paula e de Pedro — respectivamente *Grupo Arquitetura Nova: Flávio Império, Rodrigo Lefèvre, Sérgio Ferro* (São Paulo, Edusp, 2003) e *Arquitetura Nova: Sérgio Ferro, Flávio Império e Rodrigo Lefèvre, de Artigas aos mutirões* (São Paulo, Editora 34, 2002) —, que devem ter percebido o *Confiteor* embutido na

adequação ou incompatibilidade das partes e níveis que a compõem, é possível apontar as intenções e atitudes mais profundas que guiaram a sua elaboração. Portanto, as eventuais contradições objetivas de uma obra, verificáveis na construção, na utilização, nas reações que provoca ou entre os instrumentos usados, explicitam defasagens e incoerências internas do projeto particular e da atitude global que o justifica e que nele se concretiza.

Projeto, em sentido particular ou como reflexo de uma atitude global, é a articulação intencional do campo das possibilidades abertas por determinada situação. No caso da arquitetura, o campo a ser articulado contém limitações, como o padrão técnico disponível e o programa a resolver, cuja maleabilidade é pequena, e uma região de opções mais livres que independem de determinações imediatas e que, por esta razão, são mais capazes de exprimir as flutuações ideológicas a cada momento. Por

---

crítica, somos parte da Arquitetura Nova. E agora reclamo o cognome. Nossa teimosia, compartilhada por alguns, acabou delineando uma nova arquitetura, com jeito de uma prática emancipatória se for exercida por cooperativas operárias de produção das quais nós, arquitetos reformados, faríamos parte. Delineamos sobretudo em nossas escolas, cujo antepassado foi a casa Bernardo Issler em Cotia (1963).

Contudo, lá na hora de então, as coisas eram ainda pouco claras. Pregávamos um *amanhã* diferente — mas já era o de *ontem*. O que nos imobilizava num *hoje* sem saída, ruminando promessas de validade ultrapassada. Há um autorretrato de Oskar Kokoschka que poderia ser o nosso. Imóvel, de frente, seus braços cruzados sobre o peito apontam para direções inversas, o da esquerda aponta para a direita, e o da direita, para a esquerda. Impasse, esbarrão parado, como uma compressão de automóveis do escultor César Baldaccini (1921-1998), que no Salão de Maio de 1960 expõe um automóvel comprimido, causando escândalo entre o público. Após isso, o artista francês procederá da mesma forma em relação a motocicletas, papelão e joias. Ver Jean-Louis Ferrier (org.), *L'Aventure de l'art au XXe siècle: peinture, sculpture, architecture* (Paris, Chêne, 1999).

Esses dois textos — "Arquitetura experimental" e "Arquitetura Nova" — fazem parte, se quisermos pôr um pouco de ordem corriqueira nos meus trabalhos, de meu encantamento então em moda com o que ficou conhecido como marxismo ocidental. Vale para esses textos, fora a pretensão descabida de minha parte, a sentença de Perry Anderson sobre esta corrente: "[...] ele se desenvolveu de uma cisão cada vez maior entre teoria socialista e prática da classe trabalhadora [...] O resultado foi o isolamento de teóricos em universidades, longe da vida do proletariado [...] e a dissociação da teoria em relação à economia e à política, aproximando-se da filosofia" (*Considerações sobre o marxismo ocidental/Nas trilhas do materialismo histórico*, São Paulo, Boitempo, 2018, pp. 116-7). Mais que marxistas, esses dois textos são amostras da esquerda numa subestação universitária (a principal entrada das novidades metropolitanas era e Faculdade de Filosofia da USP) num país subdesenvolvido sujeito a golpes repentinos.

exemplo: a reduzida quantidade de estruturas-tipo a que se pode recorrer aqui e agora aceita diversas formas de utilização. Se a estrutura em si é índice evidente de nosso estado construtivo, sua escolha, seu *design*, em cada oportunidade, são expressivos das nossas necessidades, tendências e expectativas. E as variações no tempo da escolha e do *design* acompanham, além de uma evolução técnica nem sempre verificada, as variações da situação vivida e seu impacto em cada um.

Se, com a atenção dirigida para estas mudanças frequentemente sutis, examinarmos os projetos de arquitetura realizados por grupos da nova geração brasileira e, em especial, pelos de orientação racional em São Paulo, notaremos algumas características típicas. Em resumo, são propostas para um desenvolvimento suposto provável que progressivamente se transformam, por uma inversão de função, em compensações para a frustração crescente destas propostas, o que é conseguido pelo isolamento fictício da obra que finge concretizar, no seu microcosmo, o desenvolvimento esperado. A atitude agressiva e provocadora com relação à realidade presente que produziu aquelas propostas é trocada, mansamente, pelo gesto de uma representação substitutiva e conciliadora.

Toda arquitetura moderna atuante e responsável levanta propostas para o atendimento de um progresso esperado e de necessidades coletivas — o que é normal em uma atividade cujo núcleo, o projeto, inclui sempre o futuro a ser construído por muitos. De Ledoux a Le Corbusier são constantes as sugestões que avançam sobre seu tempo e elas importam mais que o simples funcionalismo da rigorosa e comportada observação de um programa geralmente imposto. Estas antecipações hipotéticas, além de exporem o gênero de desenvolvimento previsto, acusam, pelo que contrariam do presente que as alimenta, suas limitações mais sofridas.

São raras as propostas aproveitadas ou cujo aproveitamento tenha sido o desejado inicialmente. A diferença entre proposta e aproveitamento é proporcional à distância em que é visto o futuro esperado: quanto maior a distância, mais fantasiosas as previsões e, portanto, mais cômodas as apropriações. Há momentos, entretanto, como no Brasil entre 1940 e 1960, em que os sintomas de um provável desenvolvimento social, falsos ou não, mas que foram considerados verdadeiros, estimularam uma otimista atividade antecipadora. O futuro parecia conter promessas próximas que, em hipótese, requeriam novos instrumentos. As propostas, supostamente passíveis de aproveitamento quase imediato, procuraram colar-se às disponibilidades concretas do nosso meio e às carências do nosso subdesenvolvimento.

Arquitetura Nova

É o que distingue os trabalhos de Niemeyer e Artigas: avançaram uma arquitetura sóbria e direta, armada com todos os recursos adequados à situação brasileira. Equiparam-se com a clareza, a abertura e a coragem construtiva próprias para as transformações vagamente anunciadas. Brasília marcou o apogeu e a interrupção destas esperanças: logo freamos nossos tímidos e ilusórios avanços sociais e atendemos ao toque militar de recolher.

Os arquitetos novos, preparados nesta tradição cuja preocupação fundamental era as grandes necessidades coletivas, já desde 1960 aproximadamente, no início da atual crise, sentiam o afastamento crescente entre sua formação e expectativas e a estreiteza das tarefas profissionais. Seus trabalhos dirigiam-se, ainda, para as mesmas finalidades. Entretanto, as oportunidades de realização diminuíam, fechavam-se as perspectivas. Ora, suas propostas continuavam as mesmas e não havia o que acrescentar: em tese, estavam prontos os instrumentos para organizar o espaço de um outro tempo mais humano, se bem que seu caráter antecipatório não permitisse senão uma formulação abstrata. Os novos arquitetos as repetiam. Mas a consciência de sua inevitável frustração imediata e do desmoronamento do "desenvolvimentismo" começou a tingi-las de uma agressividade maior e a destruir o equilíbrio e a flexibilidade que possuíam enquanto se acreditavam exequíveis. Ao adiamento de suas esperanças reagiram, no primeiro instante, com a afirmação renovada e acentuada de suas posições principais. Daí esta espécie cabocla de brutalismo (oposto ao brutalismo estetizante europeu); esta didatização forçada de todos os procedimentos; a excessiva racionalização construtiva; o "economismo" gerador de espaços ultradensos raramente justificados por imposições objetivas etc.

Esses arquitetos, raspando já o maneirismo, refletiam o mal-estar que se generalizava. De fato, há nas realizações desta fase, descontados os efeitos de uma agressividade compreensível, um abuso de petrificação e esquematização rígida que denuncia o aprofundamento da decomposição estrutural do país. Repetindo: nos projetos elaborados por este grupo de novos arquitetos — o mais significativo da atual geração —, a partir de 1960, as propostas anteriores que caracterizavam a arquitetura brasileira, feitas para um desenvolvimento que parecia provável, são retomadas com a ênfase exagerada decorrente da consciência de sua impraticabilidade presente e do desaparecimento de suas tênues bases efetivas, desaparecimento selado pelo truncamento irracional do nosso lento processo social.

Mas este exagero tem ainda outras fontes. É que aquelas propostas, apesar de não se terem concretizado no nível em que foram pensadas, serviam, porém, para finalidades distintas, e até opostas. Assim, os estudos sobre planejamento ou sobre nossa limitação construtiva hoje são utilizados, depois de convenientemente deformados, pelas forças mesmas que estas intenções modificadoras, em essência, contrariam: a ditadura e o imperialismo. O planejamento, de exigência de máximo aproveitamento de recursos se transforma em aparelhamento para restrições internas e subserviência aos senhores da técnica mais evoluída (e do capital) que a impõem sem qualquer consideração pelas condições brasileiras que violentam e desconhecem. Um dos resultados é a indigestão e, mais, a paralisação do empenho por um desenvolvimento autônomo e apropriado, isto é, o contrário dos propósitos originais que orientam aqueles estudos. Por outro lado, a indústria da cultura (o subdesenho industrial, as revistas "especializadas", a arquitetura decorativa ou imitativa etc.) e mais a especulação imobiliária, selecionando habilmente entre as propostas, souberam também inverter em seu proveito as que não eram por demais agressivas. A inesgotável capacidade antropofágica do sistema baseado no comércio forçado pela propaganda de mercadorias frequentemente supérfluas, com sua crônica carência de novidades estimulantes, deglutiu, com facilidade, o que parecia conter todos os requisitos de uma atitude modificadora, e a arquitetura brasileira, castrada, serviu de agente de vendas.

Este consumo contínuo e voraz da linguagem, permanentemente enfraquecida em sua agressividade pela banalização espúria que dilui a carga expressiva, somada às reduções do campo profissional provocadas pela crise, explica melhor o absurdo concreto que são as manifestações principais da nova arquitetura. Trancados cada vez mais nas obras isoladas e particulares (de tipo residência burguesa, loja ou clube, por exemplo) os arquitetos foram duplamente pressionados a aproveitar esta deturpação profissional, que é a venda privada de um conhecimento coletivo, como angustiada e contraditória oportunidade para a afirmação insistente de suas teses mais genéricas. Obras isoladas, mesquinhas no seu significado próprio, e, por fugirem ao controle direto do sistema, obras que retêm os mais amargos contrastes do mesmo sistema. A presença chocante de teses gerais na particularidade vazia destas obras demonstra, claramente, o impasse a que chegaram arquitetos e a prática da profissão: sua afirmação só é possível dentro de um projeto que os compromete.

Arquitetura Nova

A somatória das duas solicitações adversas, a particular e a teórica modificadora, produz construções híbridas, desconexas, cuja mensagem se embaralha a si própria pela retórica que deve empregar. Quando a oposição não é escondida, mas evidenciada com veemência, então esta oposição entre o que os arquitetos sabem, e propõem, e o que lhes permitem assume objetivamente, na construção, as características da denúncia. Mas a distância entre a consciência de sua capacidade e a prática sem substância pesa e marca a tentativa. E, na denúncia, aparecem sinais da contradição não superada. Os arquitetos bloqueados nas direções que deveriam tomar experimentam vencer a limitação pintando os limites com as formas das direções. Alienados de sua função real por um sistema caduco, reagem dentro da faixa que o sistema lhes atribui, aprofundando, com isto, a ruptura entre sua obra e a situação objetiva a ser combatida. Para enfrentar as forças negativas que os diluem, aceitam a fragmentação da particularidade, o que é outra forma de diluição. Adensando seus projetos, revestindo-os de malabarismos expressivos para agredir, afastam-se mais e mais do objeto da agressão e da possibilidade da agressão: complexos demais, já não são ouvidos. Para desalienarem-se, aumentam a própria alienação. Dentro da arquitetura, este é o limite da atitude crítica: a radicalização da contradição até o absurdo. Esta situação, obviamente, é insuperável por caminhos arquitetônicos.

Mas, muitas vezes, a contradição instaurada é quase insuportável. A certeza do absurdo da atividade profissional nestas condições e da ingenuidade da reação provocam o mal-estar e a insegurança entre os novos arquitetos. Para escapar, surgem os disfarces compensatórios para a frustração original. Ora, o processo mesmo de reação — retomada enfática das posições anteriores em qualquer ocasião — fornece os meios de escape e com a vantagem suplementar de ainda parecer reação. Sinteticamente, o escape aberto é o seguinte: a repetição constante das propostas exageradas, agora utópicas e, portanto, descarnadas, desagregam a intenção global agressiva de desenvolvimento maior que as estruturava. E desagregam exatamente pelo exagero de cada parte. A forma ampliada, esquematizada e retoricizada pelo esforço didático e combativo corrompeu a economia da antiga intenção articuladora, seu equilíbrio dinâmico entre ser e dever ser, desfazendo sua significação essencial que estava, precisamente, na sua adequação realista às possibilidades efetivas do momento. As formas para um conteúdo são limitadas e um conteúdo não resiste a infinitas variações formais, principalmente quando comprometido com uma realidade oposta (a racionalidade substantiva das propostas anteriores com a irracional particularidade da encomenda individual, por exemplo). Desfeita aquela perspectiva orientadora, sobram as propostas quase isoladas, reorganizadas somente se vistas como parte da contraditória posição que examinamos. Para uma observação mais desatenta, permanecem sempre isoladas e, pela ausência, então, de qualquer outra justificativa aparente, favorecem as interpretações imanentistas, isto é, interpretações que se subordinam a uma suposta significação e verdade internas destas propostas. Favorecem, facilitam a passagem, mas os arquitetos que abdicam de uma atitude consciente e responsável, que exigiria o aguçamento dramático das contradições inevitáveis, rapidamente a transpõem.

A história — coagida e autodestrutiva — de uma posição progressista e sua linguagem passa a ser a evolução de uma técnica autossuficiente. Os instrumentos de uma agressão e de uma fase do nosso desenvolvimento hipertrofiados adquirem a autonomia de verdades em si. E mais, história e instrumentos transfigurados em evolução interna e fetiches, guardando a aura que a coerência da atitude agressiva anterior lhes emprestou, tranquilizam a quem quer parecer atuante não sendo. Por um mesmo giro reconquistam autoestima e respeito por ricochete e o conforto de uma "racionalidade" sem perigo e sem muita exigência. O planejamento, antes pregação de racionalidade no caos brasileiro, vira receita que resolve qualquer desarranjo evidente — principalmente porque uma só vez foi concretizado, o que permite larga especulação fácil. Se antes o uso do concreto aparente, na sua rusticidade, colaborava para uma construção mais franca e econômica, hoje comanda, por razões que ninguém examina, as mais rebuscadas filigranas. A organização diferente de plantas e espaços, fruto de um pensamento atento, desemboca no exotismo inconsequente dos arranjos hiperbólicos. E tudo explicado em função de cuidadosa observação da significação imanente de técnicas ou materiais, sob a proteção da racionalidade própria de sua evolução. A técnica cristalizada assume o papel ativo — ela contém a verdade. De instrumento passa a motivação. Basta segui-la. A má-fé é evidente: as opções dos arquitetos, cada vez mais gratuitas, são imputadas, agora, ao ser da obra, à sua natureza intrínseca. Está pronta a transferência cômoda de responsabilidade, escondida por uma filiação bastarda às árduas conquistas dos arquitetos pioneiros. O que era agressão serve, hoje, como substituição compensatória. Estes arquitetos do escape não se conformam, também, com a situação irracional em que vivemos. Mas fogem, mansos, em vez de radicalizar suas contradições até o desabamento e, mesmo, de atuar sob qualquer forma.

Arquitetura Nova

Alguns exemplos desta inversão.

As estruturas foram sempre uma preocupação fundamental para o arquiteto brasileiro e por várias razões: oposição ao primitivismo de nossos antiquados métodos construtivos, necessidade didática de um movimento que buscava afirmação, reflexo de uma visão de conjunto racionalizante estimulada pela promessa de desenvolvimento etc. Se eram escolhidas e proporcionadas com algum excesso, respondiam a uma demanda de experiências. Hoje assistimos, nas obras de muitos arquitetos da nova geração, à hemorragia das pseudoestruturas. Muitas apresentam um novo desenho das poucas fórmulas estruturais compatíveis com as nossas limitadas possibilidades, geralmente inadaptado às reduzidas dimensões do programa. Sublinhadas artificialmente para evidenciar sua presença, deturpadas para figurar mais "lógica" do que realmente contêm, estas estruturas escondem várias deformações. Comparadas às anteriores, imediatamente revelam seu absurdo: a simplicidade e a eficácia esquecidas pelo prazer do virtuosismo individual. Mas um virtuosismo superficial, condicionado à abolição do equilíbrio entre ser e parecer da estrutura. Vigas necessárias que se escondem; dimensionamento arbitrário; abóbadas que são lajes; abundância de painéis de concreto inúteis; demonstrações de robustez enganosa são, praticamente, as ferramentas principais. Não que se queira o rigor absoluto do cálculo matemático. Mas a "licença poética" tem limites. Sem dúvida são mais agressivas que as anteriores e respondem parcialmente à renovação forçada de linguagem: mas a didatização de sua razão de ser (isto é, da racionalidade construtiva) passa a ser sua quase única razão de ser — e se despreza sua real razão de ser, que é estruturar. Elas são transformadas em aparato racional irracionalmente empregado. A racionalidade substantiva desfeita escorrega para uma racionalidade mentirosa, limitada e gratuita, denunciando a ausência de nova racionalidade substantiva.

O fato dessas estruturas serem trocáveis umas pelas outras e, muitas vezes, completamente absurdas — e quem conheça o processo pelo qual surgem nos escritórios ou acompanhe os concursos não poderá negá-lo — não contraria a ilusão de sua derivação de uma hipotética verdade imanente à técnica. Ao contrário, a irracionalidade é sua consequência direta: é que, simplesmente, esta verdade não existe. Existe uma ciência de resistência dos materiais, existe um cálculo de estruturas. Mas o que não existe é significação ou valor das estruturas em si que justifique a verdade que lhes é emprestada. Uma estrutura só adquire significação ou valor quando sustentada por um projeto autêntico, isto é, por uma intenção global que impregna com sua significação a estrutura, por sua seleção e articulação com os outros elementos da obra e com o que está fora dela.

Ora, a responsabilidade transferida, quando o arquiteto se abandona à fragmentação das propostas organicamente coesas do período anterior, foi a responsabilidade de optar pelos significados que sua linguagem (as propostas exageradas) tomaria, isto é, renúncia ao ato consciente e criador de seleção e rearticulação intencionada pela denúncia das contradições vividas. Daí esta individualização fantasiosa das estruturas (ou de qualquer outro elemento): se o significado é próprio das estruturas, há que procurar a estrutura cujo significado seja compatível com o significado do programa — também reificado frequentemente.

Como não existe este significado, o único guia fica sendo a "sensibilidade" do arquiteto. Obviamente, quando esta "sensibilidade" se satisfaz, as razões da satisfação são outras, já que a desejada correspondência de significados é impraticável por não haver significados a corresponder. Como todo ato de percepção, inclusive a percepção das estruturas, é significativo, reconhece, inconscientemente, um significado que ele mesmo atribui, mas cuja origem supõe ser, no caso, a estrutura. E como a relação não é controlada, quando esta significação satisfaz desejos, necessidades ou ansiedades quaisquer, aplaude a maravilhosa harmonia das mônadas, se entrega ao encanto das correspondências afetivas, sem atentar para a catarse sub-reptícia.

As opções e respostas armadas sobre o concreto, a seriedade de uma técnica cuja retenção dentro das disponibilidades da situação brasileira era sua melhor manifestação de liberdade ativa e consciente, desaparecem. A inconsciência disfarça a inconsistência culposa de uma atitude desfeita em gesto ilusionista. Fugindo, se submetem aos significados parasitas que atribuem cegamente ou que recebem por inércia, o efeito é o mesmo. A "sensibilidade", assim oca e vaga, nada tem a ver com uma aproximação estética da obra arquitetônica. A arquitetura só abriga uma dimensão estética quando a coerência responsável do projeto está profundamente ancorada num comprometimento prático. Ou seja, quando responde, como técnica, à necessidade objetiva que a pressiona. A dimensão estética é o reconhecimento da síntese densa e autêntica do seu projeto, isto é, da articulação dirigida que propõe dos dados da situação para suas possibilidades mais amplificadoras. A dimensão estética é o resultado das imensas implicações humanas que uma técnica pode possuir. A má técnica fetichizada, essência da abundância estrutural deturpada de

Arquitetura Nova

muitos projetos da nova geração, é a aparência mascarada do medo da responsabilidade, e não empenho estético.

Estrutura, em arquitetura, é, simultaneamente, resposta técnica a algum problema imediato e reflexo de uma visão organizada da realidade em que é proposta. Quando a consciência da contradição entre as oportunidades de trabalho e a capacidade potencial do pensamento arquitetônico brasileiro não é clara e criticamente objetivada nas obras, as estruturas exageradas são, quase exclusivamente, maneira artificial de estabelecer uma aparência de ordenação racional num objeto — a residência burguesa, por exemplo — cuja insignificância todos reconhecem.

A falta da atitude crítica e agressiva tem a agravante de enfeitar, com a figuração da racionalidade, o absurdo da particularização imposta da função eminentemente social do arquiteto. E a continuação deste procedimento revela que o desvio tem serventia também para o arquiteto que nele se empenha: compensação. A maníaca acentuação da fantasia ridícula em relação à angústia do reconhecimento da inviabilidade de uma atuação coerente: nesta agressividade ou criatividade deslocada, apesar de tudo, este arquiteto se sente existindo, participando. A fantasia agressiva compensa a vacuidade sabida da obra. Curiosamente, assistimos, aí, ao renascimento de expectativas mágicas.

Nestes casos, a obra se assemelha a um ex-voto invertido que procura obter de si próprio, para o autor, a indicação de uma totalidade organizada que atenue a carência de perspectivas orientadoras reais. Na ausência de uma visão clara da situação, aspira-se, para fugir da insegurança, por uma ordem qualquer. A operação é marcadamente mágica: se a realidade é confusa, transbordante, no lugar do esforço de compreensão surge a tendência confortável da deformação simplificadora por ato interno da vontade, altera-se a visão sem alterar a coisa vista. Esta vontade arbitrária se adapta a qualquer solução: a natureza da ordem fictícia é indiferente desde que ordene. Formalmente hipostasiadas, o conteúdo das antigas estruturas some; sua materialidade, sua adequação são envolvidas pela repetição do seu dever ser enquanto seu ser real se choca com esta coerência procurada. O estruturalismo de máscara, mudando a roupagem e guardando, ilusoriamente, os princípios, esquece o fundamento da atitude anterior e sua base dependente da interação do fato concreto — a obra a ser estruturada aqui e agora, com seu conteúdo material e presente — e as possibilidades de uma mudança compatível. O resultado é a pantomima.

Outro exemplo.

A densidade, que antes derivava de uma economia espacial justificável num país subdesenvolvido e deficitário em construções, invade qualquer obra, inclusive as "edificações de luxo".

A lógica miúda da especificação de cada função em pormenor abarrota os espaços de inúmeras formas, quase todas dispensáveis. Ora, se a densidade raramente possui razões concretas, podemos supor, mais uma vez, que responde a outras necessidades. Paralelamente a esta produção farta e anormal de detalhes e subdetalhes rebuscados, sua petrificação nas formas geométricas, o abuso de painéis de concreto que exibem artificiosamente as marcas de seu processo somatório de produção (as tábuas e chapas que são desenhadas uma a uma), as texturas sempre mais violentas, o retalhamento modular ou livre das superfícies contínuas etc., tudo claramente forçado na sua individualidade e estratificado definitivamente, são sinais de uma atitude mórbida. A coisificação desta verborragia analítica não pedida só é explicável pela mesma causa do estruturalismo exagerado: pela urgência de iludir o próprio esvaziamento. Assim, a complexidade de um trabalho concreto altamente comprometido com o conjunto da sociedade é representada pela quantidade de pormenores irrelevantes, caricatura de complexidade. Troca-se a relação íntima dos processos orgânicos reais pela aderência mecânica da amorfa vizinhança multiplicada. É o domínio da quantidade que povoa o fluido e pegajoso mundo mental desestruturado do homem do tempo da massificação. Sua aparência inquietante vem exatamente da consciência sempre latente do seu caráter ilusório e artificial. Vem do mau humor e do rancor pela mentira sabida. E a petrificação procura afastar esta consciência. A coloração excessiva é sempre o contrapeso de alguma carência básica; a um desvio marcado sempre corresponde outro inverso nas relações e produções humanas. A petrificação da quantidade, a densidade falsa escondem o nada que é a arquitetura hoje se não for crítica. Aqui, o paradoxo do encontro de um movimento humano com a opacidade da matéria, que é a obra de arte plástica, abandona a sua abertura e perde o seu efêmero equilíbrio: fica, como se ainda fosse objetivação humana, a obtusidade absoluta da coisa. Maneira primária e final de afirmação por negação da própria liberdade e movimentação. A pedra densa é o modelo perfeito da coisa-em-si; completa, cega, imutável, indiferente, faz o papel da segurança inexistente. Com a diferença da má-fé e da imensa obtusidade.

Atualmente, é moda ver a arquitetura como sistema de signos.

É inegável que assistimos à transformação de todos os elementos arquitetônicos, e do conjunto, em signos de si próprios. Provas são, exatamente, a estruturação formal exagerada e descabida, a densidade e a petrificação, e mais inúmeros aspectos paralelos, não examinados aqui, como a esquematização funcional, os módulos e grelhas diretoras, o didatismo sempre excessivo etc.

É necessário, entretanto, fazer algumas diferenciações. De início, é conveniente separar sinal e símbolo. O sinal é o resultado da adição arbitrária de um conteúdo a uma forma. Os símbolos, ao contrário, são formas de participação. Sua estrutura produz ressonâncias que se aproximam das motivadas pelos conteúdos simbolizados. Mas são também formas de representação. À apresentação imediata dos conteúdos a que se referem, substituem sua transposição no âmbito da metáfora. Neste sentido, qualquer atividade artística (e arquitetura, apesar de tudo, ainda é arte, pelo menos nas obras de significação adequada) é sempre simbolizadora. Ora, o símbolo autêntico desapareceu na atual arquitetura da nova geração: os conteúdos desejados, cada vez mais distantes, não se concretizam em nenhuma forma e as formas exteriormente simbólicas encobrem, somente, a frustração das perspectivas tradicionais. Se ainda são símbolos, são por inversão: indicam a necessidade dos novos conteúdos. Mas esta inversão corrompe a natureza do próprio processo simbolizador que é apreensão de alguma coisa existente, de conteúdos dispersos mas reais. O inverso é magia propiciatória.

Na verdade, entre nós, não há símbolos (o último foi a mandala inacabada da catedral de Brasília): há sinais convencionais, extraídos do repertório, meio correto, meio de ficção, das produções industrializadas e dos símbolos anteriores diluídos e desestruturados pelo desaparecimento dos conteúdos e necessidades que os sustentavam. E não poderia ser de outro modo: o símbolo é sempre estrutural e o que não há é exatamente visão estrutural.

Quando se define a arquitetura como "linguagem com estrutura autorreflexiva, sem conteúdo semântico e cuja sintaxe se refaz em cada caso" (Umberto Eco), soma de tautologias para dizer que arquitetura é o que é, na realidade quer-se apontar para o fenômeno da introdução do sinal no objeto arquitetônico contemporâneo, experiência que é generalizada arbitrariamente para toda a arquitetura. Pela recusa em assumir a realidade difícil, acrescenta-se sobre a evidência imediata do uso espúrio da arquitetura névoas distanciadoras e impalpáveis que sugerem outra realidade, diferente da concreta. E a névoa dos sinais falseadores de uma racionalidade de fantasia retém e descarrega uma insatisfação inevitável com o objeto e com a sociedade que o produziu. Assim, por exemplo, na ausência de uma arquitetura industrializada, já testada, possível e teoricamente aceita, multiplicam-se os detalhes que seriam típicos de um sistema de peças prontas, ou diversificam-se e explicitam-se funções que não têm fundamento no processo artesanal de construção, ou são propostos esquemas de programas socializantes para situações ultraparticulares; fechaduras, montantes, peitoris, juntas têm a lógica de uma rigorosa abstração, como se fossem testes para a generalização da experiência; os detalhes são desenhados como se não possuíssem óbvia motivação — explicam-se demais por necessidade de autojustificação. É somente quando, para se esquecer do que é, superpõe a imagem do dever ser, que a arquitetura se reveste de signos que representam a si própria.

Perdida sua razão de ser hoje, arremeda sua utópica possibilidade. Sabe que não é o que aparenta ser e sublinha o que sabe não ser. E seu projeto abortado evidencia as marcas do aborto: assinala vagamente o que seria se pudesse se desenvolver, mas o truncamento do desenvolvimento só permite uma promessa monstruosa. A arquitetura representa um papel: é comediante. Percebe que é atriz de um papel que a envolve, compromete e que continuamente lhe escapa. E quanto mais perfeita é a representação, maior a frustração; quando se vê a si própria representando, maior a frustração e o rancor. E o rancor leva, para tentar superar a frustração, à petrificação para suprimir, magicamente, a distância entre comédia e concreção. Mas, como a tentativa é de má-fé, reaparecem a frustração e o rancor, e o ciclo recomeça. À linguagem soma-se a metalinguagem. O que constrói dentro de uma perspectiva concreta, projeta. Mas projeta proximamente, densamente armado pelo presente. O projeto de quem projeta no vazio vê o futuro como improvável, distante, utópico e irrealizável. Para procurá-lo as formas se fortalecem com características de ficção para se afastarem de hoje. Inventam para escapar. Criam, indiferentes, a imagem de um futuro cujo principal requisito é não ser hoje, é ser outro. E os acentos são morbidamente aplicados para acentuar sua alteridade. Viciada, projeta virtude, para virtuosa encapar os vícios. O envolvimento a que pretende, entretanto, fica atado ao envolvido, pois é o envolvido que propõe o envolvente. Quer ser julgada a partir de sua imagem criada. Esquizofrenia, má-fé, compensação.

A compreensão da arquitetura como sistema de sinais é a generalização de uma experiência limitada. A transposição do dado imediato, evidente por si mesmo, que é a coisa utilizável, no nível do sinal, corresponde ao afastamento da coisa e à intervenção, entre a coisa e o homem, de uma pseudorrealidade convencional cuja única função é destruir a experiência do concreto. A mediação dos sinais quer iludir. Na prostituição o ato assinala um amor que não há. Como na prostituição, a forma das teses esvaziadas é sinal de uma realização abandonada. Na prostituição o signo aparece como máscara da prostituição. O sinal na arquitetura mascara a própria prostituição. Fugindo à realidade amarga e suja, enfeita-a com o doce embalo de uma mistificação tranquilizante. E o que no início fora agressão, agora é rendição. O gesto falseador suprime a atitude positiva.

A repetição no artigo da mesma causa, compensação e fuga de uma realidade que não se quer enfrentar diretamente, não é somente falha do autor. Os processos de substituição são férteis nas formas de desvio, apesar da motivação primeira simples.

Aliás, a própria multiplicidade de escapes faz parte do mecanismo de defesa: a observação de qualquer um revela sua fragilidade, mas enquanto este é desmistificado, os outros, sub-repticiamente, sustentam despercebidos a mascarada.

A produção da casa no Brasil[1]

A casa popular

Construtor

Em qualquer bairro operário, Limão, Americanópolis, Veleiros, Vila Carrão, Laranjal, Itaquera, Taguatinga, Núcleo Bandeirante etc., a maioria das residências foi construída pelos próprios moradores. Mesmo

---

[1] Elaborado a partir de anotações de aula na Faculdade de Arquitetura e Urbanismo da Universidade de São Paulo durante os anos de 1968-1969. Publicado pelo Grêmio Estudantil da FAU-USP em 1972 com o título "A casa popular" e aqui reproduzido a partir da versão original, mimeografada em 1969, revista e rebatizada pelo autor em 2005. Pode ser considerado um primeiro esboço de *O canteiro e o desenho*. (N. do O.)

Nota do autor (2024): Este é o último texto escrito antes de minha prisão nos fins de 1970. Agora sim, aparece Marx de *O capital*. O Fórum de 1968 na Faculdade de Arquitetura e Urbanismo na Universidade de São Paulo nos permitiu, a Flávio Império, a Rodrigo Levèvre e a mim, debater durante dias sobre a diferença entre nossas posições, elaboradas principalmente, além de Marx, a partir de nossas experiências com canteiros de obras — tanto os de Brasília quanto os das escolas que Mayumi de Souza Lima nos encomendava — e as posições que dominavam nossa escola desde o Fórum de 1962. Assistimos mas praticamente não participamos desse último Fórum: tínhamos acabado de entrar no corpo docente da FAU-USP. Não tínhamos ainda um lugar bem determinado: ex-alunos mas ainda não professores de pleno direito. Assistimos calados à instauração da hegemonia do projeto. Nossa elaboração teórica engatinhava, mas víamos com desconfiança tal promoção. Em Brasília, Rodrigo e eu havíamos testemunhado o desequilíbrio entre os discursos sinceramente entusiasmados com o papel da arquitetura na aurora anunciada para o Brasil e a desgraça dos canteiros encarregados de executá-la. O esgarçamento entre estas duas realidades era irremediável: não era possível que pertencessem a um mesmo universo. Não tínhamos motivo para desconfiar de nossos ex-professores. Vilanova Artigas era o exemplo da boa-fé. Havia perdido o concurso, mas defendia a Brasília de Lucio Costa e Niemeyer veementemente.

Minha cabeça de pintor, operando por constelações, pressentia relações ausentes ou, outras, abusivas. Essas estranhezas me atazanavam. Por exemplo: estudante, eu deveria gostar de aulas de plástica — mas detestava. Tinha que compor volumes preestabelecidos ou coisa do gênero. Enquanto pintor de meu tempo, não fazia nada disso. O quadro ia sendo feito na tela sem projeto predeterminado, a exemplo de Manet e dos impressionistas (ou dos construtores do românico e do primeiro gótico, mas isto eu ainda não sabia). O acaso não era estorvo mas talvez oportunidade de mudar de rumo. Encontrava semelhança de procedimentos na casa popular — mas nem nas mansões de luxo, nem na produção para classe média. Por quê? Porque a casa popular não era feita enquanto mercadoria mas como valor de uso imediato sem inicialmente valor de troca à vista. Podia virar mercadoria depois — mas não era concebida como mercadoria. Projeto heterônomo e mercadoria andam juntos. Somente um projeto autodeterminado pode seguir livremente as sugestões do caminho produtivo.

Levei anos para entender a relação da pintura e da escultura com a arquitetura oficial. As três artes plásticas não eram irmãzinhas, como nos ensinavam. Sua relação era de negação determinada (Era!, o mercado de arte avacalhou tudo isto.). Escultura e pintura invertiam sistematicamente o que a arquitetura malfazia. O modernismo arquitetônico hipostasiou o projeto quando se pôs a dirigir, a determinar diretamente os canteiros de obras com a anuência dos intermediários ditos técnicos. Tornou-o absolutamente hegemônico, ou seja, superior, preponderante. Saltando séculos, por um atavismo despertado pela fúria modernista contra os *métiers*, a pintura retornou à improvisação dominante quando o corpo produtivo autônomo dos *métiers* associados da construção dava as cartas nos canteiros entre os anos 1000 e 1250, mais ou menos. Ou seja: contra o despropósito que tomou conta da arquitetura a serviço do capital, pintura e escultura passaram a representar o que seria uma posição crítica e ética de um trabalho "livre" e não garroteado como nos canteiros modernistas. Caso de curto-circuito dialético ao gosto de Walter Benjamin.

Peço que desculpem minha pouca clareza: leiam meu livro *Construção do desenho clássico* (Belo Horizonte, MOM, 2021), e leiam "A contrapelo", a ser publicado no terceiro volume de *Arquitetura e trabalho livre*. Talvez tudo isso fique menos obscuro. Mas essa obscuridade, atravessada pelo pressentimento de uma verdade que procurava infiltrar-se através de nossas dúvidas, era típica de nosso dia a dia.

Foi o racha no interior do campo da esquerda no Fórum de 1968 que nos permitiu começar a ver melhor as coisas. Tanto de um lado como do outro. Vilanova Artigas, vitorioso, reafirmou suas posições, como era seu direito e convicção, mas abriu para mim a possibilidade de apresentar oficialmente a teoria da Arquitetura Nova num curso especial em seu programa. O que foi feito nos dois anos seguintes, 1969-70. Prova não somente de sua integridade, mas do respeito por opiniões divergentes entre companheiros de luta. Foi este seu reconhecimento tácito e discreto à possível validade de nossa teoria que nos deu asas. Guardo com carinho especial o exemplar de *Caminhos da arquitetura* que me deu às vésperas de sua morte com a seguinte dedicatória: "Para Sérgio Ferro, que participa de um imenso lugar na minha memória e em meu coração. São Paulo, outubro 1984, *Artigas*". Há quarenta anos, bem depois do Fórum de 1968, esta última visita ainda me comove.

A oposição posta claramente reforça a consistência de seus extremos — sobretudo quando há respeito mútuo. Foi o que aconteceu. "A produção da casa no Brasil", proem Osasco, bairro de operariado qualificado, estudo realizado para a elaboração de seu Plano Diretor revelou grande porcentagem desta regra. Outra pesquisa, orientada pelo professor Carlos Lemos sobre casas populares em São Paulo, fornece as seguintes informações: de 122 moradias levantadas, 108 (88,5%) foram construídas pelos proprietários; para as restantes 14, empreiteiros ou pedreiros foram contratados enquanto os proprietários "às vezes, até se transformavam em serventes solícitos". Geralmente sós, com filhos ou a mulher, raramente em mutirão, os operários mesmos levantam para si, nos fins de semana, feriados, ou férias, seu abrigo.[2]

Materiais

Os materiais, sempre os mesmos, são os de menor preço: o tijolo e a telha de barro, feitos manualmente nas olarias neolíticas, o barro, como aglomerante, a madeira não aparelhada de 3ª para estrutura do telhado. Portas, janelas de tábuas, sem vidro.[3] Algumas vezes, são materiais usados: 31 das 122 casas pesquisadas pelo professor Carlos Lemos em-

---

duzido enquanto eu expunha nossa teoria nesses cursos, serviu depois de rascunho para *O canteiro e o desenho*. Foi a primeira apresentação pública de nossas ideias.

Este ponto, sem que eu o cite, foi obviamente inspirado por Friedrich Engels, em *La Question du logement* (Paris, Éditions Sociales, 1957) [ed. bras.: *A questão da habitação*, São Paulo, Acadêmica, 1988]. Francisco de Oliveira comentou posteriormente esta minha referência num texto que condenava a autoconstrução tal como é praticada pela Usina, publicado sob o título "O vício da virtude: autoconstrução e acumulação capitalista no Brasil", *Novos Estudos CEBRAP*, n° 74, mar. 2006. Respondi ao artigo com uma "Nota sobre 'O vício da virtude'" e João Marcos Coelho também contra-argumentou em "O anão caolho". Ambas as réplicas foram publicadas no n° 76, nov. 2006, da mesma revista.

[2] A pesquisa do professor Carlos Lemos, em andamento (1969), ainda não foi publicada. Seus resultados provisórios aparecem resumidos no relatório feito para o FAP (Fundo de Amparo à Pesquisa), cuja cópia está no Departamento de História da FAU-USP. [A pesquisa coordenada por Carlos Lemos e Maria Ruth Sampaio foi publicada em 1978, pela FAU-USP, com o título *Habitação popular paulistana autoconstruída*. (N. do O.)]

[3] O nosso subdesenvolvimento está espelhado nestes materiais. A força do trabalho ainda é o meio de produção mais barato, não porque sua manutenção, com o avanço das forças produtivas, tenha baixado de custo, mas porque o nível desta "manutenção" é baixíssimo. A respeito de sua insuficiência, ver Josué de Castro, *Geopolítica da fome* (São Paulo, Brasiliense, 1965).

A produção da casa no Brasil

pregaram material de demolição. Chão apiloado, por vezes atijolado, raramente cimentado. Nenhum emboço ou revestimento. Em tese, outros materiais poderiam ser empregados. Mas uma série de restrições orienta a escolha: o preço reduzido do material é básico, ele precisa estar disponível perto para evitar o transporte oneroso, deve possibilitar compra parcelada com as reservas de cada salário ou com o pequeno crédito do depósito suburbano, verdadeiro BNHzinho popular, não pode requerer mais do que um indivíduo para sua manipulação e, finalmente, não deve exigir nenhuma técnica especial no seu emprego. É evidente que todas estas limitações se resumem na estreita margem econômica que envolve o operário. A vinculação, portanto, de tais materiais à casa popular não é questão de gosto, higiene, estabilidade ou conforto: é resultado do baixo nível de consumo permitido por seu salário.

Técnica

A técnica utilizada, mais do que aprendida, é vista, vivida, absorvida por contínua vizinhança. Faz parte do conhecimento popular quase espontâneo, que todos herdam, simples prática compatível com nenhuma especialização. A pesquisa referida mostrou pequena impossibilidade dos operários enfrentarem, eles sozinhos, a construção da própria moradia, apenas 11,5%. Entre os 88,5% capazes, havia de todas as áreas de produção, têxteis, mecânicos, carpinteiros, serventes, faxineiros. Não há empenho, ou melhor, oportunidade, para ousar alterações. Geralmente casados e com filhos, a casa do arrabalde é a alternativa às sórdidas condições dos porões e quartos dos bairros centrais em decadência. A urgência elimina a inovação, que poderá custar tempo. Além disso, os poucos tijolos obtidos devem seguir o modelo garantido, afastado de experiências potencialmente perigosas. Como na cozinha popular, as receitas tradicionais poupam cuidadosamente os ingredientes da casa. Contradição menor que repete as maiores: continuamente, este mesmo operário lida com os mais avançados meios de produção, ao responder às suas carências particulares, entretanto, dispõe somente de si e de pouquíssimos instrumentos. Recorre ao que já foi largamente provado no local, adaptando somente a raquítica técnica aos materiais que pôde obter. Dispõe do tempo parcelado, não emprega processo algum que exija trabalho continuado, ininterrupto, mas aceita o velho modo que é apropriado à renovação completa em cada etapa da construção, o empilhar de tijolos. Desprovido de qualquer meio de produção, é operário, recolhe a experiência feita sem equipamento pouco mais complexo. Devendo contar somente com ele próprio, sem qualquer folga para aprendizado, reencontra, cada vez, a mesma técnica pré-histórica.

Produto

Os próprios usuários, portanto, com a técnica absorvida, dispõem do material de menor preço, ou usado, do melhor modo conhecido, o que, evidentemente, é sempre precário. O produto obtido com tais limitações só pode ser padrão. A casa mínima — entre as pesquisadas, 84 (70,5%) possuíam unicamente um quarto e 40,9%, apenas dois cômodos — é o utensílio abrigo puro e elementar dotado exclusivamente do indispensável. A rudeza dos materiais, a primariedade técnica geram o núcleo restrito ao atendimento franco, imediato. A precisão imposta pela economia na produção ressurge como precisão no produto, precisão amarga, não resultado de engenho programado e escolhido, mas depósito obrigatório de infinitas carências. Nenhum enfeite, marca do *"status"* sobreposta: sua situação é evidenciada, exatamente por sua ausência.

Uso

O utensílio elementar encaminha a uma utilização imediata, exata: assim como o supérfluo não aparece na construção, o uso dispensa cuidados. Restando no mínimo, não há excessos que se interponham entre objeto e sua serventia. Da casa, o operário requer, inicialmente, pouco mais que proteção contra chuva e frio, espaço e equipamentos suficientes para o preparo de alimentos e descanso. Enfim, tem com ela a relação direta e não mediatizada, como só surge entre homem e seu instrumento de trabalho pessoal. Não é envolvido por qualquer fetiche, usa simplesmente, sem mistério ou respeito exagerado. A casa é feita para servi-lo e serve-se naturalmente dela. Organiza as áreas conforme sua utilização. A maior e prioritária é reservada ao local onde prepara alimento, descansa, convive, os filhos brincam ou estudam: a cozinha — 65 casas (54,8%) entre as estudadas possuem cozinha com área superior a 11 m². O modo de usar evidencia a classe, tal como o produto usado. Limitado econômica e tecnicamente, o produto gera sua forma de consumo, direta, eficaz. Interiorizado, o produto retorna como hábitos ou comportamentos que o confirmam. A eficácia forçada na produção corresponde à eficácia no consumo, que se propõe como móvel ideal para qualquer nova produção. E a herança inevitável será transmitida íntegra, imutada.

A produção da casa no Brasil

A produção não cria somente um objeto para o sujeito, mas também um sujeito para o objeto [...] Produz, por conseguinte, o objeto do consumo, o modo de consumo e o instinto de consumo.[4]

O *valor de uso social*

Ora forçado ao primário por pressões econômicas, atinge o social: a eficácia, requerida ao pouco que tem, impõe a permanência da construção em torno do esquema válido quase universalmente para os de sua classe. Portanto, apesar da forma de produção artesanal e arcaica, apesar de construir para si, para atender às suas necessidades básicas particulares, despreocupado com possível utilização por outros, o valor que cria é um valor de uso social. O valor de uso particular na miséria é intrinsecamente um valor de uso social entre os danados da terra: não há excessos que permitam a objetivação de idiossincrasias, a particularização. E como o nível a que se deve ater é o da satisfação única de imperativos vitais elementares, os resultados são praticamente os mesmos, sempre e em qualquer parte, variando somente em função do estágio histórico dos materiais primários (isto é, qual o mais barato a cada momento e local[5]) compatíveis com a produção artesanal e individual.

---

[4] Karl Marx, *Contribuição à crítica da economia política*, São Paulo, Martins Fontes, 2003, p. 237.

[5] Em certas zonas, como Santa Catarina e Paraná, a madeira substitui o tijolo. A única constante na casa popular, com relação aos materiais, é seu baixo preço e possibilidade de aquisição parcelada. Em país subdesenvolvido, isto é sinônimo de produtos com baixíssima composição orgânica do capital, isto é, muita força de trabalho.

A taipa, por sua vez, só foi superada pelo tijolo depois que este foi suficientemente provado aqui e de escassearem os bambuzais. A cobertura da casa popular fornece ótimo exemplo do conservadorismo técnico. A passagem do sapé à telha e da taipa ao tijolo foi suave, contínua, sem grandes inovações. O tijolo, entretanto, permite a cobertura em abóbada, mais barata e eficaz que a telha. A técnica disponível na tradição, entretanto, não possibilitou o seu surgimento. Novamente, o compromisso popular com determinada técnica é baseado em condições históricas de formação desta camada, no nível simples que possua, nos materiais disponíveis. Não há uma técnica popular: a abóbada, aqui desconhecida, foi a cobertura tipicamente popular na Argélia.

A *pequena propriedade*

Como ser em transição, o operário se determina como sucessão de realizações (efetivas ou apenas aspiradas) gradativamente "superiores" de ser mercadoria, no operariado e na categoria dos trabalhadores não manuais assalariados; e, quando vem a participar da categoria dos pequenos proprietários urbanos ou almeja dela participar, continua a aceitar para os outros, o ser mercadoria.[6]

A pesquisa do professor Carlos Lemos revela que geralmente o operário vê a própria casa como temporária. O que corresponde a fatos comprovados: grande parte das que possuem três ou mais cômodos são ampliações de um núcleo original de um ou dois cômodos. E mais, a própria disposição no terreno denota insatisfação com o que tem: 60% das casas de dois cômodos são localizadas no fundo dos terrenos, a frente permanecendo reservada para a futura casa maior. A possibilidade concreta para alguns de ir acumulando lentamente a área ocupada, por sua vez, permite explicar a constatação da existência de mais de uma casa no terreno ou de quartos que são postos a aluguel. Então, o operário "ser em transição" atinge exemplarmente o que para a maioria permanece aspiração irrealizada — a categoria do "pequeno proprietário urbano" — e passa a usufruir de renda não proveniente de sua venda, mas da venda de seus "bens". Constitui cortiços de péssimas condições: o valor de uso social que obtivera pensando em si é visto e manipulado como mercadoria. Entretanto, afirma o relatório da pesquisa, "raros são os que, *a priori*, já projetam no próprio corpo da casa os cômodos destinados à locação". O excedente, eventualmente produzido, é explorado como valor de troca.

Em oposição ao funcionamento habitual da economia capitalista, não é o valor de troca que estimula a produção de valores de uso, mas valores de uso excedentes são empregados como valor de troca. E o operário que teve a oportunidade de acumulá-los realiza o pressuposto de suas aspirações de ascensão à "categoria dos pequenos proprietários ur-

---

[6] Luiz Pereira, *Trabalho e desenvolvimento no Brasil*, São Paulo, Difusão Europeia do Livro, 1965, p. 208.

banos": sua personalidade básica capitalista não negadora do sistema, mas unicamente do *status* proletário.[7]

Pois bem, voltemos ao início. Nos feriados, fins de semana ou férias, quando ergue sua casa, o trabalhador produz para si. Não como o faz diariamente, como força de trabalho vendida, empenhada na valorização do capital. Não como mercadoria abstrata — força socialmente necessária — a produzir valores genéricos encarnados em valores de uso a ele indiferentes, não enfrentando os meios de produção como poderes materiais hostis e alheios. Ao contrário, produz com seus instrumentos seu abrigo, meios de produção próprios guiados por sua vontade e direção a construir um objeto para seu uso. O guia da produção, seu motor interno, a carência que atende são particulares e próximos. Mas, no afastamento das condições de produção negativas que encontra enquanto assalariado, perde as conquistas que estas condições lhe permitem. Pois é como trabalhador isolado, só, que enfrenta o que quer superar, sua miséria. Vendo-se só, servente e operário semiqualificado, quer proteger-se só. Nega a universalidade atingida, parte do trabalhador coletivo atuando com meios de produção em massa, nega a solidariedade orgânica e coletiva fruto do trabalho comum e retoma o princípio da propriedade que lhe é negada enquanto assalariado. E o que produz espelha, também agora, como produz: o indispensável para sua subsistência, resultado tosco de individualismo autossuficiente, é a miniatura frustrante do lar burguês, isolada, fechada, marcando nítidos os contornos de sua posse. Vai buscar as mais distantes e precárias regiões, esquecido de toda higiene e conquistas sociais, para poder manter resguardada a unidade obrigatoriamente desfeita de sua família e a propriedade de sua angustiante moradia lentamente depositada na expectativa de transbordar sua racionada necessidade e afirmar sua admissão a pequeno-burguês senhor de capitalzinho. Sem dúvida, tudo o impele a esta solução: a impossibilidade de sobreviver nos cortiços centrais, onde a relação próxima com outros operários é mediada pela promiscuidade, a pressão econômica dos salários insuficientes, hábitos rurais, fruto da vida segregada ainda presentes na sua formação, a especulação imobiliária, o sindicalismo ausente e oficial, o peso enorme do sistema, enfim. Mas não há dúvida: a solução que encontra, talvez a única disponível, tem as marcas de sofrida adaptação.

---

[7] *Idem, ibidem*, capítulo III.

Baixa de salários

As consequências são imediatas: o barateamento da moradia que obteve recorrendo a todas as suas mínimas habilidades e disponibilidades, o seu sacrifício, terá como recompensa automática o abaixamento relativo dos salários, sempre determinados pelo custo menor do absolutamente indispensável à sua manutenção. Seguramente, a economia feita na obtenção da casa seguirá a redução de seu salário real. É a lei do sistema. E o antagonismo é insuperável dentro dele: não pode permanecer sem casa, é levado a construí-la. Faz com o que tem: nada, mil "jeitinhos", economizando na já magra mesa. Portanto, faz com pequeno custo — não paga administração, empreiteiro, mão de obra, adota materiais rudimentares ou usados, área mínima, sem banheiro, pia, esgoto, água corrente, luz. É tão baixo o custo que nem as barbaridades minuciosamente programadas no BNH conseguem competir. Como consequência da multiplicação desta microscópica subprodução, associada à deterioração crescente das zonas centrais "modernas", baixa a cota do salário destinada à moradia. E, progressivamente, disfarçado sob aumentos nominais totalmente inflacionados, baixa correspondentemente o salário real do operário — baixa acentuada por novo gasto, o da condução. Bastam como indicação deste fato as seguintes informações do DIEESE (Departamento Intersindical de Estatística e Estudos Socioeconômicos): no *Boletim Informativo* nº 9, de janeiro de 1968, na p. 2, lemos que "Levantamentos efetuados pelo DIEESE mostram que o aluguel médio de casas na cidade de São Paulo, em janeiro [de 1968] foi de NCr$ 174,19, muito diferente da quantia de NCr$ 34,65 determinada pelo referido decreto [sobre o salário mínimo]". Ora, tal discrepância somente se explica pela enorme economia marginal que o operário consegue ao produzir a própria casa, justificando uma redução em relação à média que o governo decreta com satisfação.

Resumo

Em resumo, encontramos na casa operária uma exceção aparente ao sistema. A produção, aqui, não é guiada pelo lucro, pelo valor de troca. O seu imóvel é a produção de um valor de uso. Entretanto, o sistema e o modo de produção capitalista estão presentes sob várias outras formas: no fato do valor de uso particular na miséria tornar-se valor de uso social, e aparecer como valor de troca, apontando a existência de mercado de outros miseráveis; na contradição entre ser operário, expressão social de um sistema de produção avançado, e o fato de ter que recorrer, no atendimento a pressões vitais, às formas mais atrasadas, e mesmo reacionárias, de produção; na resultante de sua poupança, o pouco conforto imediato, acarretando desconforto e prejuízo mediatos maiores. A produção aparentemente marginal revela o sistema totalmente inclusivo.

A MANSÃO

Introdução

No outro lado da escala social, no Morumbi, por exemplo, o "fazer sua casa" significa aplicar capital. E, ao invés do mínimo indispensável, a construção contém o maior acúmulo de elementos supérfluos compatíveis com o funcionamento e a sanidade mental. Os materiais, a mão de obra especializada e a técnica não mais constituem limitações, ao contrário, se o deus capital existe, tudo é permitido, tudo e todos estão disponíveis. Pedras de Ouro Preto, tijolões desenhados, tábuas de jacarandá da Bahia de 50 cm, mármores, granitos polidos, fórmicas, vidros de 2 metros, metais especiais, aço, alumínio, ladrilhos portugueses, massa corrida, "spots", luminárias suecas, torneirinhas em forma de peixe — materiais de tradição nobre ou requintadamente industrializados ou artesanais alimentam a imaginação esgotada do decorador. Lajes, balanços, pergolados, rampas, abóbadas, robustas lâminas de concreto de madeirite lixado, motores, engenhos eletrônicos, treliças, taipas, pedrinhas — tecnicamente, qualquer ousadia é realizável. Sugestões sutis, desejos remotos (como banheiros de teto de vidro, vaga satisfação exibicionista), detalhadas subdivisões de funções diáfanas, efeitos mágicos, surpresas, arranjos lúdicos encontrarão "designers" especializados aptos para efetivá-los.

Produção

Acompanhemos a produção. Adquire uma gleba grande em zona altamente "valorizada" — "valorização" que não resulta de melhoramentos extraordinários ou da localização economicamente estratégica, mas da garantida seleção da vizinhança. A seguir contrata, isto é, compra vários gêneros de força de trabalho e serviços, desde o engenheiro, o calculista, o arquiteto, até serventes e vigias, passando por pedreiros, carpinteiros, mestres, técnicos em hidráulica, eletricidade, eletrônica, decoradores, paisagistas etc. Soma, na obra, quantidade elevada de conhecimentos, técnicas, habilidades e energias diversificadas. Fornece-lhes todo material pedido em qualquer instante, sempre com a melhor qualidade. Enfim, reclama dos custos, pressiona nos contratos e salários, mas põe na obra o desejado.

Guarda, próximos de si, o arquiteto, o decorador, o engenheiro, o paisagista. A eles impõe o que quer, com a impressão de aspiração ainda não realizada. Faz com que convivam com ele, jantem, conversem com sua família, revela pequenos hábitos, eventuais idiossincrasias, preferências estéticas, seu amor à eficiência de alguns pormenores, frustrações domésticas que reclamam atendimento. Arquitetos e decoradores tiram suas medidas, interpretam sua vontade, elaboram sua imagem. E traçam com largueza e generosidade tudo o que puderem captar. Debates, alterações, redução de ousadias excessivas. Neste momento o proprietário recebeu educação suplementar, pois pode desconhecer a si próprio, as exigências de bom gosto e das normas sociais convenientes a seu "*status*". Sob medida, os planos recebem seu "*imprimatur*". Engenheiros e calculistas põem suas equipes a dimensionar, precisar a construção. Operários, supervisionados pelo mestre, transportam, levantam. Enquanto a mansão cresce, o proprietário, insatisfeito com efeitos não previstos e descobrindo hábitos não atendidos, faz derrubar, modificar, acrescentar. Em dois anos a obra está terminada. A sua casa, fruto de sua vontade, foi feita à sua imagem e semelhança. Passa a usá-la.

A casa como mercadoria

Mas, olhemos melhor esta imagem, esta semelhança. Para "fazer sua casa", comprou matéria-prima, técnica, projetos e, sobretudo, força de trabalho. Esse procedimento não lhe é desconhecido ou novo: as relações de produção da mansão estão próximas da que estabelece na sua indústria ou outro negócio qualquer. Como aqui, lá a mercantilização está implícita na produção. Mais-valia acumulada compra os meios para ficar grávida de nova mais-valia, só que aqui, sob a forma da produção de um objeto específico, seu lar, doce lar. A semelhança de atuação nos dois casos traz, como automática consequência, comportamento semelhante diante dos produtos. Ambos são, para ele, mercadorias. As de lá, há que vender imediatamente, a de cá, permanecerá em seu poder.

Se for necessário ou conveniente, venderá. Mas para garantir esta possível venda, deverá zelar para que o produto, sua casa, possua um valor de uso social. Nas discussões com o arquiteto, nas modificações que introduz na obra, tem sempre um olho no mercado. E, consciente da dignidade de sua poupança, restringe o que fez de extremamente pessoal para que não contagie a validade social de sua mansão. Restringe mas não elimina todas as originalidades: afinal, a mercadoria é feita sob medida.

O uso conspícuo

A sua imagem e semelhança também tem que atentar para as conveniências sociais. É homem de prestígio, posse e visão. Sua aparência e a de seus objetos precisam responder às imposições de sua posição. É mesmo forçado a isto.

> Aos olhos da comunidade, os homens de prestígio precisam ter atingido um certo padrão convencional de riqueza, embora tal padrão seja de certo modo indefinido [...]. Para obter e conservar consideração alheia, não é bastante que o homem tenha simplesmente riqueza ou poder. É preciso que ele patenteie tal riqueza ou poder aos olhos de todos, porque sem prova patente não lhe darão os outros tal consideração.[8]

> Nos primórdios históricos do modo de produção capitalista — e cada *parvenu* capitalista percorre individualmente essa fase — predominam a sede de riqueza e a avareza como paixões absolutas. Mas o progresso da produção capitalista não cria apenas um mundo de prazeres. Ele abre com a especulação e o sistema de crédito milhares de fontes de súbito enriquecimento. Em certo nível de desenvolvimento, um grau convencional de esbanjamento, que é ao mesmo tempo ostentação de riqueza, e portanto, meio de obter crédito, torna-se até uma necessidade do negócio para o "infeliz" capitalista. O luxo entra nos custos de representação do capital.[9]

As formas particulares do consumo conspícuo foram fartamente descritas por Thorstein Veblen. Evidentemente elas se especificam numa situação diferente da que usou como modelo de suas observações (a sociedade norte-americana no fim do século XIX; o livro *The Theory of the Leisure Class* é de 1899). Mas, para o que nos interessa aqui, pouca im-

---

[8] Thorstein Veblen, *A teoria da classe ociosa*, São Paulo, Pioneira, 1965, pp. 43 e 48.

[9] Karl Marx, *O capital*, trad. Regis Barbosa e Flávio Kothe, Coleção Os Economistas, São Paulo, Abril Cultural, 1983, vol. I, t. 2, p. 173.

portância tem esta especificação, meras alterações superficiais derivadas de nossa situação colonial, nossa burguesia procurando sempre identificar-se com a internacional, buscando nos restos portugueses os ares de aristocratização pretendida, tudo enfatizado com traços de inquietação que a própria posição intermediária, entre as cortes da metrópole e o resto da miserável população brasileira, provoca. Como todo objeto ou serviço consumido exclusivamente pela classe A (burguesia), a mansão torna-se objeto de uso suntuário. O uso suntuário é diferenciador de classe, já que o objeto luxuoso é a materialização da riqueza. A fartura de materiais requintados, a complexa equipe mobilizada já mesmo durante a obra, expõem o poder do proprietário. A obra concluída, sua aparência, dimensão e cuidado prosseguem revelando-o. Esta demonstração, além das vantagens psicológicas que proporciona, é fundamental, não esqueçamos, para o bom crédito na praça. Receber bem, hospedar bem, divertir bem, são obrigações do bom burguês. Quem esbanja e pede empréstimos não pede para si, pede para ampliar sua potência, que a mansão prova. Logo merece o empréstimo.

Mas o consumo conspícuo e o uso suntuário têm suas regras. Em primeiro lugar, as coisas usadas exclusivamente por uma classe e que se prestam a um uso suntuário não envolvem, evidentemente, a vida privada: como todos a possuem — a não ser os que estão excessivamente afastados na escala social, "*lumpens*" e baixos proletários com os quais nem importa competir — não serve como diferenciação importante.[10]

Como consequência, a vida privada, que eliminaria o efeito da distinção, já que é elemento comum, é escondida. Assim, na mansão burguesa, grande porcentagem da área se destina à exposição de poder e riqueza: entrada social, "*hall*", sala de visitas, sala de jantar, biblioteca, lavabo social, jardins, terraços, salas de jogos, de música, muros etc. Outra parte substancial, entretanto, é destinada a disfarçar a inevitável vida privada: circulação paralela de serviço, sala de almoço, entrada e pátio

---

[10] "Ao mesmo tempo, o efeito sobre o consumo é de concentrá-lo sobre as linhas mais evidentes aos observadores, cuja opinião favorável é almejada, enquanto as inclinações e aptidões, cuja prática não envolve gastos honoríficos de tempo e de substância tendem a ser relegadas ao desuso. Através desta discriminação em favor do consumo visível se verifica que a vida doméstica da maioria das classes é relativamente mesquinha em comparação com a parte ostensiva da sua existência que se desenrola perante os olhos do observador. Como uma segunda consequência da mesma discriminação, as pessoas geralmente escondem da observação pública a sua vida privada" (T. Veblen, *A teoria da classe ociosa, op. cit.*, pp. 111-2).

A produção da casa no Brasil

de serviço, sala íntima etc. Note-se que isto não pretende simplesmente esconder empregados — que, afinal, são demonstração móvel de riqueza, mas suas ocupações ligadas à vida privada.

Agora, o instrumento abrigo — que malgrado a sobrecarga suntuária, é ainda função da casa — é intruso componente de um todo maior, o ambiente demonstrador de riquezas. A exibição segue regras de comportamento radicalmente distintas das espontâneas maneiras de viver. Os milhares de tiques, gestos, etiquetas, cuja função é demonstrar que quem os exibe possui suficientes recursos para desenvolver estas atividades totalmente inúteis, têm cenário determinado: salas, espaços, móveis, tapetes, quinquilharias que não devem ser usadas. Aos caros comportamentos aleatórios, correspondem depósitos de trabalho dirigidos para a produção de objetos sem serventia. A prodigalidade se manifesta melhor quando não é necessária.

Mas, se o objeto por sua intrínseca razão servir, deverá servir contrariado: se for obrigado a sentar ou habitar, deve ficar patente que se senta ou habita revestido de normas e desconforto específicos: surge óbvia uma riqueza que pode diluir-se em objetos e espaços absurdos.

Mas o industrial contemporâneo sabe o valor e o prestígio da técnica eficaz, da automação que dispensa a presença desagradável do operário e o explora somente através de mediações complexas. E o trabalho desperdiçado terá duas oportunidades preferenciais de surgimento: nos produtos de mórbido artesanato e nos produtos de tecnologia avançada, empenhados em serviços dispensáveis. Paredes figurando taipa, formas minuciosamente desenhadas de concreto, molduras de gesso patinadas escondem alto-falantes mudos, "*high-fidelities*", interfones, controles remotos. Tudo em tom morno, discretamente aparente.

Discrição para evitar o "*nouveau*-richismo", aparência para afirmar riqueza, mormaço para espalhar fastio e indiferença. O tema é imenso e asquerosamente variado. Bastam essas referências. Percebemos já, com maior acuidade, a imagem e semelhança que a casa reflete: a sua casa, como ele próprio, existe, para os outros. Ou melhor, para oferecer aos outros uma imagem de si, imagem esperada, preestabelecida. Não uma imagem real, atual, mas a imagem do papel social a que pode, por sua situação econômica, pretender. A casa é o cenário convencional para a representação de seu triunfo. Imagem e original começam a inverter suas posições. Pois sua "imagem e semelhança", seu lar, é componente essencial de sua definição mesma e lhe empresta o sucesso e honrabilidade que espelha.

Tesouro

Ora, a mansão, vimos, é mercadoria. Declara no imposto sobre a renda entre os "bens" imóveis e sabe que pode realizá-la quando bem entender. Para isso, entretanto, deve preservá-la, garanti-la contra a usura que poderá corroer seu valor. Logo, é parcimonioso no seu emprego. Tem que garantir a permanência do valor de troca do imóvel e mesmo a continuidade do valor de uso social.

Como o operário de Veleiros jamais penetrará neste mercado, o "social" aqui, em oposição radical ao que ocorre em Veleiros, é sinônimo de "*society*": a mansão só tem valor de uso para os VIPs. Consequência: há originalidades que se permitem — completamente objetiváveis, agora —, mas que não devem ser incompatíveis com o uso requerido a uma casa por quaisquer das famílias "*society*". Ora, o que podem ser tais originalidades possíveis? Vimos, a vida privada está eliminada. Sobram graciosos jogos de salão, ou talvez uma estufazinha para cultivar suas flores preferidas, as orquídeas parasitas ou, se é intelectual, uma biblioteca para livros reais ou uma galeria para seus primitivos, ou qualquer outro "*hobby*" do gênero. Tais originalidades, entretanto, se transpirarem na organização da casa, de modo algum interferirão no seu eventual uso por outros, mesmo ao contrário, poderão ser somadas às outras manifestações de consumo conspícuo, já que, para o novo proprietário, terão a mesma essência, a inutilidade intrínseca dos gastos honoríficos e suntuosos. Portanto, a originalidade não corromperá sua mercadoria e isto possibilita a concreção de sua aspiração: que a casa seja diferenciadora, particular.

Mas não basta afirmar-se como parte de uma classe, deseja afirmar-se dentro dela, na hierarquia menor, incluída na maior, como superior aos outros membros.

Uso parcimonioso de um valor de uso de alto valor de troca, retido em sua posse: é a definição de tesouro. Sua casa é uma reserva substancial, posta à margem da circulação. Ouro feito concreto, conhece a alquimia que devolverá o ouro — a venda. O aspecto ostentatório colabora com a função tesouro: porque a ostentação é basicamente a exposição de trabalho inutilizado, mas concentrado. O tesouro em qualquer de suas formas tem valor determinado pelas horas de trabalho médio social posto nele. O objeto suntuário é denso e farto em trabalho coagulado, sem préstimo imediato, é verdade, mas sempre procurando pelos aspirantes ao prestígio social. É mesmo seu resultado. Daí, inclusive, o horror, entre eles, a qualquer objeto produzido em série, o que indica, quase sempre, baixo custo unitário, comparado com o artesanalmente produzido. As formas ousadas ou rebuscadas, revestimentos difíceis, caixilhos especiais etc., como arcas, cadeiras e santos velhos, são prova de produção artesanal, com alto dispêndio de força de trabalho e, portanto, valiosas. Porque é suntuária, a casa é excelente acúmulo de riqueza social, isto é, trabalho. É excelente tesouro, portanto. (Há razões mais determinantes para que o proprietário da mansão a veja como tesouro. Adiante voltaremos a isso.)

"O tesouro não tem somente uma forma bruta, tem também uma forma estética": os objetos, espaços e requintes todos repletos de trabalho social depositado, constituem os componentes da mansão, tesouro suntuariamente exposto. Se o consumo conspícuo procura o que não tem serventia, o tesouro exige o consumo cuidadoso, reduzido. Casamento perfeito: a riqueza reservada está depositada no que não estimula o uso, na inutilidade imediata, que constitui a maior parte da mansão. O entesourador não precisa ter cuidados maiores: como a casa, que fez para si, é fundamentalmente inútil, seu consumo será, forçosamente, mínimo.

E os criados, estas outras corporificações de riqueza, encarregar-se--ão de retocar e arrumar quaisquer desarranjo provocado pelo raro uso.

A sua casa, fruto de sua vontade, feita à sua imagem e semelhança, destinada basicamente a assinalar não somente a sua classe, mas sua posição dentro dela, sua personalidade, sua originalidade, para cuja produção criou equipe a seu gosto, que comandou e submeteu, que fez penetrar na sua intimidade à procura de seus desejos específicos, a sua casa, na parte visível, não o particulariza.

Particularização

Nela, representa personagem anterior a si mesmo, mais do que vive. Lá, como em todo tesouro, não é o uso que garante a troca, mas a troca possível justifica o uso limitado. Seu maior valor de uso é o valor de troca contido. No tesouro suntuário do lar — templo burguês — predomina o valor sobre o uso, a forma abstrata do trabalho social puramente quantitativa, sobre a conveniência pessoal. O ser medido, interpretado pelos projetistas, é reflexo animado de suas coisas. Sua intimidade exposta, preferências estéticas, frustrações, hábitos, idiossincrasias, são somente desvios, mais ou menos próximos, da fundamentação de seu ser, a magnitude do próprio capital. Mas a casa híbrida do Morumbi se compõe de duas partes, a visível e a privada. Ora, seria pouco provável que a vida privada não fosse largamente contaminada pela ostentada: seus padrões são apenas pouco menos rígidos do que os públicos. A superioridade a ser provada diante de criados, a ostentação diante dos íntimos, o comportamento tradicional entre os próprios membros da família, enfim, toda a ideologia burguesa comparece também aqui. A estereotipia da família burguesa e seus hábitos internos gera uma configuração estereotipada da parte usável da casa que compõe, não esqueçamos, parte irremovível do tesouro. E o dispêndio conspícuo se aproxima da estereotipia privada pela rigidez anônima de seus conteúdos.

Apesar, portanto, da possibilidade de consecução de todas as idiossincrasias, de todos os prazeres e de todo o conforto, só atravessa a complexa trama do comportamento burguês em relação à sua casa a autoritária presença da riqueza. Há diferenciação: a estereotipia da vida privada, do conteúdo da ostentação, a ausência do prazer possível coexistem com a diferença, isto é, a personificação não se dará através da adaptação do esquema a uma pessoa e sua família, seus hábitos e desejos especiais, mas pela simples variação formal do objeto morado. A casa é marca, sinal, não utensílio particular e sua vinculação a tal proprietário é convencional, isto é, puramente jurídica. A diferença entre duas mansões é a mesma que separa dois capitalistas, tantos NCr$.

> [Ao entesourador] só lhe interessa a riqueza na sua forma social e é por isso que na terra a põe fora do alcance da sociedade [...]. Na sua sede de prazer ilusória e sem limites, renuncia a qualquer prazer. Por querer satisfazer todas as necessidades sociais, quase não satisfaz as suas necessidades de primeira ordem.[11]

O capital do proprietário é a mola e a chave deste enigma. Ele possui o poder social acumulado em suas mãos. As forças várias de trabalho e serviços adquiridos nada mais são que a forma nova, agora atuante, de parte deste poder. Só os adquire porque já possuía. Mas é possuidor caracterizado, pois o que faz, a sua mansão, indica que pode isolar parte do que possui da produção e pô-la a seu serviço. Reúne equipe e materiais para atendê-lo e não empreender uma tarefa qualquer. Material e equipe devem servi-lo acompanhando sua especificidade. Ora, o que o

---

[11] K. Marx, *Contribuição à crítica da economia política*, *op. cit.*, p. 136.

A produção da casa no Brasil

define são suas possibilidades diferenciais, o que se pode permitir e outros não, consequência de sua posição na produção. E suas possibilidades diferenciais são todas do mundo, proprietário que é do coringa universal, o ouro. Sua especificidade não é marcada por um ou outro possível, mas pela generalidade de seus possíveis, por suas quantidades e excessos. São tantos que qualquer enumeração não os esgota. Somente sua opulência os exprime, o ouro em excesso. A especificidade do proprietário, o que deve ser atendido, é a mesma causa visível nas dimensões e qualidade da equipe e materiais que adquire, mais-valia ociosa.

Origem da equipe, do material excessivo, o capital sobrante é a alma do proprietário retratado, a estrutura do objeto produzido, a mansão.

A ostentação da riqueza é o mesmo que riqueza excessiva e suas regras — eliminação do útil, do necessário — são meras manifestações de seu núcleo. Mas nem todo burguês tem a clarividência do sr. Rothschild, cujo escudo eram notas de não sei quantos milhares de libras. Há que atribuir uma forma qualquer ao ouro feito concreto. Mas qualquer forma frustra. Sua particularidade estreita nega a universalidade latente no ouro. A forma limita o conteúdo. Mas o conteúdo específico do proprietário, para cuja captação e configuração tanto empenho requintado foi posto, é precisamente aquela universalidade. Na ausência de forma concisa que a expresse, o sucedâneo é a multiplicação de sua especificidade, a neutralidade anônima da riqueza invade sua moradia inteira.

Tudo fez para que a imensa gama de seus possíveis, todos os prazeres do mundo, fosse revelada e concretizada. Mas o triunfo final é de sua externa raiz, a abstrata riqueza impessoal, revelada em cada canto de seu desandado movimento. Gerado pelo capital, é Midas, irrecuperável, reproduz eternamente sua origem. E mora na sua essência: no tesouro.

O ESTREITO MERCADO DE MASSA

Deixemos agora os extremos. Motivos diversos nos forçaram seu exame, particularmente a nitidez de posições contraditórias — que coexistem, entretanto, na classe média. O extremo Morumbi pouco nos interessa em si, mas pesa nas expectativas que a pequena burguesia alimenta. O outro, Veleiros, o que mais pede atenção, é, por algum tempo, ainda marginal. Mas, hoje, é na marginalidade que se refugia a pouca verdade sobrante. Importa-nos como contraste de amarga autenticidade em meio à pantomima. Examinaremos a mercadoria resultado da construção civil em sua forma mais pura, isto é, onde é produzida em massa para mercado massificado, a produção para o consumo pela classe média.

Revestimento

Todos os padrões de consumo derivam, por gradações perceptíveis, dos hábitos de raciocínio e dos usos da classe social e pecuniária mais elevada, a classe ociosa abastada.[12]

Na Consolação, na Aclimação, na Vila Buarque, os canteiros de obras expõem materiais menos "nobres" que os do Morumbi, se bem que largamente superiores aos de Veleiros ou Caxingui. Dois grandes grupos: os básicos — ferro, cimento, brita, tijolos, tubos galvanizados etc. — e uma boa mostra dos incontáveis materiais — entre revestimentos e pastilhinhas, tacos, lambris, azulejos, cerâmica, elementos vazados, rodapés, granilite etc. Não têm a "qualidade" do Morumbi, mas são fartos, os de segundo grupo, fundamentalmente. A anarquia da produção é visível, nas suas dimensões: poucos têm medidas compatíveis com as de outros. O tijolo de barro tem 11 cm de largura, o elemento vazado 9,5, os ladrilhos e a cerâmica 15, ou 10, ou 12. Os vidros são múltiplo de 5, o caixilho de nada. As madeiras são cortadas em centímetros, a tábua de pinho em polegadas. O sistema métrico predomina, mas a tubulação é fiel à polegada de origem. Os restos inevitáveis frequentemente vão para Veleiros. Abnegados "*designers*", arquitetos enchem páginas, anunciando que o módulo existe. Mas o disperso capital constante, posto em máquinas de ocasião, está muito acima destes problemas secundários. Dizem que o operário brasileiro tem baixo rendimento, cerca de 70%. É a raça, também dizem.

A quantidade e a diversidade dos materiais de acabamento que se dispõem na construção civil média é altamente ilustrativa da classe média. Faz parte da ostentação da burguesia fugir do padrão, do que é produzido industrialmente. É vulgar.[13] A classe média também se preocupa

---

[12] T. Veblen, *A teoria da classe ociosa, op. cit.*, p. 105.

[13] Aqui, evidentemente. O produto industrializado no estrangeiro serve. Afinal, a burguesia norte-americana é a mais alta classe brasileira. A nossa burguesia pode, portanto, consumir os produtos da classe média abastada de lá. O seu "*status*" relativamente é o mesmo, descontadas pretensões aristocráticas que se satisfazem com a arca ou o santo velho e a imitação do colonial.

A produção da casa no Brasil

com a ostentação. Mas o faz nos limites de sua disponibilidade pecuniária menor. Tem que aceitar a industrialização. Ora, assim como a mania da burguesia da colônia é ser burguesia metropolitana — o que faz com que se comporte quase como classe média metropolitana — a mania da classe média é ser burguesia. A burguesia usa produtos artesanais, a classe média os copia industrialmente: fórmica imitando jacarandá, fechaduras coloniais da La Fonte, portas Polidor almofadadas no lugar do portal de igreja, lustres também coloniais da Pelotas etc. Como a própria palavra afirma, a regra do revestir é a máscara e a máscara, no caso, é moldada nas originalidades do Morumbi e reproduzida em série. A máscara não tem originalidade. Logo, a mais precária também serve. Daí várias consequências sobre os materiais de revestimento, os básicos, comuns a quase todas as obras, assim como a vida privada a quase todas as classes, não se prestando à ostentação: a) ficam limitados ao poder aquisitivo desta classe, isto implica em pequena produção ou mais frequentemente em péssima produção, por não atingir quantidade compatível com boas instalações;[14] b) substituem qualidade por efeito, a repetição enfática na propaganda de que são duráveis é a melhor prova de que não são; c) quando são contrafação de produtos industriais que a burguesia importa, justificam o emprego de maquinário velho e já amortizado fora do país, concorrendo vantajosamente com eventuais similares nacionais. Se são patentes metropolitanas baseadas, portanto, em uma tecnologia desenvolvida — que não é e, provavelmente, não será a nossa —, são aqui produzidas em condições inferiores de "*know-how*", mão de obra, organização de trabalho, equipamentos, matéria-prima etc., são obrigatoriamente de qualidade precária;[15] d) multiplicam-se ininterruptamente, de acordo com os últimos figurinos nacionais, subproduto dos internacionais;[16] e) etc.

---

[14] Servem como exemplo as primeiras tintas e colas plásticas aqui produzidas. Desde o precursor do epóxi, fabricado pelo sr. Pini, que não conseguia aderir às paredes; e a cola, de belo nome Dupont AE 704, que não cola, às pequeninas indústrias que pululam.

[15] Exemplos: "pumex" (concreto expandido), "eternit" (fibrocimento), vidros, louças etc.

[16] O burguês do Morumbi compra *L'Oeil* ou *Connaisseur*. Importa e copia. *Casa & Jardim* fotografa e traduz, e disso uma original industrieta de revestimentos pode surgir tranquilamente. Veja-se azulejo pintado, pedrinhas coladas (a Fulget faliu, passou a moda).

É bom lembrar: tais revestimentos são, na maioria, absolutamente dispensáveis do ponto de vista técnico. Raros são objetivamente necessários. Mas consomem de 20% a 40% do orçamento de uma casa ou apartamento — a variação acompanhando os níveis da classe média atendida.

O tema revestimento parece detalhismo de crítica inócua. Mas examinemos seu papel econômico: em primeiro lugar, dizer que 30%, em média, do capital empregado em construção civil massificada vai para "acabamentos", em país de imenso déficit habitacional, é caracterizar a irracionalidade nuclear do sistema. A produção da construção representa cerca de 10% do PIB. Destes 10%, metade é de construção civil. Desta metade, 30% é revestimento, isto é, 1,5% do PIB. É muito. Em seguida, este mesmo fato pode ser associado a outro: não há déficit de materiais de construção no Brasil. As indústrias deste setor trabalham com 48% de capacidade ociosa, em média.[17]

Setores	Capacidade ociosa média
Vidro	50%
Plástico	40%
Metal	57%
Cimento	59%
Cerâmica e olaria	43%
Madeira	36%
Mármore e granito	51%
Média	48%

Dados extraídos do "Relatório da Cooperação Industrial para o Plano Habitacional (CIPHSB)", *Estudo* nº 10, vol. II, 1967, p. 264.

A capacidade ociosa elevada, de 48%, outra vez relacionada com o déficit habitacional, exprime o que todos sabem: só comparece ativamente no mercado brasileiro de 10 (dizem os pessimistas) a 30 (dizem os otimistas) milhões de pessoas dentro de uma população de 85 milhões de habitantes.[18] Não comparecem ativamente, repetimos, porque, na verdade, comparecem passivamente num imenso exército de reserva de 55 (diziam os otimistas) a 75 (diziam os pessimistas) milhões de miseráveis a

---

[17] Vê-se que a recente "crise do cimento" (em 1968) foi artificial. O cartel de produtos, agora sob investigação, fez desaparecer o produto para aumentar o preço.

[18] Dados da revista *Conjuntura Econômica*, dez. 1968, artigo de fundo.

garantir baixíssimos salários. Sub-habitação e déficit habitacional de cerca de 9 milhões (850 mil de déficit e 8 milhões de sub-habitações, diz o "Relatório" citado da CIPHSB, p. 269). Num cálculo efetivamente arquiotimista: 8.850.000 × 5 pessoas por casa = 44.250.000 marginais, número bem inferior ao otimista. De outro lado, uma capacidade ociosa de 48%, ou 1,5% do PIB, em revestimento. Além de exprimir a irracionalidade do sistema, sua monstruosa oligofrenia, revela que o estreito mercado está abarrotado. Subdesenvolvimento doído: ao lado da fome imensa, superprodução acompanhando a morte lenta da maioria nas choças, a publicidade não consegue impingir todas as pastilhinhas ao consumidor saturado. Mas surge o generoso BNH para atender os milhões de desabrigados. Compreende-se: os industriais de materiais para construção civil devem estar formados com os construtores no mesmo horror, seu ócio se esvai nesta capacidade ociosa. Mas a abundância de materiais superficiais não é somente índice da economia ilhada: os materiais são a base da produção, o receptáculo do trabalho transformador. A produção os transfigura, mas também guarda algumas de suas características, as fundamentais sobretudo. O que são transparecerá na obra que os incluir. A maioria é dispensável, concluiríamos, se fizéssemos um exame rigoroso de sua razão de ser técnica. Constituiria trabalho inutilizado não fosse a constituição do consumidor, sempre preparado para consumir qualquer absurdo, desde que preencha alguma função mágica ou compensatória, dita "estética".

O que são estes materiais: produção áspera como qualquer outra em nosso sistema, resultado de trabalho pesado reunido superfluamente em mercadoria de nenhum valor de uso real. Eles escarnecem o hipotético conteúdo humano genérico que deveria animar qualquer trabalho e o atendimento de necessidades objetivas. Somente o trabalho que preenche lacunas reais pode pretender a dignidade em sua definição. É bem verdade que na produção capitalista nenhum trabalho atinge esta dignidade, está sempre distante, é mediato, imposto, em si aleatório. Mas em nenhum local se espelha com tanta nitidez a indiferença direta pela utilidade, a sua estima somente como trabalho social médio, como valor (de troca) perseguido na mercadoria, que nas ocasiões em que sua função preenchedora de carências reais inexiste ou é muito tênue. Aí o sistema aparece em sua nitidez pornográfica, capital fornecedor em gestação permanente, que aniquila os pais desconhecidos que o semearam e só quer filhos para alimentar-se. Sem finalidade, o trabalho, puro denominador comum, é apreciado por sua quantidade. Emprega o produto de sua vacuidade que ressurge, como contraponto obrigatório, na aparvalhada indecisão do consumidor, ciscando nas banalidades do pseudogosto, motivações para o gratuito.

Contraditoriamente, estes produtos de núcleo vazio, consumidos pela aparência, na obra nada importam enquanto exterioridade, sua razão está na sua essência. Pois o trabalho coagulado nos produtos será aí empregado precisamente: no mascaramento do trabalho significativo. Tudo se passa como se fosse questão de gosto. Mas que gosto? O gosto hoje está morto, não há mais subjetividade livre que o sustente, nota Adorno.[19] Agora é sinônimo de reconhecimento, reafirmação, principalmente na classe média: importa para o gosto contemporâneo reencontrar as normas do *status*, repetir os sinais convencionalmente acumulados pela maciça interiorização. Tudo se passa como se fosse questão de gosto, mas é problema de segurança nacional. Por baixo dos revestimentos há concreto, colunas, vigas, lajes, tubulações. Há técnica e a simplicidade tosca da estrutura calculada. Há indicações sóbrias de compromissos com a estática, com a resistência dos materiais, com a racionalidade enfim. E, associadas a esta racionalidade, as marcas precisas do trabalho necessário, do empenho, do esforço, da habilidade do operário. O homem aparece no que faz, não se desfaz na aparência do que fez: sua mão e sua inteligência, sua sensibilidade complementar deixam marcas que não permitem ilusões.

Por baixo dos revestimentos a obra revela densa cooperação entre necessidade, racionalidade, trabalho em pureza despreocupada. Mesmo o espaço absurdo levantado não destrói o impacto inevitável desta revelação: muito da profunda exaltação que a visão do conjunto de Marselha de Le Corbusier provoca vem da inequívoca presença do trabalho que a obra conserva, independentemente do conhecimento de seu desenho in-

---

[19] Ver Theodor W. Adorno, "O fetichismo na música e a regressão da audição", in *Benjamin, Adorno, Horkheimer, Habermas*, Coleção Os Pensadores, São Paulo, Abril Cultural, 1980. "O próprio conceito de gosto está ultrapassado [...] já não há campo para escolha; nem sequer se coloca mais o problema, e ninguém exige que os cânones da convenção sejam subjetivamente justificados; a existência do próprio indivíduo, que poderia fundamentar tal gosto, tornou-se tão problemática quanto, no polo oposto, o direito à liberdade de uma escolha, que o indivíduo simplesmente não consegue mais viver empiricamente [...]. Ao invés do valor da própria coisa, o critério de julgamento é o fato de a canção Y de sucesso ser conhecida de todos; gostar de um disco de sucesso é quase o mesmo que reconhecê-lo. O comportamento valorativo tornou-se uma ficção para quem se vê cercado de mercadorias musicais padronizadas" (p. 165).

terno. A estética de Le Corbusier é, praticamente, a didatização da técnica, do processo de trabalho, as práticas efetivas das sólidas relações entre a necessidade estrutural, construtiva e de uso em suas reais dimensões.[20] A densidade expressiva do concreto aparente (do concreto realmente aparente como Vilanova Artigas emprega na casa Bittencourt e não do concreto bem arranjadinho da moda) é consequência da finalidade com que registra o modo de execução, os azares, a matéria resistente amoldada a um projeto racional, a cooperação entre a força física e o domínio intelectual, a finalidade evidente.

Ora, o revestimento não é questão de gosto — ao mesmo tempo, é comum a todas as casas. Curioso: este componente aparentemente desnecessário não é suprimido, como fariam se pudessem com a vida privada aos que procuram a distinção social. Sua variação superficial é pequena se descontarmos diluídos intervalos que separam a massa corrida do reboco, o artesanal da contrafação industrial, ao passarmos de classe para classe. A semelhança que aproxima todos os revestimentos é mais forte que as oscilações que os distinguem. Não servem, portanto, a não ser em casos excepcionais, ao tesouro exposto. Logo, devem corresponder ao que é comum às casas da burguesia da classe média: à forma mercadoria, simplesmente.

Fetiche

À primeira vista, a mercadoria parece uma coisa trivial, evidente. Analisando-a, vê-se que ela é uma coisa muito complicada, cheia de sutileza metafísica e manhas teológicas. Como valor de uso, não há nada misterioso nela, quer eu a observe do ponto de vista que satisfaz necessidades humanas pelas suas propriedades, ou que ela somente recebe essas propriedades como produto do trabalho humano. É evidente que o homem, por meio de sua atividade, modifica as formas das matérias naturais de um modo que lhe é útil. A forma da madeira, por exemplo, é modificada quando dela se faz uma mesa. Não obstante, a mesa continua sendo madeira, uma coisa ordinária física. Mas, logo que aparece como mercadoria, ela se transforma numa

---

[20] Nota do autor (2005): Ilusão, ver "Desenho e canteiro na concepção do convento de La Tourette", in Sérgio Ferro, *Arquitetura e trabalho livre*, São Paulo, Cosac Naify, 2006, pp. 214-21.

coisa fisicamente metafísica. Além de se pôr com os pés no chão, ela se põe sobre a cabeça perante todas as outras mercadorias e desenvolve de sua cabeça de madeira cismas muito mais estranhas do que se ela começasse a dançar por sua própria iniciativa.[21]

A mercadoria, para continuar seu reinado, esconde o que é e toma emprestado o que não é. Esconde as relações humanas de que é pura intermediária e faz parecer as relações humanas como consequência de sua autônoma movimentação. Adquire ares de independência. O valor, reflexo do trabalho social genérico, se transforma em sua propriedade intrínseca.

É fetichismo da mercadoria o nome destes seus "bizarros caprichos".

Esta inversão, plenamente justificada pela aparência do mercado, tem importante função entretanto. Pois é ela que permite as fabulações da forma mantenedora do sistema. Ela alicerça a falsa a-historicidade da forma mercadoria, pois o valor e suas leis surgem como propriedades naturais das coisas e não como dos modos transitórios das relações humanas.

Sua importância é tal que, na proporção mesma em que o sistema se desagrega, a mercadoria faz ginásticas para não mostrar que é produto do trabalho humano, e persegue a aparência dos objetos naturais ou de objetos resultado dos processos industriais afastados de qualquer presença humana. "Argúcias teológicas." Daí este desenho exato, de geometria perfeita, moldada em irrepreensíveis superfícies metálicas dos produtos mais avançados, tipo Ulm e Cia. Procedentes de misteriosa e sobre-humana tecnologia, não têm por que temer o desmascaramento: não há homens na sua vizinhança. Ora, por trás do revestimento, vimos, há sinais embaraçosos de sua indubitável presença. Mesmo difuso e frequentemente atabalhoado, o registro das mãos do operário incomoda a periclitante paz do consumidor, cria problemas de consciência, pois levanta perguntas a respeito dos anônimos e repelidos autores do tesouro apropriado.

E isso é absolutamente daninho ao sistema. Num tempo em que as coisas definem o homem, revelar que as coisas encobrem relações humanas é subverter a ordem. Há que apagar o trabalho revelador, e para isto

---

[21] K. Marx, *O capital*, *op. cit.*, vol. I, t. I, p. 70.

A produção da casa no Brasil

nada melhor que o trabalho inútil, o revestimento. A essência do revestimento é magnificamente adaptada: nele o homem operário está ausente, só comparece a força de trabalho abstrata a depositar valor nos materiais inúteis. Necessidade, carência, finalidade objetiva, estes móveis de trabalho humano significativo já faltavam na sua produção. A palavra mesma diz: revestir, cobrir o que já está completo, mascarar. Ou a outra, "acabamento", com suas ressonâncias fúnebres. O revestimento que fantasia cada classe de suas aspirações é o mesmo que encobre as marcas das razões que fundamentam a mascarada: a alienação do produto da força de trabalho alienada. Voltaremos ao tema.

Manufatura

A areia, a brita são descarregadas. Um servente organiza os montes no canteiro; outro transporta parte para o ajudante de pedreiro que os mistura com cal ou cimento, trazido do depósito por um servente diferente; o quinto põe a argamassa em latas ou carrinho; leva ao pedreiro que assenta tijolos, reboca, fixa ou preenche uma fôrma, assistido por seu servente que carrega o vibrador ou recolhe o excesso caído.

Em cima, o carpinteiro prepara outras fôrmas com a madeira empilhada perto, depois de caminho semelhante ao da argamassa com seus ajudantes e serventes. O armador dobra as ferragens assistido do mesmo modo, e, por toda a obra, vidreiros, marceneiros, pintores, eletricistas, encanadores, impermeabilizadores, taqueiros, faxineiros, sempre acompanhados de serventes e mais serventes. Divisão miúda do trabalho, em cada etapa, divisão hierárquica de funções. Pás, picaretas, talhadeiras, colheres, desempenadeiras, baldes, varas, prumos, metros, níveis, linhas, serrotes, goivas, formões, enxós, martelos, escadas, brochas, soldadores, rosqueadores etc. etc. Instrumentos rudimentares adaptados às operações diversas. Raramente, uma betoneira, um elevador, um guincho, um vibrador, uma serra elétrica, uma raspadeira. Poucas máquinas de função auxiliar nas tarefas mais pesadas, nenhuma operatriz. Um mestre transmite instruções, organiza a cooperação, fiscaliza, impede demoras, aperta: é, também, feitor. Caracterizamos a típica manufatura serial. Simplesmente, na construção civil, a manufatura é deslocada, não seus produtos.[22]

---

[22] O processo da construção civil é complexo, havendo combinação da manufatura serial com a manufatura heterogênea e a indústria. Por exemplo: há sinais da manu-

A maquinaria específica do período manufatureiro permanece o próprio trabalhador coletivo, combinação de muitos trabalhadores parciais.[23]

Uma quantidade enorme de operários subdividem as funções motora e operacional. A força do servente alimenta a operação manual do pedreiro carpinteiro, armador ou qualquer outro. O objeto imenso, o utensílio abrigo em massa nasce em dezoito a trinta meses gerado pela energia pura do servente, a habilidade tosca dos semiqualificados acompanhando as ordens do projeto. Coluna e viga moldadas em tábuas individualmente, apesar de iguais, sustentam milhares de tijolos diariamente acumulados; formando as figuras desenhadas no projeto, tudo encapado, alisado, para parecer rigorosamente produzido. Caixilhos, vazados, tubos, portas, tacos um a um, transportados, encaixados, amarrados, adaptados, disfarçados. A força de trabalho, meio de produção mais barato, é abundante, cria a massa uniforme de moradias com técnica retrógrada. A produção massificada dos alveolozinhos particulares é feita pela exploração em massa da energia individual.

A produção não se destacou, ainda, de seus fatores humanos, não adquiriu a independência da linha de montagem automática e mecânica.

Seu núcleo é o trabalhador coletivo, trabalhadores individuais em cooperação.

Divisão do trabalho

A divisão do trabalho, mais do que as exigências do produto, segue as conveniências dos produtores próximos. Assim, cada etapa da obra pressupõe outra terminada, os serviços se sucedem no tempo. Há que terminar as tarefas do pedreiro, antes que encanadores e eletricistas entrem na obra. A simultaneidade raramente é possível e as várias equipes se al-

---

fatura heterogênea na sucessão das várias etapas, quando saem os pedreiros da obra e entram os pintores, ou ainda quando peças produzidas fora do canteiro são montadas na obra (caixilhos, armários etc.). Os produtos industrializados também comparecem, ou como matéria-prima (ferro, cimento) ou como peças a serem incluídas na obra (metais, ferragens, louças de banheiro, luminárias etc.). A produção no seu conjunto, ou no interior de cada etapa, entretanto, é dominantemente do tipo da manufatura serial. E o que caracteriza a forma de produção da construção civil é sua forma dominante, e não a do componente mais avançado técnica e historicamente.

[23] K. Marx, O capital, op. cit., vol. I, t. I, p. 275.

A produção da casa no Brasil

ternam, e cada uma deve completar seu serviço de uma só vez. A divisão de funções, quando é estabelecida no projeto, responde a este princípio econômico. Ora, daí surgem várias consequências. Em primeiro lugar, o gênero de divisão do trabalho. Na indústria, a divisão é guiada pelo processo objetivo de produção determinado pela linha de montagem mecânica. O que a determina são as necessidades complementares da máquina, aqueles fatores de produção ainda não automatizados, ou que requerem escolha, decisão etc. Ao contrário, na manufatura, o determinante é a destreza, a habilidade e a quantidade de trabalho compatível com a unidade de produção, o operário, dada uma velocidade do processo geral.

A divisão não é mais a do tradicional ofício, um campo de técnica diferenciada. É como se houvesse subdivisão destes ofícios — mas guardando uma característica sua, a condensação de habilidades parciais no indivíduo, não exteriorizada na máquina. A condensação é menos ampla que no ofício — a repetição constante das mesmas operações parciais dispensa a generalidade implícita nele. As equipes — e consequentemente, em maior escala, o operário — se especializam em etapas parciais.

Cada etapa é reduzida às suas formas mais simples e o ideal sempre procurado é o de absoluta autonomia. Os incontáveis choques entre estas etapas — encanadores quebrando o serviço do pedreiro, o azulejista o do encanador, o colocador de peças e de portas etc. — se origina nesta tendência de autonomia e economia das partes. (Tendência, aliás, que encontra poderosa resistência, em consequência do fetiche-residência, que exige a aparência do não produzido.) A própria organização do trabalho favorece esta autonomia, pois uma equipe sai quando a outra entra, seu contato mútuo é mínimo, e praticamente só se realiza pela mediação do mestre. Ao contrário da manufatura habitual, aqui o trabalhador coletivo não chega a formar uma totalidade orgânica, mas a totalização é função de um operário específico, o mestre.

Há, portanto, incompatibilidade entre a divisão manufatureira do trabalho e a que requer a industrialização. Aqui, não haveria razões fundamentais para a não superposição das etapas atualmente distintas e sucessivas. Encanadores, pedreiros e eletricistas poderiam estar presentes em torno de determinada peça produzida ininterruptamente.

A sucessão seria substituída pela simultaneidade. Além disso, seguramente a divisão de trabalho seria acentuada, completando a decomposição dos ofícios iniciada pela manufatura: a atual semiqualificação tenderia à desqualificação e à acentuação da separação entre as tarefas de pensar e as de fazer. Não haverá, portanto, passagem espontânea, orgânica e contínua da atual técnica construtiva para a indústria da construção. Será necessária a interferência de fatores externos.

Mas a própria manufatura atual não apresenta seu melhor rendimento. Entre suas virtualidades técnicas e de eficácia, e sua atuação presente, interferem as inúmeras determinações da mercadoria que produz.

A necessidade falsa de pseudoindividualização pela posse do objeto diferente, o fetiche da mercadoria e a aparência de não produzida geram "poros" enormes na produção. A diferenciação inútil e parcialmente formal reclama uma contínua adaptação das equipes às pequenas mutações e, consequentemente, gasto de tempo na compreensão dos desenhos específicos. A falsa aparência exige cuidados suplementares que nada têm a ver com o produto mesmo. Por outro lado, a estrutura urbana de lotes desiguais, o próprio sistema de propriedade privada do solo e a subdivisão anárquica dos negócios impõem deslocamentos, distâncias, arranjos, atrasos etc., todos geradores de novos "poros" a diluir a já precária racionalidade da manufatura da construção civil.

A técnica disponível na construção civil massificada é toda a técnica do mundo absorvida e aplicável. Métodos testados, aprovados, garantidos, entretanto, só são incorporados em empreendimentos excepcionais e se difundem estrebuchando, vencendo a imensa inércia sintomática. A aplicação de um progresso técnico a um ramo da produção depende de vários fatores, o mais anêmico sendo o gênio ou a generosidade do empreendedor e, os fundamentais, o mercado, o sistema, as condições da força de trabalho e o meio de produção.

Enquanto houver a possibilidade de venda de um produto produzido com meios arcaicos baseados na força animal, o que significa, enquanto não for imposto pelas regras da concorrência a redução do valor da unidade produzida, não haverá progresso. O capital faz avançar as forças produtivas mas "na marra" e a contragosto. Por que se arriscariam os capitalistas se, com o *know-how* adquirido, hábitos depositados, equipamento amortizado, administração e operários com comportamento conhecido e controlado produzem e vendem? Para que tentar e ousar temerariamente?[24] Além disso, a industrialização, o avanço tecnológico e

---

[24] Experiência própria. Há alguns anos o IPESP pretendia financiar integralmente a construção de 7 mil unidades habitacionais em Cotia. A população urbana de Cotia era, então, de 4 mil habitantes, a nova cidade-dormitório teria de 30 mil a 35 mil habitantes. O projeto permitia a pré-fabricação total ou parcial. Cálculos feitos na ocasião provaram que os empreendedores, financiados pelo IPESP, isto é, sem aplicar o próprio

da produtividade do trabalho introduz contradições bem conhecidas: embora diminua a manutenção da força de trabalho, possibilitando delicioso aumento na taxa de sua exploração, aumenta a composição orgânica do capital, diminuindo criminosamente a taxa de lucro. A máquina substitui operários, e, como o lucro vem da força de trabalho não paga e não da máquina, frequentemente é preciso aumentar a produção, complicar a administração etc., para produzir o mesmo lucro absoluto (massa de mais-valia) para um capital maior (com consequente diminuição da taxa de lucro).

Esta resistência é mais operante na manufatura do que na indústria. Dentro de determinados limites, a indústria é obrigada a avançar: aplica capitais em máquinas, por vezes custosíssimas, e a cada substituição imposta pela usura escolhe as mais avançadas, de maior produtividade. As novas máquinas, aplicadas por uma indústria, penetram necessariamente nas outras do mesmo ramo e nas dependentes, forçadas pela concorrência, impiedosa coveira da "lua de mel" da primeira. A manufatura aplica seu capital somente em matéria-prima, pouquíssimas máquinas auxiliares para trabalho excessivamente pesado e muita força de trabalho. A base da manufatura é, ainda, o trabalhador coletivo, isto é, trabalhadores em cooperação. E trabalhador, força de trabalho, é sempre o mesmo, ou melhor, sua produtividade decresce com as gerações, na mesma proporção de permanência de sua exploração, para tristeza dos tayloristas.[25]

A única possibilidade de avanço automático fica restrita às máquinas auxiliares.

Paulo Bruna, em trabalho publicado pela FAU-USP,[26] analisa o surgimento da industrialização da construção civil em alguns países da Eu-

---

capital para instalar uma indústria de pré-fabricação, obteriam, ao final, a mesma massa de lucros que a obtida pelo processo tradicional de construção e mais a dita indústria totalmente amortizada. Apesar de o risco ser essencialmente do IPESP, a proposta de pré-fabricação foi rejeitada. A construção seria a "provada e testada tradicional, que evitava aventuras no desconhecido". Note-se: tratava-se de uma das maiores construtoras paulistas, famosa por sua eficácia e modernidade.

[25] A respeito da progressiva decadência da força de trabalho motivada pela fome crônica e a subalimentação prolongada por gerações, ver as obras de Josué de Castro, principalmente *Geografia da fome* (Rio de Janeiro, O Cruzeiro, 1948) e *Geopolítica da fome*, op. cit.

[26] Posteriormente editado com o título *Arquitetura, industrialização e desenvolvimento* (São Paulo, Perspectiva, 1976). (N. do O.)

ropa depois da Segunda Grande Guerra e aponta os seguintes pré-requisitos:

a) necessidade de reconstrução das moradias destruídas pela guerra, isto é, déficit habitacional sério;

b) poucos capitais disponíveis, dada a prioridade de aplicações dirigidas para setores básicos que também necessitavam reconstrução;

c) poucos materiais e equipamentos, também prejudicados pela guerra;

d) urgência na superação do déficit habitacional; e

e) carência de mão de obra, guerra outra vez.

Ora, no Brasil valem integralmente os itens a e b: déficit habitacional imenso (somos quase campeões mundiais) e pouquíssimos capitais. Quanto aos materiais, há excesso (vimos: 48% de capacidade ociosa em 1967) mas, como nota o relatório da CIPHSB mencionado, insuficientes se tivermos em vista o nosso déficit. Equipamento quase inexistente. Temos que reconhecer que não há urgência na superação do déficit habitacional: o operário que more onde puder.

Entretanto, o pré-requisito que mais distingue a nossa situação da europeia do pós-guerra é o relativo à mão de obra.[27] Há excesso de mão de obra, sempre houve: candango não falta. Principalmente hoje: um dos cuidados maiores do nosso governo, sabemos, é manter exércitos e, com especial carinho e silencioso pudor, o exército de reserva de mão de obra — desarmado, lógico. O combustível básico da manufatura está garantido numa quantidade e a um tal preço que dispensa quaisquer preocupações quanto à sua substituição.

Somente pressionado por violento empanturramento do mercado restrito às faixas superiores, à classe média alta, poderíamos esperar alterações significativas na construção civil. (Perdão, há uma alternativa: um gringo construtor qualquer, forçado a substituir suas máquinas na metrópole pelas razões vistas, pode, a qualquer momento, desembarcá-las em Santos, aliando-se ao nosso progresso.) Mas, antes que isto ocorra, já foram providenciadas medidas preventivas: o BNH foi criado.

---

[27] "Nos países ditos 'subdesenvolvidos' [...] a abundância e o preço baixo da mão de obra não incitam a substituí-la por um equipamento muito custoso, exigindo, além disso, quadros de direção e de vigilância de alta tecnicidade." Georges Friedmann, *Le Travail en miettes*, Paris, NRF, 1964, p. 210 [ed. bras.: *O trabalho em migalhas*, São Paulo, Perspectiva, 1972].

A produção da casa no Brasil

Com a possível aproximação da crise no mercado imobiliário normal, isto é, de classe média abastada, aproveitando a grita que o socialismo pequeno-burguês sempre desenvolve, desde Proudhon, em torno da habitação operária e suas precárias condições, como se fosse mal isolado de todos os outros das condições proletárias, este organismo surgiu. Oportunamente: permite sugerir generosas intenções e, ao mesmo tempo, afastar as manchas de denúncia das favelas. Afastar, não apagar.

> É do interesse da burguesia dissimular a existência de um proletariado criado pelas condições da produção capitalista e que é indispensável à sua manutenção.[28]

Mas deixemos as intenções. Importa aqui o fato de o BNH criar, com os recursos extraídos do operariado pelo FGTS, um imenso mercado novo e relativamente artificial de classe média-média. (É bom lembrar: apesar das ofertas, quase não houve sindicato de trabalhadores que conseguisse formar cooperativas habitacionais. Os operários não suportariam as condições do "financiamento" feito com seus próprios recursos do Fundo). Sintomaticamente, os imensos recursos, que facilmente equipariam indústrias suficientes para a superação real do déficit habitacional em poucos anos, com qualidade, são redivididos, encaminhados a grandes empreendedores e construtores. Os quais, com a garantia do "desenvolvimento do nosso subdesenvolvimento", de nenhum gringo à vista com suas máquinas usadas, e da impraticabilidade de nova gloriosa guerra com o Paraguai, espalham, em doses homeopáticas, em salutares e tênues despenhadeiros, suas casinhas, impulsionando com novo vigor o absurdo e desumano processo tradicional da construção civil.

---

[28] Friedrich Engels, *A questão da habitação*, São Paulo, Acadêmica, 1988, p. 38. Neste mesmo trabalho de Engels, coletânea de artigos que escreve contra o proudhoniano Arthur Mulberger, são examinadas as relações entre a questão da moradia operária, vista como flagelo isolável dos demais problemas do proletariado e o socialismo pequeno-burguês. Engels demonstra, ao contrário, que "os focos de epidemias, os mais imundos porões nos quais, noite após noite, o modo de produção capitalista encerra nossos trabalhadores, não são eliminados [pelos BNHs daquele tempo] mas apenas... mudados de lugar! A mesma necessidade econômica os faz nascer aqui como lá. E, enquanto subsistir o modo de produção capitalista, será loucura pretender resolver isoladamente a questão da habitação ou qualquer outra questão social que diga respeito à sorte dos operários. A solução reside, sim, na abolição deste modo de produção, na apropriação pela própria classe operária de todos os meios de produção e de existência" (p. 66).

Mas há razões mais determinantes para a tranquilidade na contradição dos que discursam desenvolvimento e estipulam processos arcaicos de produção. Antes de mencioná-las, entretanto, há que examinar o combustível: o operário da construção civil.

Força de trabalho

A manufatura móvel que constitui a construção civil emprega operários que podem ser reunidos em três gêneros: um pequeno grupo de semioficiais, seus ajudantes e grande quantidade de serventes. Na proporção de 30% dos dois primeiros grupos para 70% do último (informação do SENAI).

A manufatura desenvolve uma hierarquia das forças de trabalho, à qual corresponde uma escala de salários.[29]

O sindicato patronal da construção civil em São Paulo forneceu os seguintes dados sobre salários horários, no ano de 1968,[30] que ilustram a composição e a hierarquia dos três grupos:

Média de salários horários em NCr$ em 1968

Função	jul.-set.	out.-dez.
Pedreiro	1,02	1,06
Ajudante de pedreiro	0,71	0,71
Carpinteiro	1,08	1,11
Ajudante de carpinteiro	0,77	0,77
Armador	1,03	1,06
Ajudante de armador	0,75	0,73
Servente	0,58	0,58

Os serventes, cuja ocupação é ser pura energia física automovente, são altamente instáveis, trabalhando dias, meses, raramente anos em uma obra e numa empresa. Último dos empregos, salário mínimo, nenhum

---

[29] K. Marx, *O capital*, *op. cit.*, vol. I, t. I, p. 276.

[30] O salário horário médio do servente (NCr$ 0,58) corresponde ao salário mínimo, aproximadamente. Os semioficiais, portanto, recebem menos de dois salários mínimos mensais. Segundo informações do DIEESE, o salário médio do operário da construção civil, em 1968, foi de NCr$ 182,52 (boletim citado).

direito trabalhista respeitado, sua posição é disputadíssima: constitui ponto privilegiado de pressão do exército de reserva de força de trabalho. A manufatura particular, seguindo seus cronogramas e gráficos "PERT" contrata e descontrata ininterruptamente os operários desta área sem preocupações, pois sabe que a oferta é maciça a qualquer momento com a vantagem suplementar de escapar às leis trabalhistas mais facilmente. Além disso, a mobilidade é reforçada pelo comportamento do próprio servente: restrito às tarefas primárias para as quais nenhum aprendizado é necessário, mas sempre se vendendo como "ser em transição", impossibilitado, portanto, de aumentar o valor de sua força de trabalho pela aquisição de maior qualificação no próprio trabalho, procura realizar um valor maior para sua força de trabalho desqualificada deslocando-se entre setores e ramos de produção.[31] Ora, objetiva e subjetivamente instável, sem nenhum laço forte ou interesse específico em relação à construção, lá só permanece enquanto sua animalidade, sua força, serve. A radical negação de sua humanidade no trabalho impede qualquer vinculação não contratual com ela ou com o ramo. Constitui, assim, o operário-padrão, somando à alienação objetiva dos produtos de seu trabalho a alienação subjetiva com relação à produção específica em que está envolvido.[32]

Os outros operários têm funções específicas na obra. Estas, entretanto, são parte de ofícios decompostos: por exemplo, não há um oficial que trabalhe madeira em geral, nas empresas médias e grandes. Há o carpinteiro para as fôrmas de concreto, o especialista em tesouras e coberturas, outro em escadas que não rangem, o marceneiro que faz armários, outro caixilhos, o colocador de pisos de tábuas, o taqueiro, o aplicador de lambris etc. A divisão do trabalho desta manufatura móvel fragmenta os campos tradicionais, ainda visível em casos mais restritos nas pequenas empresas. Note-se que esta semiqualificação é distinta da semiqualificação industrial. Neste, o conhecimento adquirido no manejo do maquinário é generalizável em muitos casos dentro de certos limites tecnológicos. Permite a ampliação e a transladação sem maiores dificuldades. Entretanto, a semiqualificação de alguns operários da construção civil é intransferível para outros campos da produção — e a própria industria-

---

[31] Ver a respeito, L. Pereira, *Trabalho e desenvolvimento no Brasil*, *op. cit.*, capítulo IV, particularmente.

[32] A dispersão imensa do "baixo" operariado da construção civil impede, entretanto, sua organização. É baixíssima sua participação nos sindicatos dos trabalhadores da construção civil.

lização do setor imporia a formação renovada, a experiência da manufatura sendo praticamente inútil.

Cada operário deste grupo torna-se senhor de um fragmento ou uma sequência limitada de fragmentos de um ofício, num movimento de decomposição e não de composição. Desenvolve sua destreza até o virtuosismo, economizando gestos, aperfeiçoando "macetes", selecionando instrumentos, misto de acordo das recomendações já meio arcaicas da *scientific management* com a regrinha do *speed as a skill*, dos tayloristas.

Compensam com a habilidade particularizada a extensão perdida do ofício.[33]

> A unilateralidade e mesmo imperfeição do trabalhador parcial tornam-se sua perfeição como membro do trabalhador coletivo.[34]

Mas, mesmo amputado, vê o produto como realização com a qual tem a ver pessoalmente. A maneira de produzir, arcaica e pré-industrial, exige contato direto com a matéria a que dá forma, sem a mediação distanciadora da máquina. São suas mãos, e mais um instrumento primário, pá, colher, prumo, que organizam, equilibram, levantam; durante um, dois anos acompanha a obra, trabalha-a — e passa a se ver presente, tenuemente, é verdade, na própria corporificação de sua exploração. Esta visão não é pura ilusão: de fato, a matéria informe só adquire forma através de seu esforço pessoal, de sua habilidade continuamente aplicada. Mas esforço e habilidade só são exercidos quando não se pertence, quando é assalariado, força de trabalho de ações impessoais, abstratas, frias. Operário e capital coexistem com a presença frágil de meia objetivação, exigida pela forma primária de produção. O contraste dá mais cor e peso à exploração: o processo necessita que permaneça atento e sensível, senhor de seus poucos gestos específicos, que seja sujeito, limitado mas ativo e hábil, durante o tempo mesmo em que é pura mercadoria, útil enquanto para si é valor de troca, objeto das determinações do mestre, sem-

---

[33] A Portaria 1.005 de 23/9/1964 do Ministério do Trabalho acompanha, de certo modo, a decadência tecnológica do trabalho na construção civil, reduzindo as ocupações sujeitas a aprendizado neste campo de 68 para 37 e diminuindo para estas o tempo de aprendizado.

[34] K. Marx, *O capital*, *op. cit.*, vol. I, t. I, p. 276.

pre preservando o que levanta, apesar de estar sempre levantando sua própria negação encarnada.

O semioficial, dono de reduzido campo, tem com ele laços mais determinantes que a fugaz sensação de realização suspensa, pois sua ocupação parcelada é que lhe garante sustento e salário pouco maior que o mínimo, representando semiqualificação que aumenta o valor social de seu trabalho. Sua minúscula reserva é sua vinculação única com um pouco mais de humanidade: sua alimentação supera levemente a do ajudante. Há resquícios de gente no que faz. Desapareça sua função, superada por algum progresso, e seu horizonte é o retorno ao subsolo dos serventes. Há que prezar, valorizar, defender o que faz. Mistificar mesmo, envolvendo de mistérios e imputando-lhe sabedoria tradicional, adquirida em anos de prática segura. A qualquer inovação, instintivamente reage: a mudança, ameaçando seu domínio inelástico, pode ser sinônimo de carência.[35] O operário semiqualificado da construção civil, como consequência do modo arcaico de produção manufatureira, é tecnicamente conservador,[36] como defesa passiva de sua subsistência. Nisto, o operário da construção

---

[35] Houve tempo em que o concreto aparente não era moda e tinha razão de ser: razão econômica. Seu emprego, entretanto, atraía forte reação. Dos proprietários, para os quais o concreto aparente aparentava economia — no que acertavam — corrompendo o efeito "estético" que o gasto conspícuo sempre produz na burguesia. E dos operários, que temiam a inovação: sujeira era deixada nas formas, ferros pressionados para aparecerem, tintas ou batidas intencionais procuravam impedir a permanência do concreto aparente. Sabotagem mesmo. Com o tempo, virou moda, o operário teve que se submeter. E até aproveitou: hoje é uma nova especialidade para o operário que já consegue reproduzir perfeitamente, lisinho, lisinho, as graciosas filigranas dos projetos. E, como consequentemente ficou bem caro, destruindo sua intenção original, pode ser incorporado avidamente ao Morumbi: tornou-se "estético".

[36] Tecnicamente conservador, não politicamente. Aliás, o Sindicato dos Operários da Construção Civil sempre foi, enquanto existiam sindicatos, dos mais ativos. Isto ganha maior significado se lembrarmos novamente que o servente é pouco sindicalizado: o sindicato reúne semiqualificados e ajudantes. O apego estruturalmente requerido do operário por sua habilidade particular, ao produto desta habilidade, retrógrado tecnicamente, o faz sentir com amargura e revolta mais nítidas a apropriação de seu trabalho pelo capital. "Uma vez que a habilidade artesanal continua a ser a base da manufatura e que o mecanismo global que nela funciona não possui nenhum esqueleto objetivo independente dos próprios trabalhadores, o capital luta constantemente com a insubordinação dos trabalhadores." K. Marx, O capital, op. cit., vol. I, t. I, p. 276. Daí, inclusive, a importância nas obras do mestre, que sempre associa ao seu papel técnico as funções de guarda e zelador dos propósitos do capital contra a insubordinação operária.

civil difere dos de outros setores industrializados. A pressão operária para maior qualificação de seu trabalho, o que acresceria seu valor social, é generalizada. Entretanto, há ramos da produção em que esta pressão é aleatória por não comportar, estruturalmente, avanços tecnológicos significativos e, portanto, não requererem maior qualificação do trabalho. A qualificação promovida pelos empresários corresponde à complexidade crescente do ramo. Na construção civil, a melhor situação, superior, almejada e objetivamente possível para alguns poucos operários, é a do mestre autônomo, o empreiteiro. (Daí a grande quantidade de pequenas empresas, que representam, segundo o DIEESE, mais de 70% do total.) Ora, limitado quanto aos recursos empregados, tem na defesa dos processos manuais tradicionais a garantia de sua possibilidade de ascensão social.

Vimos: tanto o capitalista — o empreendedor imobiliário, o construtor, o incorporador ou qualquer outro nome sob o qual se disfarce — quanto o operário semiqualificado têm um interesse comum (milagre): conservar, manter enquanto for possível. O processo de produção da construção civil, no Brasil, é intrinsecamente propenso à sua própria manutenção. É óbvio, entretanto, que os interesses que se somam têm pesos diferentes pela própria posição no processo de produção. O interesse do operário é, praticamente, não determinante. Seria pura redundância repetir aqui toda a imensa carga de desumanização e subserviência que representa o trabalho sob o capital.[37] No sistema capitalista, o capital, que

---

[37] A respeito, entre a imensa bibliografia, ver: K. Marx, *O capital, op. cit.*, vol. I, t. I; K. Marx, *Manuscritos econômico-filosóficos*, São Paulo, Boitempo, 2004; G. Friedmann, *O trabalho em migalhas, op. cit.* Do operário, Taylor exige, sintetizando o comportamento do capital, "não produzir mais por sua própria iniciativa, mas executar prontamente as ordens dadas nos menores detalhes". Frederick W. Taylor, *La Direction des ateliers*, Paris, Dunod, 1930, p. 137. Na manufatura ou mesmo na indústria sob o capitalismo, tudo o que é coletivo — mesmo a produtividade maior do trabalho, fruto de sua divisão e da cooperação dos trabalhadores — é atribuído ao capital, quer haja ou não verdade nisso. Organização, planejamento, decisões são funções que envolvem todos e, "naturalmente", direito do capital. Logo, a força conservadora do capital investido na manufatura é infinitamente superior à do operário. Num trecho dos *Grundrisse*, apresentado como introdução ao livro II de *O capital*, diz Marx: "Sejam quais forem as formas sociais da produção, trabalhadores e meios de produção continuam sempre seus fatores. Mas uns e outros só o são em potencial quando estão mutuamente separados. Para que haja produção ao todo, eles precisam combinar-se. O modo específico de levar a efeito essa combinação distingue as diferentes épocas econômicas da estrutura social. No presente caso, a separação do trabalhador livre de seus meios de produção é o ponto de par-

se interpõe entre o trabalhador e os meios de produção, únicos fatores da produção, é todo-poderoso. O conservadorismo da construção civil é, portanto, resultado de sua produção manufatureira sob o domínio do capital.

> A indústria moderna nunca encara e nem trata a forma existente de um processo de produção como definitiva. Sua base técnica é, por isso, revolucionária, enquanto a de todos os modos de produção anteriores era conservadora.[38]

O mais dramático exemplo deste comportamento operário surgiu em Brasília. Alguns quilômetros separam a tentada harmonia de Lucio Costa e Niemeyer da carência completa. A miséria se espalha nos lodaçais das cidades-satélites ("cidade" não é a palavra apropriada para designar estes montes de lixo; "satélite": sub-homens gravitam em torno dos que têm o privilégio da humanidade).

O Núcleo Bandeirante, antes acampamento vivo dos reais construtores de Brasília, campo de experiências e expansão de vida de retirantes que descobriam em si aberturas novas, hoje é a melancólica e doída marca de um processo interrompido: guarda unicamente o cenário decomposto do que foi. Conheceram os operários o que são capazes de fazer e como fazer: antes da inauguração, no isolamento do chapadão, en-

---

tida dado", *O capital*, *op. cit.*, vol. II, pp. 32-3. Ora, tal separação dos meios de produção implica necessariamente a separação das razões da produção, mediatas e imediatas. No caso específico, o operário da construção civil não somente é afastado de seu produto, mas desconhece mesmo, frequentemente, suas razões de projeto, cálculo, oportunidade etc. Não tem, nem pode ter, portanto, qualquer influência que pese nos seus rumos. Nos *Manuscritos*, Marx é explícito: "Até aqui examinamos o estranhamento, a exteriorização do trabalhador sob apenas um de seus aspectos, qual seja, a sua relação com os produtos do seu trabalho. Mas o estranhamento não se mostra somente no resultado, mas também, e principalmente, no ato da produção, dentro da própria atividade produtiva. Como poderia o trabalhador defrontar-se alheio ao produto da sua atividade se no ato mesmo da produção ele não se estranhasse a si mesmo? O produto é, sim, somente o resumo da atividade, da produção". K. Marx, *Manuscritos econômico-filosóficos*, *op. cit.*, p. 82. Em resumo, o operário, apesar de tecnicamente conservador na construção civil, é pouco determinante porque: a) não tem a posse dos meios de produção; b) à forma da produção impõe, em certa medida compatível com o emprego de sua habilidade, a sua alienação quanto ao produto, suas razões.

[38] K. Marx, *O capital*, *op. cit.*, vol. I, t. II, p. 89.

saiaram as primeiras possibilidades da criação coletiva, do projeto em que se empenharam todos. Fantasia deslocada, não há dúvida. Mas que a todos percorria diariamente, nas 24 horas de gigantesco e ininterrupto trabalho.

Havia empenho maior que o esperado de assalariados — ingênuo empenho sordidamente estimulado pelo poder. A festa acabou, os donos chegaram. A burocracia governamental, as agências do capital ocuparam a cidade.

O ritmo das construções diminuiu. Mas os candangos, que pressentiram através da ilusão uma possibilidade concreta, não se arredaram. A volta à vida crua do Nordeste não mais seria suportável, nem o "novo horizonte" das margens infernais da Belém-Brasília. Entretanto, o capital não requeria mais seu entusiasmo e aborrecia, com sua racionalidade gelada, a insistência do operário: já havia roubado o que desejava. Por meses, os alpendres das capelas das superquadras abrigaram centenas de famílias de candangos sem ocupação, os antigos e os chegados, informados das antigas condições. Pouco a pouco se retiraram para as favelas chamadas cidades-satélites. Retirantes, haviam apreendido um pedaço do ofício. Aguardam, definhando, que voltem a ser necessários, que o capital os compre, novamente, e como magia propiciatória, enfeitam suas choças com as colunas do Alvorada. O trágico lumpesinato oscila entre duas mortes: por miséria em Brasília, por miséria no Nordeste ou outro inferno qualquer. A política brasileira foi desenhada no espaço: branca — ordem e conforto calculado para o senhor do capital e do poder e os que cabem em suas reservas — e morte, marginalização, fome, afastamento para os excedentes. E, ainda assim, o candango conserva o que fez, prova de sua capacidade, não pisa na grama. Voltará.[39]

O que houve? O candango veio do campo-latifúndio — solidão, doença, seca, terras boas cercadas, trabalho irregular quando havia.[40] Em Brasília, um salário e o aprendizado de uma ocupação que garantia o salário, esforço coletivo cujo vazio dissimulado e o hipócrita feitio não percebia, a vida gostosa do Núcleo Bandeirante, com sua gente, cachaça e prostitutas importadas. Técnicos, arquitetos, operários, e até o presi-

---

[39] Ver, a respeito, Oscar Niemeyer, *Minha experiência em Brasília*, Rio de Janeiro, Vitória, 1961.

[40] Ver, a respeito, Francisco Julião, *Que são as ligas camponesas?*, São Paulo, Civilização Brasileira, 1962.

dente em aparente cooperação consentida. Na imprensa, nos discursos, o elogio pomposo, enganador. Depois, a verdade do sistema, sua imensa indiferença: terminada a exploração, danem-se os candangos. O candango resiste mudamente na amarga frustração: achando-se possuidor de habilidade ontem prezada, espera novo chamamento. Exige, por vezes, quando seu sindicato existia. O raquítico pegou elefantíase e a exibe supondo saúde. Para nada mais serve. E se soma, enquanto aguarda impotente novo capricho do capital, ao enorme exército de reserva de mão de obra subocupada e desocupada, garantindo, exclusivamente, baixos salários para os sorteados que conseguem ocupação. Estima pelo trabalho feito, vaidade pelo subofício aprendido, vínculo insubstituível e intransferível com sua subsistência, impotência diante das determinações do capital, colaboração mediata na manutenção do processo de produção obsoleto e de alto grau de exploração do trabalho.

Mais-valia

Estudemos numericamente as relações operário-empresário. Apesar de serem simples índices, estes números indicam a média do funcionamento real da especulação imobiliária entre nós, hoje. Como poderíamos esperar, há carência total de informações exatas a respeito nos vários órgãos públicos, uma de cujas funções é obtê-los. Somente o DIEESE, entidade vinculada aos sindicatos operários, possui alguns dados e análises que apresentamos em anexo. Suponhamos que o especulador possua um capital de 100 (mil, milhões de dólares ou cruzeiros, não importa) o qual, aliás, é frequentemente realizado pelos compradores. E que para a construção divida, em média, estes 100 em duas partes: 75% aplica em matéria-prima e bens de produção (areia, cimento, pás, canteiro etc.) e 25% em mão de obra (isto é, com 25% compra força de trabalho e paga as leis sociais). Nenhum especulador que se preze aceita participar em algum negócio imobiliário se seu lucro líquido, descontados a desvalorização da moeda, a inflação, custos etc., não atinge 100% no mínimo em dois anos em média. Portanto, o incorporador paulista de 1969, se põe 100, retira 200. Ora, sabe-se que as trocas, fora flutuações de preço determinadas pelas variações da oferta e da produção, são feitas pelo justo valor no mercado, pelo valor real. O iludido, portanto, não é o comprador que teria adquirido por 200 o que valeria somente 100. O objeto produzido, a casa ou apartamento, vale realmente 200. Entretanto, se pudéssemos examinar o registro de gastos, o preço de custo, só encontraríamos 100. É que, no processo de produção, 100 é acrescido aos 100 iniciais — o trabalho de transformação da matéria-prima em casa ou apartamento gera um valor novo, cuja expressão monetária é igual a 100.

Não é somente a mercadoria que é criada durante a produção, mas também a mais-valia: é precisamente assim que o valor avançado se valoriza [...]. Esta mais-valia existia antes da troca. Ela não nasceu no curso da troca, mas no seio da produção.[41]

Em esquema:

Capital dinheiro inicial = 100
Capital mercadoria final = 200
Lucro = 100 (mais-valia)
Mão de obra = 25 (capital variável)
Matéria-prima e bens de produção = 75 (capital constante)

$$\text{Taxa de lucro} = \frac{\text{lucro}}{\text{cap. dinh. inicial}} = \frac{\text{mais-valia}}{\text{cap. const.} + \text{cap. variável}} = \frac{100}{100} = 100\%$$

$$\text{Taxa de mais-valia} = \frac{\text{lucro}}{\text{salários}} = \frac{\text{mais-valia}}{\text{cap. variável}} = \frac{100}{25} = \frac{4}{1} = 400\%$$

A taxa de mais-valia expressa com maior aproximação o grau de exploração do trabalho. A taxa de lucro, dividindo a mais-valia, que é produzida exclusivamente pela força de trabalho paga pelo capital variável, disfarça a magnitude desta exploração ao dividi-la, também, pelo capital constante. Dizer taxa de lucro de 100% é dizer que a taxa de mais-valia é de 400%, é dizer que o sobretrabalho é quatro vezes superior ao trabalho necessário. Ou ainda, significa que o operário da construção civil, durante sua jornada de trabalho de 8 horas, por exemplo, produz o próprio salário em l hora e 36 minutos e o "lucro" nas 6 horas e 24 minutos restantes não pagas. Repetimos: apesar de os números serem simples exemplos, as relações se aproximam das reais. Ou, seja, os candangos trabalham l hora e 36 minutos para si e 6 horas e 24 minutos

---

[41] Karl Marx, *Le Capital*, Paris, Gallimard, Bibliotèque de la Pléiade, 1968, t. II, p. 510 e nota p. 511. [Mantida aqui a referência segundo a edição francesa, preparada e traduzida por Maximilien Rubel, pois não foi encontrada na edição brasileira, traduzida diretamente do alemão, de edição preparada por Engels. (N. do O.)]

A produção da casa no Brasil

para o capitalista empreendedor — isto em São Paulo, 1969. O lucro do incorporador é produzido diariamente, durante a fase do processo de produção, durante a fase da construção. Sua realização, isto é, a transformação do capital mercadoria em dinheiro, a transfiguração da forma imóvel para a forma monetária, é que se opera na venda. Lembremos ainda que nos 25% que representaram o capital variável estão incluídas as leis sociais.

Como estas leis representam cerca de 50% da folha de pagamentos, em verdade o operário recebe somente o produto de 48 minutos de seu dia de 8 horas de trabalho. Pode-se afirmar que, como tendência geral com o desenvolvimento do capitalismo, as várias taxas de exploração do trabalho, as taxas de mais-valia se aproximam nos vários setores de produção. Entretanto, essa tendência é contrariada por certos fatores: em particular, no caso da construção civil, o fato do exército de reserva de força de trabalho exercer aqui, prioritariamente, sua pressão, leva à acentuação inevitável desta taxa no setor. Mas a taxa de lucro real no setor deve ser ainda maior.

> Em virtude da distinta composição orgânica dos capitais investidos em diversas esferas da produção, portanto em virtude da circunstância de que, conforme a distinta percentagem que o capital variável representa num capital global de grandeza dada, capitais de igual grandeza põem em movimento quantidades muito diferentes de trabalho, quantidades também muito diferentes de mais-trabalho são apropriadas por eles ou massas muito diferentes de mais-valia são produzidas por eles. Consequentemente, as taxas de lucro que prevalecem nos diversos ramos da produção são originalmente muito diferentes. E essas diferentes taxas de lucro são igualadas pela concorrência numa taxa geral de lucro, que é a média de todas essas diferentes taxas de lucro.[42]

O grau de exploração do trabalho varia pouco de setor para setor de produção numa região. Em compensação, varia enormemente a taxa de lucro em função das diferentes composições orgânicas dos capitais investidos em setores diferentes e de seu respectivo tempo de rotação. Alta

---

[42] K. Marx, *O capital*, *op. cit.*, vol. III, t. I, p. 123.

composição orgânica implica pequeno capital variável relativo e, portanto, pequena taxa de lucro. Ao contrário, baixa composição orgânica implica capital variável relativo maior, e consequentemente maior taxa de lucro. Entretanto, estas diferenças pouco aparecem na prática. Já que ocorre contínua compensação das diferentes taxas de lucro, de tal modo que qualquer capital parece "produzir" a mesma taxa de lucro, independentemente de suas composições orgânicas. Ora, a alta composição orgânica do capital é consequência, através da alteração de sua composição técnica, do progresso dos meios de produção, quando a imobilização de parte do capital constante (fixo) em máquinas é elevada, como o corolário necessário ao aumento do volume (e da massa de valor) de matéria-prima, associado à diminuição relativa da mão de obra empregada. Como vimos, o avanço tecnológico é quase inevitável na indústria não monopolista — o que acarreta, portanto, uma tendência geral do capital industrial para o aumento de sua composição orgânica, atingindo seu limite na automação quando, na realidade, o capital não mais "produz" mais-valia, isto é, lucros. Ora, esta tendência inevitável, lei automática e obrigatória do capital industrial, leva ao pesadelo maior do capitalista: a lei da tendência decrescente da taxa de lucros. Aumento da composição orgânica, diminuição relativa da força de trabalho comprada, diminuição relativa da mais-valia produzida e queda da taxa de lucro.

O capitalista, que bem conhece esta tendência assustadoramente decrescente, manobra de vários modos para freá-la. Entre as escapatórias achadas, três são bem conhecidas nossas: monopólios, imperialismo e manutenção de áreas retrógradas de produção. Apesar de estarem intimamente associadas, interessa-nos, em particular, a terceira.

Mais-valia excedente

Ao procurarmos descrever e caracterizar o processo de produção dominante nas empresas de construção civil significativas (médias e grandes) para o estudo da mercadoria moradia de classe média, verificamos seu nível arcaico. Encontramos algumas explicações para este fato, internas ao campo da produção da construção civil: o conservadorismo implícito no comportamento do setor, com origem fundamental no capital, mas também apoiado no operariado. Agora, entretanto, podemos apontar uma causa externa, cuja presença, continuamente diluída na aparência do funcionamento do setor, tem, talvez, peso dominante.

Em tese, são áreas de produção arcaicas, como a construção civil, que garantem uma taxa de lucro alta, num país subdesenvolvido, já que utilizam um capital constante relativamente menor que o capital constante industrial. A taxa de lucro aparente, na construção civil, 100% num giro de 18 meses, pouco difere da taxa de lucro, também aparente, de outras áreas. Entretanto, devido à baixa composição orgânica do capital que aí é empregado, isto é, devido à forma arcaica de produção, a taxa real de lucro é forçosamente mais elevada que a da indústria automobilística, por exemplo. Através de uma complexa série de medições, que não nos importa examinar aqui, a taxa de lucro se homogeneíza: parte da mais-valia, do trabalho não pago, produzida na construção civil e outros setores atrasados de produção (agricultura, por exemplo) aparece como sendo mais-valia produzida na indústria automobilística "nacional".

E como a indústria (automobilística) "nacional" está para a indústria metropolitana assim como a construção civil está para a indústria (automobilística) "nacional", podemos imaginar a densa e intrincada rede de fatores interessada neste fato simples: a manutenção do modo arcaico de produção na construção civil. Em outros termos:

> O desenvolvimento e o subdesenvolvimento econômicos são as caras opostas da mesma moeda. Ambos são o resultado necessário e a manifestação contemporânea das contradições internas do sistema capitalista mundial [...]. O mesmo processo histórico de expansão e desenvolvimento do capitalismo através do mundo gerou, simultaneamente e continua gerando, tanto o desenvolvimento como o subdesenvolvimento.[43]

> Num sistema colonial, análogo a um sistema solar, em que o sol metropolitano se alimenta de suas colônias planetárias que, na qualidade de metrópoles nacionais, mantêm semelhante relação com suas próprias colônias lunares.[44]

Há na construção civil, entretanto, uma característica que diminui ligeiramente o efeito compensador para o sistema, no seu conjunto, de sua superior taxa de lucro: o tempo de giro do capital. Esquematicamente, capitais produzem lucros reais (não os aparentes) maiores se seu tem-

---

[43] André Gunder Frank, *Capitalism and Undervelopment in Latin America*, Nova York, M. R. Press, 1967.

[44] André Gunder Frank, "El desarrollo del sub-desarrollo", *Monthly Review*, nº 46-47, ano V, jan.-fev. 1968.

po de giro for menor, supondo-se composições orgânicas semelhantes. Entretanto, devemos considerar o seguinte: em primeiro lugar, poucos capitais empregados em outros setores, principalmente industriais, têm composição orgânica tão baixa. Somente outros ramos atrasados seriam comparáveis. Mas, entre estes ramos atrasados, poucos têm a característica específica da construção civil: a quase ausência de capital fixo, investido em bens pesados de produção.

Isso traz duas "vantagens": não há que contabilizar nenhum desgaste destes bens inexistentes e o capital investido é integralmente recuperado a cada giro. Quase todo o capital da construção civil investido em matéria-prima e força de trabalho é circulante. A flexibilidade aí é bastante elevada, portanto. Se assim não fosse, parte importante do capital deveria permanecer imóvel sob a forma daqueles bens. Ora, esta flexibilidade permite rápidos deslocamentos, evitando em épocas de crise sua paralisia, que resultaria, em largos períodos de tempo, na depreciação da taxa de lucros total em setores altamente imobilizados.

Mas não há dúvida de que o tempo de gestação do produto é o grande obstáculo para que a construção civil seja o néctar aspirado. Não é por acaso que, progressivamente, vemos construtores fazendo cursos de "PERT" etc., e a retomada dos cronogramas e dos vários turnos de trabalho.

Contudo, este obstáculo não destrói o dado fundamental, somente o atenua: a construção civil produz mais-valia excedente que vai alimentar outros setores. O problema de tempo de giro do capital aplicado na construção civil, entretanto, está acarretando importantes modificações no campo. Em primeiro lugar a pressão, nas obras públicas e privadas, sobre o prazo de construção, fator que vem progressivamente determinando as concorrências. Mas, para uma mesma produção, supondo-se a mesma qualidade, as possibilidades de eliminação dos "poros" durante o processo de trabalho são restritas. Daí a imediata consequência: é necessário diminuir a qualidade do produto para obter melhores prazos — já que a industrialização é sempre evitada. Ora, diminuir a qualidade é ampliar o mercado pela absorção de setores de pequeno poder aquisitivo, é absorver setores ainda marginalizados da classe média.

Por outro lado, outro modo de reduzir o tempo de giro é eliminar o que separa o fim da produção da realização do produto sob a forma de dinheiro. Até algum tempo atrás, a casa somente era vendida pronta. Depois começou a venda na planta, que permitia diminuir o capital próprio empregado. A seguir, os financiamentos dominaram: capital oficial, rea-

A produção da casa no Brasil

lização imediata do produto para o capitalista, as desvantagens da prestação transferidas para o governo. Ora, juntando baixa qualidade com financiamento caracterizamos a vaidade maior do poder atual: o BNH. Mas o governo também não quis ficar com as desvantagens do financiamento tradicional: e criou o sistema do BNH, uma das maiores explorações oficiais, que utiliza um fundo dos trabalhadores e terá, como vantagem suplementar a longo prazo, o rebaixamento dos salários reais.

Duas observações finais

Em primeiro lugar, repete-se constantemente, inclusive com apoio de arquitetos e engenheiros "progressistas", que, no Brasil, é importante a manutenção das características atuais da construção civil porque ela é um campo de absorção de mão de obra. Ora, vimos que a construção civil realmente sofre tremenda pressão do exército de reserva de força de trabalho. Mas vimos também que este exército provém fundamentalmente do campo e procura a construção civil como serventes que dispensam qualquer qualificação. Não seria mais racional — ao invés de remediar a migração ininterrupta campo-cidade através da manutenção de um processo de produção absurdo, arcaico, altamente explorador, incapaz de resolver realmente o enorme déficit habitacional — atacar a causa real de tal migração doentia: a estrutura retrógrada do campo? Sabemos perfeitamente que esta estrutura é intocável no atual sistema. Mas isto não justifica a adesão ideológica aos remédios superficiais. Ao contrário, deveria encaminhar à crítica consciente e ao esforço de transformação real. A pressão da força de trabalho sobre a construção civil é derivada. Como consequência, se quiséssemos efetivamente enfrentá-la, deveríamos resolver suas causas. E, quando fizermos as imensas transformações inevitáveis na sociedade brasileira, esta deverá ser a ordem de atendimento: a construção civil deveria esperar a resolução de questões mais fundamentais, o que não dispensa, desde já, o conhecimento de suas características e necessidades.

Segunda observação. O governo fala no "*boom*" da construção civil a partir de 1967. A mão de obra no setor, diz ainda o governo, passou de 12% a 20% (supõe-se que da mão de obra urbana-industrial). Imensos interesses se concentram: ora, para o industrial isolado que, no imediato, deseja uma "lua de mel", a industrialização do setor é uma perspectiva tentadora, apesar de contrariar seus interesses de classe. Já se pode apontar os primeiros investimentos. Seguramente, a forma de produção arcaica será contestada por capitalistas cuja fome próxima de mais-

-valia afasta a cautela a longo termo. Os prognósticos, no caso, são bastante difíceis. O que é seguro é que haverá atrito entre os capitalistas isolados e seus representantes no poder, que têm os olhos postos na classe e menos no seu componente particular. Mas não ultrapassará, seguramente, a região das disputas cordiais. Afinal, eles se entendem.

Brasília, Lucio Costa e Oscar Niemeyer[1]

Durante a construção de Brasília houve uma expectativa calorosa — e um início de dúvida. Era quase inevitável participar da promessa. Quase todo o país seguia com simpática apreensão a nova corrida para o oeste. Logo, entretanto, a esperança fantasiosa começou a recuar diante de sinais inquietantes. Não falo somente de negociatas ou de desmandos — afinal, estamos no Brasil.

Bem cedo participei da construção de Brasília. Antes mesmo da inauguração, Rodrigo Lefèvre e eu fizemos alguns projetos para lá, horríveis. E logo pudemos constatar o contraste que havia entre o que aparentemente estava contido como anúncio e intenção no plano de Lucio e na arquitetura de Niemeyer e a realidade. Isto se inscrevia mesmo na paisagem: a terra vermelha de vegetação rala, ferida aqui e ali por torres e máquinas enormes — e por sulcos das águas das chuvas torrenciais. Errando no meio, uma multidão de imigrantes e suas famílias. Sob a marquise das primeiras igrejas de quarteirão de Niemeyer — aquelas triangulares — protegendo-se do sol ou da chuva, candangos aguardavam o eventual trabalho.

Desde aquele momento, aparecem os primeiros sinais de violência no canteiro — sempre abafados pela imprensa. Não falo da violência intrínseca à manufatura capitalista da construção. Mas da outra, suplementar, canteiros e acampamentos cercados por "forças da ordem", jornadas intermináveis de trabalho, alimentação precária. Anos mais tarde, quando fui preso, convivi com operários que participaram desta construção. Eles me contaram um sofrimento que mal imaginávamos então: suicídios numerosos, operários se jogando sob caminhões, disenteria quase coti-

---

[1] Revisto pelo autor em janeiro de 2005 a partir de entrevista concedida a Geraldo Motta Filho, Guilherme Wisnik e Pedro Fiori Arantes para o documentário *O risco: Lucio Costa e a utopia moderna* (2003). Trechos do mesmo depoimento foram publicados no livro homônimo (Rio de Janeiro, Bang Filmes, 2003). (N. do O.)

diana, cercados, sem poder sair. A ainda vizinha e folclórica cidade-satélite, cheia de bares e putas, iludia com seu ar de faroeste, de mito americano. Era cenário bem cuidado.

Assim, mesmo pouco informados, deu para desconfiarmos da compatibilidade entre o que pareciam prometer o discurso do Juscelino, o desenho dos dois e a base que os servia. Havia algo de esquisito na fundação do novo Brasil. Entretanto, pouco se falou nisso então. Esse contraste frequentemente foi apagado, atenuado, tirado da vista das pessoas. Lembro de poucos relatos sobre essas coisas. Mas quem participou de perto pôde perceber um pouco o que se passava. No primeiro esboço do meu livro "O canteiro e o desenho", de 1968-69, há já algumas observações sobre isso.[2]

Para bem entender o período, é preciso entrelaçar pelo menos três fatores: 1) o desenho, a cidade clara, articulada, pássaro voando; os edifícios caracterizados, de geometria afirmada, operando como emblemas ou logotipos. Por baixo, uma lógica estacionada no entendimento, cujos limites Hegel descreveu; 2) a miséria, o sofrimento, a exploração desenfreada do candango; 3) os negócios ligados à construção sob o fundo dos discursos de emancipação nacional.

Tive a chance de observar os três de perto. Por um lado, éramos estudantes, mas arquitetos já. Projetávamos seguindo as regras ditadas por Lucio e Oscar. Na época, os arquitetos iam muito ao canteiro, aos seus e aos dos outros. Segui a construção de nossos projetos, e também a da catedral, dos ministérios. E, por fim, meu pai sendo um dos empreendedores imobiliários de Brasília (daí nossos projetos prematuros lá) e figura do PSD, assisti a reuniões de negócios e políticas — as mesmas frequentemente. Gente de proa participava, Juscelino, Ulisses, Tancredo... Sempre me marcou a distância entre o que ouvia então e o que lia em jornais.

Há que urdir juntos estes três fatores.

* * *

O Lucio, sobretudo num primeiro momento, fez parte de uma passagem política bastante específica. Com a Primeira Grande Guerra, a Crise de 1929 que se arrasta até a Segunda, as grandes potências se esqueceram um pouco de nós, deixaram um pouquinho mais de liberdade para cuidarmos de nós. Surgem então projetos de desenvolvimento nacio-

---

[2] Ver "A produção da casa no Brasil", em especial pp. 106-8 desta coletânea. (N. do O.)

nal, de formação do país. Surgem estudos sobre o que poderíamos contar como nosso — na economia, na antropologia, na sociologia — mas também nas artes, música, literatura, pintura etc. E na arquitetura, com o Lucio. Aos estudos seguem práticas. O desenho de Lucio, em torno de 1940, carrega essa passagem, ajuda a configurá-la.

No começo, o tal desenvolvimento nacional é quase que só projeto, apesar de "O petróleo é nosso" e das leis trabalhistas. Mas o projeto parece viável, há crença nele. Principalmente porque a estratégia para chegar lá (primeiro construir usinas, depois a distribuição de renda, quando ficarmos ricos) não era das mais ousadas. Assim, malgrado algumas crises e sobressaltos críticos, o projeto consegue se manter e desemboca em Brasília. Mas, como não há como pensar, dentro do capitalismo, numa tal promoção nacional sem um grande acúmulo de capitais — ou seja, de exploração — começa a ficar claro que o desenvolvimento será o de alguns e que a dita distribuição ficará para bem depois. E o projeto nacional passa a ser o projeto do poder e dos grupos dominantes — com o que tem que contar mais e mais com o autoritarismo. Primeiro, com Juscelino, na forma do populismo ("populismo", dizia um bom pesquisador que se afundou depois como exíguo ministro da Cultura, "é democracia por via autoritária"): foi ainda capaz de iludir. Depois, na forma da ditadura. Cresceu risonhamente, continuou com brutalidade assassina.

Este turvamento da expectativa já transparece na arquitetura e no plano de Brasília, marco central do desenvolvimentismo. À revelia de Lucio e Oscar, tenho certeza. No modo de produção que é o nosso, as formas seguem por si as pistas que o momento produtivo impõe. Transparece então a afirmação crescente da determinação centralizada.

O funcionalismo inicial do Lucio é bem-comportado, equilibrado, com pouco arroubo pessoal, próximo do canteiro real, tem pés no chão. Em Brasília, seca. Apesar da quase humildade do desenho do concurso, um esquema funcional sem muitas nuances, repetitivo, privilegiador de categorias toscamente separadas (circular, morar, comprar, trabalhar etc.) se impõe recusando revisões — e que a UNESCO, talvez reconhecendo sua inalterabilidade, congelou definitivamente. Não houve nenhum debate democrático sério que o pesasse. Passou diretamente do papel ao terreno. As categorias (as que acuso de estacionar num entendimento limitado) enquadraram o meio milhão de habitantes previstos, sem que nada pudessem dizer. Pouco importa se todos morariam de modo semelhante: seria ainda uma democracia igualizante por via autoritária. Morariam, não moram, sabemos.

A arquitetura dos edifícios conta a mesma inflexão. Chegou ao extremo quando Niemeyer dirigiu diretamente, no canteiro, os pedreiros que esculpiam as colunas do Alvorada. Uma relação sem nenhuma mediação entre o que decide e o que talha no concreto. Uma cabeça com as mãos do outro.

Este acréscimo de poder das decisões centralizadas, tanto no projeto urbano quanto arquitetônico, estava, a meu ver, filiado ao clima geral de inchamento do poder. O populismo de Juscelino, casado com um jogo de concessões, nem precisava mais das reuniões de massa de Getúlio, ameaçadoras. Ilustração disto é a forma seca do cruzamento do eixo monumental, a sede dos poderes, com as asas da sociedade civil: corte abrupto pelo meio, sem outra interação que o nó da circulação viária, coração artificial da cidade. O centralismo autoritário da política e da economia parecia indispensável aos que comandavam, porque o projeto de emancipação nacional começava a fazer água. Mas, para isso, não era mais recomendável chamar o povão aos comícios. Sua missão era outra. O coração poderia ficar vazio.

O que era realmente necessário era acumular muito mais, portanto, distribuir ainda menos. Portanto, dominar com mais força. E tanto mais que o avanço econômico e tecnológico das metrópoles, nossas metas, nos deixavam sem fôlego. Daí a corrida apressada pelo aumento da acumulação — e pela entrada de capital estrangeiro. Para a reeleição prevista para 1965, o *slogan* de Juscelino foi "50 anos em 5". Cada dia ficava mais evidente, para os que queriam ver, que dificilmente alcançaríamos nossas metas. Mas as elites não desistiram: as metas não eram as públicas. E, para prosseguir, mesmo assim, tomaram várias medidas, entre as quais nos interessa aqui as que atingem a construção: era preciso aumentar muito a atividade neste setor, inesgotável e generosa fonte de mais--valia para a acumulação, o que acarretou maior dominação, aumentar a exploração, diminuir salários, esticar a jornada de trabalho, acrescer a mais-valia absoluta e relativa. Não é por coincidência que o programa de industrialização do país seja contemporâneo de grandes canteiros, sobretudo Brasília. Do canteiro sai a massa de valor que alimentará os setores de ponta.

Repito, ainda uma vez, sem que se possa responsabilizar o Lucio ou o Oscar: acho que o "sujeito automático da história" os levou a acentuar a hegemonia do projeto. Aparentemente o traço fininho e trêmulo a lápis do Lucio não tem nada com isto. Mas a própria lógica do funcionalismo, ampliada pelas circunstâncias, contém em si sementes do autoritarismo. Ela carrega os vícios do entendimento separado. Classifica, separa, fixa categorias (as "funções") que, em si, parecem adequadas. O que não é racional, entretanto, é esta fixação, esta separação que as isola do movimento da vida, que as solidifica antes de qualquer interação. Somente então encontrariam sua verdade, no movimento mesmo que animaria a supressão de sua unilateralidade. Paralisadas antes disso — antes do movimento da razão — perdem sua eventual pertinência, viram opiniões ou dogmas. E quem as adota sem o recurso da razão, só pode garanti-las pela afirmação autoritária. O entendimento é o limite lógico dos ditadores — vide as arengas de nossos generais presidentes — e, mais uma blasfêmia minha, das bondosas promessas do funcionalismo. Lucio só desenhou o que já germinava.

O desenho de Lucio, talvez válido como proposta inicial, tema para debate, deveria ter ido para a rua, sofrer críticas, engolir correções em democrática abertura. E, depois disso, deixar-se levar por sua própria realização, alterar por sua própria dinâmica, acatar sua transmutação crítica.

* * *

Vamos falar um pouco sobre a questão do trabalho em Brasília. Mais uma vez uma voltinha para trás. Até os anos 1930, havia bastante gente qualificada nos canteiros. A própria arquitetura eclética exigia isto, a colaboração inteligente dos executantes. Boa parte dos trabalhadores vinha da Itália, egressos do sindicalismo revolucionário que deixou algumas marcas aqui. Não posso me estender, mas é bom lembrar que uma das causas do modernismo foi a reação contra este sindicalismo — que pregava a autogestão — e contra a arquitetura eclética europeia — que respeito muito por sua rara qualidade técnica.

Com o projeto de desenvolvimento nacional, este quadro muda. Objetivamente, há urgência em acumular; subjetivamente começa a se agitar o instinto mimético colonial. Lentamente no começo dos anos 1930, mas rapidamente no fim, são elaborados os modelos de arquitetura adequados à mudança. A arquitetura adota linhas mais sóbrias, crê se despir do ornamento condenado (na verdade, dos detalhes que implicavam mão de obra qualificada e das didatizações de procedimentos construtivos corretos), busca formas geométricas simplificadas, com o que pode utilizar força de trabalho menos qualificada e mais submissa, pois as novas orientações sindicais, tendo afastado as tendências revolucionárias, não reclamavam mais poderes, mas salários, férias etc. Pouco a pouco, com a banalização dos novos modelos, a parte qualificada do canteiro é reduzida. Este processo atinge o ápice em Brasília, quando a cidade recebe massas de candidatos a qualquer emprego (formando um permanente e numeroso exército de reserva de força de trabalho), quase sempre desqualificados. A associação dos dois, exército de reserva e desqualificação, permite a redução de salários e cria condições para a violência mais descarada. Mestres de boa formação são trazidos pelas empreiteiras, atuam simultaneamente como professores e feitores, ensinando os procedimentos indispensáveis e o bom comportamento. Pouca semelhança resta com os canteiros dos anos 1920: agora são enormes, inflexíveis, ultracentralizados; eram menores, flexíveis, mais abertos (mas nem por isso ideais).

O desenho de arquitetura muda correlativamente. Quase poderíamos esboçar uma regra (a qual, como toda regra, tem várias exceções): a arquitetura que deixa sua lógica construtiva apropriada às claras precisa de trabalho mais qualificado. É o caso do ecletismo, europeu, pelo menos. A arquitetura dos volumes brancos e sóbrios, ao contrário, requer menos pois pode esconder suas lacunas construtivas. Curiosamente se apresenta como avessa à decoração, por racionalização moralista. Ora, os volumes encapados mostram o ornamento em função duvidosa. Escondem totalmente a matéria trabalhada, os passos da produção, destemporalizam o tempo do fazer e sua nua pureza denega a violência, a rudeza do canteiro submisso. Poucos ornamentos operam tão eficazmente com ar tão inocente, com ar de não ser o que é: maquiagem, fardo, máscara, esbulho, tartufaria.

Na arquitetura de Niemeyer até Pampulha e o Ibirapuera contava ainda a produção: elementos construtivos e algum trabalho apareciam no resultado. Em Brasília, com o objetivo de obter volumes puros, inaugura-se um período em que o revestimento, a capa, passa a dominar. São raros os detalhes ou elementos em que o trabalho se manifesta. Na plástica daquele período desaparecem os índices, as marcas da produção. Por isso os edifícios parecem não ter história, já que só os índices são portadores de memória viva. Há assim continuidade, semelhança entre o que diz a plástica da cidade e de seus componentes: salto imediato do desenho ao realizado.

Um exemplo disso talvez tenha sido a construção da Catedral, que visitei ainda em obras. Foi dificílimo construí-la. Vi operários que trabalhavam como trapezistas de circo, pendurados em cordas, passando de uma parábola a outra, com grande perigo. E, embaixo, outros, com lixadeiras, polindo o mármore branco, para que ficasse lisinho, com jeito de bacia maternal acolhedora. Sem máscara, naquelas nuvens de poeira branca, estavam provavelmente alimentando silicose no pulmão. Isso, naquele ambiente que deveria sugerir acolhimento no seio da nossa terra, simbolismo lindo do Niemeyer. Um imenso descompasso: a figuração mais forte da confraternização, da união nacional, com as parábolas vindas de todas as regiões do país se juntando em festa, sendo erguida sem nenhuma consideração por seus construtores, aparentemente excluídos da comunhão.

Resumindo: como o ouro não cai do céu como maná, mas sai da mão que trabalha, o projeto de desenvolvimento nacional precisa dela, em muita quantidade, por preço vil. Como a construção manufatureira é a parcela da produção que mais a utiliza pela menor paga, é principalmente ela que deveria fornecer os capitais necessários para o projeto. Daí a relação estreita entre desenvolvimentismo e construção em massa, relação que se aprofunda com o processo de desqualificação. Evolução e involução se casam perfeitamente. Desqualificando constrói-se mal. Construindo mal, há que simplificar as formas — e, por pudor, cobrir tudo com uma capa sem cheiro de safadeza.

A força das coisas desenhou isso no espaço, numa das pontas das asas do grande pássaro branco, a mancha escura da cidade-satélite durante a construção ainda servia como contraponto: permissão de proximidade da indispensável mão construtora. Depois da construção a mancha foi transferida, deixada a mais de quarenta quilômetros de distância. O pássaro branco, liso e cheiroso, deveria planar em céu desanuviado.

* * *

Todas as iniciativas que procuraram dar corpo ao que deveria ser uma formação nacional estruturada queriam ter raízes antigas, impulsos anteriores que já se mostrassem nossos. O novo faria sua inclusão num todo de alguma pregnância. As artes, principalmente, colheram prenúncios e os misturaram com coisas da hora. A emancipação nacional pedia fundamento autóctone. Villa-Lobos, Oswald, Mário, Di etc., vasculharam os antepassados — de preferência populares, já que o projeto era de elite. Lucio também, Lucio pescou largamente no passado colonial. Fiel ao costume, usou a trama da colcha de fuxico para a fachada de condomínio de luxo. Mas, na medida mesma em que o processo de desenvolvimento nacional começa a ficar cariado, há tendência para engatar uma marcha a ré ao contrário. Em vez de memória, a prospecção. São plantados os rastros do que deverá vir a ser, as pegadas do amanhã (foi assim com a arte francesa na virada do século XX. Manet volta para Goya e Rafael, Picasso para a arte catalã e negra. Com o desencanto a propósito da mudança desejada, Mondrian, Pevsner etc. emitem diretamente do depois). Quando a descrença na construção do futuro se intromete, há como que a hipóstase do desacreditado. Em vez da construção a partir do presente (e seu passado), a adivinhação propiciatória. "Vamos virar o Brasil para dentro, substituir as importações" (enquanto se instalavam as multinacionais de automóveis para exportação): os *slogans* ganhavam ênfase com o pressentimento de sua irrealidade. As astúcias com a palavra *projeto*, *pro-jeto*, jogar para a frente, são deste tempo. Mas foi o para trás, disfarçado em seu contrário, que vingou.

Entretanto, o projeto de formação de uma arquitetura nacional, que o Lucio encarna no começo, e que acompanha o desenvolvimentismo, teve suas ousadias. Carregada pelas rupturas sociais com a tradição, nossa arquitetura abandona pouco a pouco o ecletismo de luxo, preguiçoso e de casca, e acompanha como pode a passagem do plausível ao voluntarioso, do passo razoável à birra arriscada. Começa limpando o terreno, arrumando o bom material disponível, ensaiando variações no seu uso. Continua por aí mas, pressentindo o pouco chão do desenvolvimentismo, segue também sua deriva no sentido do autoritarismo. A comedida coragem inovadora do arquiteto não pode resistir à sua promoção a mandachuva urbanista: a seca chegou para ficar.

Se o desenvolvimentismo teve, até quase Brasília, algum chão firme, não há como exagerar: é uma ideologia otimista capenga. A prova é a facilidade com que se transforma em voluntarismo autoritário, em programa da ditadura. Exagerando um pouco, passamos de uma situação em que tinha um assentimento largo para outra em que precisou de violência para se afirmar — mas, em si, pouco mudou.

Fala-se sempre da ruptura de 1964 como o momento em que a violência se instala. Mas é preciso não esquecer que esta violência já estava nos canteiros de Brasília. O fortalecimento da dimensão autoritária favoreceu na arquitetura o desenvolvimento do risco, mas num outro sentido, do traço, da mão que comanda, da arbitrariedade mesma do seu movimento que, por força de vontade, quer impor aquilo que já na realidade começa a esmaecer. Essa necessidade do polo autoritário, demandada pela urgência do acúmulo de capitais, a meu ver, foi o que levou a que a violência ainda disfarçável de Brasília passasse a não poder mais ser escondida a partir da ditadura. Os movimentos de reivindicação, as lutas sociais, começavam a ser fortes e o básculo, a mudança, exigiam descaradamente que aquela violência latente aparecesse com mais nitidez. Essa transição ocorre entre o fim de Brasília e o começo da ditadura.

* * *

Acho que parte da arquitetura de Lucio é exemplar, principalmente pela atividade da memória. A ideia é comum: impossível avançar corretamente sem que este avanço se alimente do que foi e é. Todo movimento de criação preserva e ultrapassa, guarda e modifica. Isto é evidente na arquitetura de Lucio. Se por um lado tem parte com o funcionalismo esquemático, por outro o material que reorganiza dentro deste quadro estreito carrega muito da política da arquitetura colonial, seus componentes construtivos e decorativos. Não como incrustações ou citações soltas, mas interiorizados no seu projetar. Esse tipo de atitude foi abandonado por nossa arquitetura contemporânea. Não creio que isto seja coisa boa. O conceito adorniano de estágio histórico do material é fundamental em qualquer arte. Nele a situação presente da qual há que partir está impregnada por seu devir, por seu passado retrabalhado. Ilustra o aforismo hegeliano, segundo o qual toda a história está presente no que é efetivo. Esta filiação de Lucio aparece, por exemplo, na plasticidade tátil de seus volumes tranquilos, coisa que o Niemeyer prolonga. Passa por aí a velha *Aufhebung* do Hegel (negação da negação determinada): agir reagindo ao que está aí — e devolvê-lo já outro. Reage ao ecletismo próximo, molenga — mas retoma seu conceito, utilizando o melhor proposto pela história; no caso, os momentos de sinceridade construtiva e de ornamentação coerente.

Continuidade e ruptura marcam o trabalho de Lucio. Depois da fase inicial, seu funcionalismo é quase a negação frontal do passado. Basta comparar as mansões que ainda sobram na avenida Paulista em São Paulo — ou coisa parecida — com suas obras de então, de despojada simplicidade e canelas finas. Oposição direta. Mas logo nega a negação primeira, readmite a herança. Certo, pula por cima do ecletismo desbotado — mas procede como um arquiteto eclético de qualidade: vai buscar no colonial o que há de melhor. Com este duplo movimento, chega a uma proposta nova em que o avanço tem bons arrimos na nossa realidade impregnada de história, nega e reage — e logo, num segundo tempo (lógico, não cronológico), retoma o negado purificado. Poderia avançar no paradoxo: Lucio foi nosso melhor eclético.

Brasília interrompe isto, é a negação simples do Brasil de então — e ponto. Capital, nega a costa e vai para o Planalto Central. Lá, nega o nada do descampado, lugar sem vestígios nossos. Nega com um desenho sem tradições, buscando longe as receitas do CIAM (Congresso Internacional de Arquitetura Moderna) que não vinham daqui. O eixo monumental corta, nega sem mediação as asas das moradias. O desenho do pássaro voando, nega a terra em que se incrusta. Forço um pouco a leitura talvez — mas não muito.

A *Aufhebung* implica três (ou quatro) tempos. Quando se mantém na primeira negação, entra em pane. Chega somente ao seguinte resultado: "não sou aquilo". Muitas supostas inovações param aí. É o caso das vanguardas do segundo momento da modernidade (grosseiramente, a partir de 1920). A realidade está tão ruim que é preciso lhe dar as costas, esquecê-la, e vir recuando de um futuro salvador todo outro. Mas como o tal futuro é simplesmente o que a realidade ruim não é, vira espelho inversor do negado. A história posterior da arte está cheia de coisas assim: sintomas inócuos de desesperança, o jogo de palavras com a palavra *projeto*, a que aludi, tem disso. Tem parentesco com a utopia. O verdadeiro projeto é o que permite a efetivação dos possíveis de hoje. A negação determinada parada, por não voltar ao negado, fica sem chão, pode ter *clones*, não crias. Brasília não tem herdeiros.

* * *

Até agora fiz uma crítica bastante ácida de Brasília. É preciso criticar a crítica. Como negar a importância, mesmo que só simbólica, do desejo de mudança? Como não reconhecer valor à vontade de formar um outro Brasil, sair do papel de ex-colônia exportadora e ainda dependente? Tais propósitos, em si, são respeitáveis. Várias causas da falha do processo esboçado nem são internas. O espantoso crescimento dos modelos metropolitanos chega a níveis impossíveis de alcançar. A volta do interesse econômico das grandes potências por nós, periferia um tempinho esquecida, minou a pouca base de nossos planos. O tempo de Brasília é também o da penetração do capital externo — e a falência do mito da burguesia nacional, a cocheira suposta da caleche desenvolvimentista. Este retorno e seu acompanhamento pelas adesões internas solapa o passo curto que tentávamos. A meta almejada não só se mandou para a estratosfera, mas os de lá em cima precisavam que o Brasil continuasse subdesenvolvido, fornecendo matéria-prima e mais-valia disfarçada em *royalties*, dívidas etc.

Talvez a imobilidade do plano seja também sinal de tenacidade, um movimento em memória do que foi castrado, teimosia orgulhosa. A rigidez de Brasília poderia ser a hipérbole, a hipóstase de resistência amarga diante da perda dos possíveis. Falando contra mim mesmo, a exaltação do traço e o desconhecimento das condições de produção que tanto critico, podem, em certos casos, se aproximar destas reações à frustração, o que ajuda a explicar, jamais a justificar — mas reações deste tipo sendo sintomas logo fazem tomar gosto, hoje são causa de júbilo, de gozo egótico, de reação de orgulho ferido, viram denegação e terminam como escárnio.

Brasília também valeu como experiência. Seu urbanismo e sua arquitetura mostraram os limites do voluntarismo — mesmo do bem-intencionado, a boa reação deslocada não leva longe.

E é preciso lembrar: há edifícios magníficos em Brasília. Penso, por exemplo, na primeira Escola de Arquitetura, modelo de simplicidade inteligente e bela. Ou no Itamaraty e no Palácio da Justiça, cujos esquemas (no sentido kantiano) são de grande fertilidade.

* * *

Tenho certos princípios (talvez pueris) que não abandono. Sobre o uso correto de materiais, chego a extremos quase ridículos. Por exemplo: não consigo aceitar a Câmara dos Deputados. O Rodrigo Lefèvre analisou esta obra. Há um contraste doloroso entre o desenho apurado e elegante e o canteiro absurdo. Do ponto de vista do cálculo, a cúpula invertida é problemática. Foi muito difícil construí-la. Exigindo muito concreto derramado sobre uma espessa camada de vergalhões em trama estreita. Quando se amarra o ferro, os milhares de nós e pontas apertadas machucam, ferem sem dó. Um trabalho colossal, dolorido para levantar uma estrutura estaticamente duvidosa. Ali, esbarrão entre desenho e canteiro é frontal.

Já a cúpula do Senado, a laranjinha virada para baixo, ao contrário, é uma das formas mais corretas para a utilização de um material apropriado à compressão. Pode-se reduzir a uma casquinha se acompanhar a curva de compressão. Exige pouco material, é possível construí-la sem fôrmas, sem nenhum risco. Ao lado, seu eco invertido, fica ainda mais deslocado. A cúpula invertida da Câmara não tem nenhuma destas vantagens.

Ora, o desregramento técnico quase sempre implica o desregramento produtivo. O respeito à linguagem própria da matéria, das formas que naturalmente assume com maior pertinência, é o primeiro passo para o respeito à produção e ao produtor — se isso interessasse a alguém hoje.

Parecem bobagens essas manias minhas, mas creio que o respeito aos produtores começa por estas coisas bem elementares. A fabricação do cimento, por exemplo, é pesada. Polui tudo: o ambiente em volta e os pulmões dos trabalhadores por dentro. Não proponho que cesse sua produção, mas pelo menos que não se use este material desnecessariamente, em consideração aos seus produtores e utilizadores futuros no canteiro. Ora, os materiais têm comportamento específico e têm suas formas de uso ideais, nas quais se opera segundo suas melhores possibilidades. Necessariamente, nestes casos, a quantidade requerida é menor — o que, no caso do cimento, traz vantagens ecológicas e diminui a nocividade sobre os trabalhadores em todos os planos de produção. Não é pouco.

* * *

Vamos olhar um pouco a questão da forma. Hegel, na grande *Lógica*, frisa bem que a forma não é nada mais que o conteúdo diferenciado, espelhado na efetividade. O conteúdo é a forma concentrada, seu resumo, sua essência. Não há uma sem o outro, são momentos do mesmo conceito. Falar de formalismo como se fosse sinal de forma sem conteúdo é absurdo. Toda e qualquer forma tem conteúdo. Pode ser sublime ou idiota — mas é sempre conteúdo. O que ocorre é que, muitas vezes, o discurso não corresponde à forma — o que quer dizer que ao conteúdo também não, já que conteúdo não é discurso. A nossa maneira de realizar a arquitetura, com a separação do projeto da produção, praticamente provoca esta não correspondência. O discurso se dirige para fora, para o cliente, o usuário ou o público. Já, por isso, funciona automaticamente como o revestimento, oculta o canteiro. E ganha espaço para alargar suas considerações. O conteúdo enunciado nos discursos, nos manifestos, nas declarações, e o conteúdo posto na forma são frequentemente díspares, opostos.

No caso do Niemeyer a forma sai na frente, é motora — o que, repito, não é formalismo. Ele mesmo afirma que primeiro desenha sem se pré-ocupar com a exequibilidade: o calculista, depois, verificará se é possível realizar o desenhado. Se não é, o desenho se adapta; se é, será construído mesmo se não for a melhor solução técnica. Assim, as abóbadas do Memorial da América Latina não são catenárias, mas umas curvas irregulares que ora viram retas inclinadas nos bordos, ora caem a pique sobre o solo. O predomínio da forma sobre a técnica sempre teve em Niemeyer o mesmo fundamento: a forma é meio de prospecção, de antecipação, deveria arrastar atrás de si o progresso técnico. Assim, o concreto que elogia, o que permitiria todas as formas, é prematuro. Corresponde à *hylé* integralmente disponível, ainda por criar. O que dissemos sobre Brasília, cidade antecipativa, vale quase sempre para o desenho de Niemeyer.

É evidente que o desencontro entre a forma que quer empurrar para a frente e a técnica que perde o fôlego correndo atrás acarreta frequentes problemas. Essa atitude, entretanto, não é exclusiva do Niemeyer. A valorização da evolução acelerada das forças produtivas, tão comum na esquerda aliada aos partidos comunistas, favorece esta estratégia de desafios. O que pode ocorrer com as práticas antecipatórias, entretanto, é que elas saiam do seu leito e se alarguem além do devido. É o caso de algumas paredes curvas que Niemeyer projeta. Poderiam, no caso de uma produção mais livre, já que não têm maiores compromissos com outras equipes da produção, abrir-se para alguma improvisação, um mínimo de participação operária. Mas a mão habituada a forçar o passo da produção não está acostumada a abandonar nada a ela, considerada como retardatária. Niemeyer traça então, no papel, as curvas soltas que se impõem às mãos amarradas. E a coisa vira paradoxal. O movimento da mão no papel se congela no material da obra — e o movimento próprio da realização, a história e a memória do trabalho são apagados pela imobilidade do gesto congelado na transposição. Os dois movimentos — o do desenho e o da produção — somem, um por tradução traidora, o outro por abafamento.

Outro ensinamento de Hegel: a matéria tem sua forma, não há *hylé* vazia. O traçado no papel, "livre", sem outros determinantes que ele e a mão, se não for adaptado à transposição por outras mãos num outro material, perde sua veracidade, torna-se aleatório e impositivo. O que pode ser considerado liberdade do autor vira arbitrariedade posuda.

* * *

O Oscar Niemeyer é de uma generosidade, de um carinho espantosos. Repito ainda uma vez: ele pertence inevitavelmente ao seu tempo. Marx dizia que o mesmo espírito que move locomotivas escreve os tratados filosóficos. O que fez, fez porque estava onde estava. Sob o peso da urgência, obrigatoriamente limitado ao desenho ininterrupto, longe do canteiro, não podia proceder diferentemente: tinha que centralizar o desenho. A crítica das relações de produção no canteiro não implica a culpabilização de seus agentes individualmente. Além do mais, tal crítica é da minha geração: Niemeyer ainda acreditava na força motora do desenho para promover o avanço salvador das forças produtivas. Desculpem de me pôr no meio ainda — mas por não mais acreditar nisto, tive de sair de banda pois, se continuasse na vida profissional comum, teria que proceder da mesma maneira. O que, obviamente, não foi solução.

Entretanto, a vida das formas é objetiva.

Intervalo para uma volta que nos pode ajudar aqui: o *coup-de-pinceau*, a pincelada cheia de si, é altamente valorizada. Não tem muita importância, se só for passagem produtiva: é uma das marcas do trabalho, um dos indispensáveis índices. Mas desgarrada da função produtiva, ou não pousada com correção, vira logotipo expressivo. Supostamente, então, vem das tripas, como dizem. Mas se vem das tripas, falam de tripas — o que, temos que admitir, deve ser de alto interesse coletivo. Haja megalomania. Como a coisa se generalizou com a comercialização da arte, a pincelada tida como espontânea porque vem das tripas, a pincelada posuda vira sinal de mesmice que insistimos em chamar de sujeito mas só é o oco ego tagarela. Esse tipo de lirismo gasoso seria somente enfadonho, coisa de umbigo de poeta, se não se travestisse em marca do gênio, esta invenção da cegueira da crítica, posta em moda pelo arauto da crítica em filosofia, Kant. Fim do intervalo.

Na arquitetura, o equivalente da pincelada são os vestígios da mão que projeta quando preenche sozinha o que poderia ser deixado à iniciativa do canteiro — ou quando sai por aí inventando trejeitos publicitários (vejam o Museu Guggenheim Bilbao).

Lucio Costa não deixou quase nunca abertura para a iniciativa do canteiro, coisa sem dúvida quase impossível nas condições dominantes de produção. Mas jamais cedeu à "pincelada", ao egotismo exibicionista. Lucio era sóbrio, "*british*". E o "*british*" não gosta muito de mostrar o próprio umbigo. Lucio fica atento ao construtivo, à produção. A forma de sua arquitetura, sem grandes arroubos, sempre foi fiel ao primeiro projeto de desenvolvimento nacional, o que parecia viável, não partiu rumo à utopia com o desencantamento, o que não o privou de perspectiva poética.

Qual é a boa poética? É a que começa pelo mais simples, pelo momento do trabalho em que a mão hábil elabora corretamente o material. Com o avanço feliz, aparece o contentamento. Pouco a pouco este bem fazer o necessário vai se inflamando, capricha ainda mais. E logo a coisa encanta tanto que quer mostrar-se, ser admirada. A forma começa a se deleitar com ecos harmônicos da que resultaria da pura necessidade, espécies de sublinhadores indicando a conveniência do feito. E abre-se o campo que podemos chamar o da decoração autêntica — que nada mais é que a exaltação do gesto técnico satisfeito com sua pertinência. Então, a forma didatiza, se prolonga em variações sempre próximas da fonte. Liberdade cantando a necessidade, necessidade desabrochando em liberdade, sem se perderem de vista. Quem procedesse assim seria "gênio" — ou seja, trabalhador livre, porta-voz singular do universal através de seu ofício particular. É evidente que estamos longe disto tudo. Mas é o que me faz defender a ornamentação (no sentido indicado aqui), contra o falso puritanismo da arquitetura moderna, este sim, decoração enganosa.

* * *

A arquitetura de Lucio Costa se avizinha destas coisas. Não que libere o produtor, mas aproveitando os elementos simples, corretamente aplicados, frequentemente à vista etc., implanta pelo menos as condições materiais para uma esperada poética, o que já é alguma coisa.

Repito: a forma é o conteúdo expandido. E o conteúdo, em arquitetura, por mais complexo que seja, começa por seu fundamento construtivo, pelo canteiro — pelo material, a regra construtiva, a técnica, a mão operária, são estes elementos, e só eles, que poderão, mais tarde, ampliados e desenvolvidos, transmitir conteúdos mais complexos. Foi o que fez Gaudí, servindo-se dos diagramas e índices construtivos em metáforas religiosas. Sem este fundamento, tornar-se-iam formas com outros conteúdos, provavelmente autoritários, como vimos. E, pela ausência dos índices, sobretudo, únicas manifestações semióticas possíveis do sujeito, cairiam nas malhas da arrogância do ego.

Na arquitetura, Lucio Costa utiliza os elementos mais simples: a correção estrutural e as regras construtivas, a precisão dos detalhes, a alvenaria conveniente etc. São diagramas técnicos justos e econômicos. Esquemas vindos de experiências construtivas sérias — as boas armas do arquiteto — que guiam seu desenho. A pertinência técnica abre chão pelo menos para uma execução digna, primeiro passo para uma indicialidade que, se não pode expandir-se demasiadamente, consegue pelo menos deixar seu testemunho de base. Não fugindo da técnica possível, respeitando o fazer e o material, prolongando seus desenvolvimentos viáveis, com lucidez e calma, Lucio chega de mansinho, atinge pelo menos a porta da poética. Não diria ser sempre este o caso — mas é a tônica de seu desenho. Sua postura na arquitetura difere da postura do Oscar Niemeyer: propõe o desenvolvimento tranquilo, de possíveis, enquanto o Oscar está sempre desafiando os mesmos possíveis. É curioso que tenham tão bem trabalhado juntos.

No Lucio Costa próximo do material podemos ainda perceber sinais do que foi nosso primeiro projeto de desenvolvimento. E, com ele, ter saudade do sonho de autonomia, de formação própria brasileira. Porque, na proximidade de nossos materiais mais simples, ficou um pouco da brasilidade não importada que poderíamos ter amadurecido. Lucio parece o primeiro capítulo de um livro ainda não escrito. Acho que vocês, com as novas experiências de construção popular, devem se lembrar dele.

Flávio arquiteto[1]

Durante anos Flávio Império, Rodrigo Lefèvre e eu ocupamos o quarto de empregadas da casa da Marquês de Paranaguá. Doze metros quadrados. Flávio e Rodrigo cortaram o chão, suspenderam a metade e inventaram o menor duplex que já vi. Assim mesmo vivia cheio de estudantes e professores da Faculdade de Arquitetura e Urbanismo (FAU) e da Maria Antonia, gente de teatro, pintores. Nossas mesas se colavam — como nossos planos para a arquitetura, como o que fantasiávamos, como nossa aversão pela esquerda de salão. Havia mais que troca entre nós: quem troca dá do seu ao outro. Mas como saber quem, quando, havia antes sugerido o que o outro já começara a esboçar, corrigindo o que o terceiro nem acabara de imaginar? Na FAU, corria o boato de que nós nos preparávamos detalhadamente para as reuniões: falso. A convergência do que dizíamos tinha virado "natural".

Este cadinho único, entretanto, foi pouco a pouco construído. Alunos da FAU, ainda nos distinguíamos bem. Nem o Rodrigo, nem eu teríamos a ousadia de apresentar ao Vilanova Artigas um projeto para a embaixada da União Soviética em Cuba (era o tema do exercício!) em estilo *art nouveau*, com título em pseudoalemão: "*Das Embassaden*". Mas Flávio ousou. Artigas aproveitou a deixa risonha e improvisou magnífica aula sobre o tema. Creio que o episódio marcou Flávio: em vários de seus cenários (penso, por exemplo, em *Andorra* ou na *Ópera dos três vinténs*) traços *art nouveau* voltaram em cartazes ou detalhes de decoração.

Nos últimos anos de faculdade (1960-61), Flávio já era conhecido como cenógrafo. *Morte e vida severina* foi para nós uma espécie de confirmação: materiais simples (saco de estopa engomado e amassado nas roupas, papel e cola nas caveiras de boi) transfigurados pela invenção lúcida convinham realmente mais ao nosso tempo que a contrafação de

---

[1] Redigido em 1995 e publicado originalmente no catálogo da exposição *Flávio Império em cena*, São Paulo, Sesc, 1997, pp. 98-101. (N. do O.)

modelos metropolitanos. A ousadia do desvio no uso habitual de coisas e materiais, propondo metáforas visuais e faz de conta real, abria picadas para nossa arquitetura.

Em 1961, no mesmo ano em que participamos do concurso internacional de estudantes de arquitetura da VI Bienal de São Paulo, realizamos projetos diferentes: Flávio construiu seu primeiro projeto importante, a residência Simão Fausto em Ubatuba. O uso franco e didático dos materiais, a ênfase do desenho dos componentes funcionais fundamentais, o uso de abóbadas catalãs mostra as influências cruzadas de Le Corbusier e Artigas. Mas há já bem mais. A densidade espacial, por exemplo, aproveita a experiência teatral nos estritos palcos do Vergueiro, do Cacilda Becker, do Arena. Não é maneirismo: por falta de verdadeira experimentação em arquitetura (o que ainda hoje inexiste), nos acostumamos a utilizar os projetos para os amigos coniventes como ocasiões para testar procedimentos apropriados para o que nos parecia fundamental — casa e equipamento popular. O estudo da densidade fazia parte deste empenho.

Não é hora ainda para comentário exaustivo das obras do Flávio: faltam pesquisas, documentação completa, estudo comparativo metódico etc. Mas quero só apontar um detalhe, dos mais belos e que ilustra a complexidade do seu desenho. Como os alto-relevos de Le Corbusier em Marselha ou as jardineiras do Unity Temple de Frank Lloyd Wright, a grande gárgula da fachada principal serve como proêmio, de introdução. Espécie de objeto lógico (perdão pela estranheza do ajuntamento), a calha corporifica o diagrama do escoamento das águas pluviais, varia com a variação dos espaços que sobrevoa, protegendo as janelas dos respingos nas jardineiras, deixando lugar para gárgulas diretas no terraço, onde cilindros com pedregulhos não causam este inconveniente. Questões simples, mas atendidas rigorosamente, como no resto do projeto. Mas o "objeto lógico" se inflama, cresce e escapa da pura serventia — e se faz canto do rigor. A calha é assim o sumário dos critérios de projetação, sumário que comove pela tensão entre o necessário e o mais que necessário, marcando-a como um grifo. Verticalização da linguagem, como dizia Michel Foucault. Epílogo, portanto (*rerum repetitio, posita in affectibus*) — mas, posto na entrada, vira introdução: capta quem chega, dá logo as regras do jogo, encaminha uma leitura. O cenógrafo e o pintor, acostumados às manhas do espaço significativo, prestam assistência ao arquiteto.

Os anos seguintes foram, sobretudo, de empenho teórico. Pouco a pouco clareamos nosso modo de ver a arquitetura. Pregávamos mudanças, criticávamos a prática corriqueira — na FAU, na Fundação Armando Alvares Penteado, na Escola de Arte Dramática, em artigos e conferências. Fazíamos tanto barulho que em 1965 — quatro anos após nossa formatura — a revista *Acrópole*, então a melhor no campo, nos dedicou um número especial.

Anos depois, já na França, escrevi *O canteiro e o desenho*, que condensa o que pensávamos da arquitetura. O livro foi editado em 1979. Era ainda tempo de ditadura declarada. Para não complicar a vida do Flávio e do Rodrigo, que continuavam no Brasil, só os mencionei no posfácio, indiretamente. Cito: "Este texto não teve prefácio... nem apresentação... nem dedicatória: os que a merecem, meus dois companheiros de arquitetura, sabem que a eles caberia, em outra hora. O registro de sua presença, deixei para o plural do *nós*... Creio que gostaríamos, os três, de ainda oferecê-lo aos trabalhadores da construção, não o tivesse eu tornado tão obtuso e banguela". Hoje, nossa farsa de democracia permite nomeá-los, Flávio e Rodrigo.

De maneira mais que corrida, resumo o que dizíamos. Nosso passo inicial foi de recuo, distanciando a área confinada da arquitetura para poder vê-la imersa na economia política. Pudemos assim estudar a função econômica, primeira, da construção: alimentar a acumulação primitiva do capital — e, sobretudo, servir como desacelerador da queda tendencial da taxa de lucros, pesadelo do sistema. A baixa composição orgânica do capital no setor (muita força de trabalho, reduzido capital constante) faz da construção fonte generosa em mais-valia que pode, após perequação, ampliar a taxa média de lucros. Francisco de Oliveira generalizou depois esta ideia em um artigo conhecido.[2] Sua organização manufatureira — evolutivamente retrógrada, mas historicamente atualíssima por esta função de freio à queda da taxa de lucros — é, em consequência, mantida, endurecida mesmo. Grande parte do que se apresenta como "organização científica do trabalho" procura sem disfarces aumentar a desorganização do que seria a lógica imanente da manufatura — se os artifícios da dominação não se emaranhassem constantemente com ela. Estes artifícios são obrigados a contrariar a lógica imanente. Os resultados, todos conhecemos — irracionalidade produtiva, baixíssimos salá-

---

[2] Ver Francisco de Oliveira, "Crítica à razão dualista" (1973), in *Crítica à razão dualista/O ornitorrinco*, São Paulo, Boitempo, 2003.

rios, condições horríveis de trabalho, recorde absoluto em doenças, acidentes e mortes.

Ante tal descalabro, nossa hipótese era (e é minha ainda) a seguinte: se a manufatura da construção fosse desembaraçada do peso das artimanhas da dominação, o trabalho — que neste caso é só formalmente submetido — poderia retomar sua justa posição (em outro sistema social, é evidente). A torneira de mais-valia seria fechada e a direção centralizada despedida — velho sonho revolucionário desde o século XIX. Algumas publicações mais ou menos contemporâneas (Gorz, Pignon, Maignien, Marcuse etc.), a releitura de William Morris, a edição dos *Grundrisse* nos confirmaram nessas opiniões. Estas questões nos afastaram um pouco da geração de Vilanova Artigas e estavam por baixo dos debates de 1968: oposição entre a exclusiva valorização do avanço das forças produtivas e nossa crítica à divisão do trabalho.

O que propúnhamos tem inúmeras consequências práticas para a projetação e a conduta no canteiro. A manufatura se estrutura a partir da articulação de equipes de trabalho especializadas e bem diferenciadas — e poucos instrumentos sofisticados. Há duas formas de manufatura: a heterogênea, que monta componentes já elaborados (a "pré-fabricação") e a serial, que sobrepõe, pouco a pouco, o trabalho quase todo realizado no canteiro. Nos anos 1960 a "pré-fabricação" engatinhava e, fora as iniciativas de Lelé — João Filgueiras Lima — em Brasília, pouco se fazia nesta direção. Minha experiência, em 1962, na residência Boris Fausto em São Paulo mostrou que ainda era cedo para tais caminhos.

Fundamentalmente nossa manufatura era (e ainda é) serial: trabalho dominantemente interno e cumulativo. A manutenção da dominação impunha: pouca clareza na distinção das equipes e um desenho de arquitetura que exaltava não importa qual "valor estético" (?) — mas jamais o acúmulo sábio dos trabalhos. Nós adotamos a via inversa: 1) absoluta, quase maníaca atenção à sucessão lógica dos trabalhos — o que meus alunos na França chamaram mais tarde de "estética da separação"; 2) afastamento de todo gesto convencionalmente considerado artístico — salvo a didatização do procedimento, aplicando o conselho de Walter Benjamin para o qual todo romance deveria ensinar a escrever outro romance; 3) a exposição clara de todos os trabalhos — que reduzia o revestimento ao mínimo indispensável.

A "estética da separação" permitia ainda, a cada equipe de trabalho, não dividida pelos cronogramas habituais, não mutilada pelo desenho formal e autoritário, o desenvolvimento das melhores virtualidades de sua lógica imanente e o uso dos materiais adequados. As economias que fazíamos, evitando as incoerências de programação e projeto, sempre nos permitiram o uso do mais apropriado no canteiro — e, nos casos em que dirigíamos diretamente, considerável aumento de salários sem acréscimo de orçamento. Todas as equipes eram informadas e documentadas sobre todos os trabalhos e sabiam o porquê de cada traço do projeto. Nossa metáfora de bolso era o jazz: um tema comum, algumas passagens obrigatórias (os nós, quando há cruzamento inevitável de competências) e, no mais, liberdade criadora de todos. *Dreams* — mas que víamos de perto.

Chega. Mas seria impossível compreender a arquitetura do Flávio sem lembrar as raízes do que fazíamos.

Em 1967, nós três projetamos várias escolas, graças ao terno apoio de Mayumi de Souza Lima. Prefiro não comentar estas obras, sendo também coautor.

Em 1967 ainda, Flávio desenhou uma casa para Amelinha e Wolf, irmã e cunhado, infelizmente não construída. É um dos seus mais puros projetos. É uma variante de um protótipo que elaboramos desde os tempos de estudantes — na época, Júlio Barone também participou — e cuja primeira aplicação foi a casa de Bernardo Issler, que construí em 1962-63. Rodrigo, posteriormente, multiplicou os exemplos com virtuosidade. Flávio concentrou neste projeto tudo o que queríamos da arquitetura. Estrutura clara: abóbada perfeita, funcionando só a compressão, sem necessidade de isolamento ou impermeabilização, a curva mansa protegendo primeiro o canteiro, depois a família Hamburger com sua conotação maternal, uterina. Dentro, liberdade total, permitindo escapar da rigidez da casa burguesa. Sobre o mezanino totalmente aberto à comunidade da criançada numerosa, camas, armários, bancos, mesas compõem uma festiva *promenade architecturale*. Embaixo a *promenade* continua fluida, com poucos espaços fechados. Fora da cobertura, os volumes dos "espaços molhados" brincam com o jardim. A seriação dos trabalhos seria perfeita, todos à vista, reconhecidos.

Creio ainda hoje que este protótipo foi nossa contribuição mais original. Em termos pedantes diria que criamos um novo "legissigno", coisa rara. (Tenho vergonha de nos valorizar assim, mas, hoje, o Flávio e o Rodrigo merecem que seja dito. Quero dar, aliás, um recado fora de hora: se algum dia a Sociedade Cultural Flávio Império ficar rica, deveria construir este projeto. Rodrigo e eu construímos nossas variações do protótipo — só falta o Flávio, que o criou tanto quanto nós. E é preciso aproveitar logo, pois ainda me lembro dos detalhes imaginados por ele e a tarde anda avançando.)

Em 1968, Flávio e Rodrigo projetaram a casa do professor Juarez Brandão Lopes. Ainda as abóbadas, mas utilizadas de modo novo, com as faces "abertas" voltadas para os lados e fechadas por duas imensas bibliotecas. Os materiais, como sempre, são os de todos os dias: tijolos, vigotas de concreto e tijolo furado, madeira maciça e compensada, vidro, placas de cimento amianto, cimento queimado. Os tijolos aparentes compõem as paredes de banheiros e cozinha (os volumes "molhados") e a biblioteca; as vigotas e tijolos furados são reservados para os elementos estruturais, abóbadas e laje intermediária; a madeira maciça fornece os montantes, e a compensada, portas e portinholas; o cimento amianto forma os *"brise-soleils"*, e o queimado, pisos, assentos, planos de trabalho etc. Esta enumeração é importante: o objetivo era obter a síntese material/função/equipe, cada equipe realizando uma função bem determinada com seu ou seus materiais específicos.

Arquitetura tem também dimensão icônica, é imagem do processo de projetação. Na casa do Juarez a clareza funcional e construtiva espelham fielmente o rigor generoso da concepção. A estrutura da manufatura não dominadora guia totalmente a escritura do projeto. Nenhum modelo, fora talvez a referência "intertextual" ao brutalismo então dominante, vem perturbar este rigor. Todos os componentes construtivo-funcionais ganham particularidade, tomam caminhos próprios, se concentram em volta de seus diagramas essenciais. Uma metáfora, a forma de asa da cobertura, polissêmica, valendo também como interpretante para a família Brandão Lopes. Tanto o traçado do projeto quanto o feitio operacional de cada tipo de trabalho depositam suas marcas, seus índices no resultado final: todo gesto técnico solicitado pela obra, sem acento fingindo, se grava e permanece na matéria que o recebeu.

A gramática peirceana ensina que somente o índice pode ocupar a posição do sujeito na proposição; na casa do Juarez, todos os "sujeitos" falam e falam em coro afinado. Não há símbolos — a não ser talvez (mas nunca falamos disto) o tapume de livros protegendo o canteiro do professor. A obra é perfeita.

Mais tarde, o Flávio reformou com o Rodrigo o Teatro Oficina, estudou a reforma da "casa-ateliê" da rua Monsenhor Passaláqua e da casa do sítio da Amelinha, trabalhou com Lina Bo Bardi no Sesc Pompeia. Não posso falar sobre o Teatro Oficina nem sobre a colaboração com Lina Bo Bardi: eu já partira do Brasil e me falta documentação. Se bem

138   Sérgio Ferro

conheci Flávio, acho que ele não gostaria que me metesse a comentar o projeto da "casa-ateliê": hoje há um grupo de gente entusiasmada que desenvolve o projeto e a eles cabe a palavra.

Flávio era pintor, poeta, professor, homem de teatro e cinema também. Dizia que o arquiteto sustentava os outros. É possível. Talvez por isso sua obra de arquitetura é pequena, como a minha. Rodrigo insistiu mais — porém terminou também saindo de lado, foi organizar o serviço de saúde da Guiné-Bissau. Quanto mais nos convencíamos que nossa análise da construção era (é) justa, menos nos adaptávamos à profissão. Seria preciso ter a má-fé que não tínhamos para continuar a servir o que condenávamos. Fomos parando, espaçando os trabalhos, esperando o milagre da obra realmente experimental ou, menos provável ainda, o da transformação social.

Se o arquiteto sustentava os outros, os outros, todos os outros Flávios certamente embaraçaram o arquiteto. Eles sabiam o que é pôr-se lá no fazer para se achar, embrenhar-se na matéria para perder a desesperante ligeireza de ser, pensar fora do pensamento dado: tudo que é arte, enfim. Eles experimentaram tudo isto bem demais para não sentir amargamente o que a arquitetura "normal" impede aos que a servem, os operários da construção. William Morris dizia: arte é manifestação da alegria no trabalho. Os Flávios viveram esta alegria séria e sabiam que ela não mais visitava os canteiros desde a Renascença.

Pouco depois de nos conhecermos — 1957 — fui ao Vergueiro assistir a uma peça (*O boi e o burro?*) cujo cenário era dele. Quando cheguei, ele alfinetava nuvens de papel-manteiga num céu de cobalto. Sempre achei este oximoro a cara dele. Ora, em arquitetura é proibido alfinetar nuvens.

Hoje é 7 de setembro de 1995. Um abraço saudoso, irmão.

Em vez de prefácio[1]

A.

Miguel Antonio Buzzar sugeriu que eu escrevesse o prefácio a seu livro. Agradeci sua gentileza, mas me esquivei. Por duas razões. Primeira: seu livro não requer prefácio. É bem documentado, o material recolhido foi organizado como convém para sua tese — e ela é pertinente, inteligente e bem apresentada. O livro se basta, não precisa de esclarecimentos e muito menos de meus elogios. Como todo empreendimento feliz, traz em si mesmo sua própria justificação.

Destaco, entretanto, uma de suas qualidades menos evidente para o leitor: sua oportunidade. É tempo de acabar com o ostracismo profundamente injusto de Rodrigo. Éramos como três irmãos — convém logo chamar o Flávio Império para nossa conversa. Diferentes, sem dúvida, mas sem distâncias entre nós. As especificidades de cada um irrigavam os outros sem parcimônia — saí ganhando, eles certamente sabiam, mas nunca reclamaram. Entretanto, os favores sociais couberam mais ao Flávio e a mim. Culpa de Rodrigo: ele sempre foi o mais rigoroso e intransigente em suas posições essenciais, o que o tornava o menos "sociável", mais ríspido nas respostas às provocações. Daí a injustiça do ostracismo. Essa ausência de distância, de recuo entre nós, torna inaceitável a distinção dos favores, como denuncia com justo vigor Miguel Buzzar a respeito da exposição dos 50 anos da FAU-USP. Se há que distribuí-los desigualmente, neste caso o Rodrigo deveria ser o mais contemplado: sua obra em arquitetura é bem maior do que a do Flávio ou a minha,

---

[1] Publicado em *Rodrigo Brotero Lefèvre e a vanguarda da arquitetura no Brasil*, de Miguel Antonio Buzzar (São Paulo, Edições Sesc, 2019, pp. 12-23). (N. do O.)

sem contar a exemplaridade pedagógica inigualável de sua dissertação de mestrado.[2]

Sem querer, já entrei pela segunda razão de minha esquiva: a ausência de recuo entre nós. Somos diferentes, repito. Como querer igualar com Flávio no teatro, no cinema ou na serigrafia? Ou com Rodrigo na inventividade técnica e até científica? Nos projetos da Arquitetura Nova, ele foi o inventor das vigotas curvas para a construção das abóbadas e de sua fabricação no canteiro; o descobridor da necessidade da igualdade das fórmulas das catenárias para anular empuxos horizontais se elas forem de alturas diferentes, como na residência Thomas Farkas. Sem contar com a demonstração, enquanto preparava o vestibular, de um teorema sobre a divisibilidade por 13, uma inutilidade primorosa, ou, no outro extremo, com a comovente ideia do punhado de argamassa aplicada à mão para encastoar tubos de água, como na residência Dino Zammataro (a "impressão digital do trabalhador", como diz Miguel Buzzar). Mas, mesmo assim, cada um mergulhava de cabeça na proposta sugerida pelo outro, com a maior confiança, muitas vezes sem nem mesmo saber nadar na novidade. Manet e Mallarmé, de quem copiei a metáfora, aplaudiriam. Mas, por essa mesma razão, não temos (tínhamos) como falar com isenção uns dos outros. E sem termos a impressão, ao falarmos, de estarmos falando descabidamente de nós mesmos.

Por essas duas razões me esquivei do prefácio.

Sugeri, entretanto, uma variante. Quando vim para a França, comecei a escavacar a história da arquitetura de modo mais intenso para testar a validade de nossas teses — tentar falsificá-las, como propõe Karl Popper. Dispunha de boa documentação, de exemplos concretos por todos os lados da Europa e de um laboratório de pesquisas que eu dirigia (este foi-se). Resultado: até hoje não consegui falsificá-las — desmenti-las. Ao contrário, parecem extremamente resistentes, além de bem enraizadas na história — mas não somente na da arquitetura, como na da construção em geral. Em vez de prefácio, propus esquematizar de modo ultrassintético essa escavacação, essa arqueologia, e inscrever nela o que creio demonstrar nossa (dos três) coerência interna e implantação histó-

---

[2] Rodrigo Brotero Lefèvre, "Projeto de um acampamento de obra: uma utopia" [1981], in Ana Paula Koury (org.), *Arquitetura moderna brasileira: uma crise em desenvolvimento. Textos de Rodrigo Lefèvre (1963-1981)*, São Paulo, Edusp/Fapesp, 2019, pp. 195-447.

rica. Surpresa: nossa história participa de outra, muito amarga, velha —
mas com bolsões de resistência merecedores de respeito.

Miguel aceitou.

B.

Vamos lá.

Depois de destruir a colaboração simples entre os primeiros construtores das catedrais, a saída do desenho do canteiro, aproximadamente na metade do século XII, provoca a primeira grande divisão entre trabalho material e trabalho intelectual na produção arquitetural. Parte da
atividade anterior do trabalhador coletivo, sobretudo a determinação
da forma global do edifício e detalhes importantes, passa a constituir o
domínio do protoarquiteto. Esse período de transição dura até a primeira metade do século XIV. Dele herdamos a segregação do desenho e o
escondimento do canteiro. Primeira surpresa: o que Rodrigo constata
no canteiro do Hospital das Clínicas em São Paulo, como conta Miguel
Buzzar, data de mais de oitocentos anos.

Daí em diante domina a organização manufatureira do canteiro, os-
tensivamente instaurada por Brunelleschi, após precursores mais discre-
tos. Ela serve a todas as variantes do classicismo, dos "neos" posteriores
às diversas correntes do modernismo e do pós-modernismo. Ou seja, serve a toda a história de "nossa" arquitetura desde a Renascença. É preciso lembrar que a constituição manufatureira da construção é absolutamente indispensável para a saúde do capitalismo. Por isso é seu inseparável complemento. Seu peso na economia e a composição orgânica de
seu capital garantem o fornecimento de enorme massa de mais-valia indispensável para a acumulação primitiva (de capital) e, muito mais tarde,
para resistir ao pesadelo do sistema após a primeira Revolução Industrial,
a queda tendencial da taxa de lucros. A manufatura tem uma característica essencial: todo o *savoir* e o *savoir-faire* necessários e indispensáveis
para construir corretamente continuam concentrados nas mãos dos trabalhadores, apesar da venda de suas forças de trabalho. Do ponto de vista do capital, esse é seu defeito maior. Do ponto de vista dos trabalhadores, essa é sua maior virtude. Essa característica constitui o que Karl
Marx chama subordinação (somente) formal do trabalho. (Somente) Formal porque, sob o ângulo da técnica, pouca coisa muda com relação à
que estava disponível antes da subordinação. No entanto, mudam as re-

Em vez de prefácio

143

lações de produção. As decisões quanto à forma do todo continuam a ser privilégio do arquiteto. Mas, para assegurar o poder do capital sobre o trabalho, ele introduz um universo plástico desconhecido pelos trabalhadores, que realizam esse universo com a velha técnica, obrigada por isso a abandonar seu próprio horizonte plástico e adotar, contorcendo-se, o imposto pelo desenho. Questão (também) de luta simbólica. Cresce ainda mais a divisão do trabalho e sua degradação enquanto aumenta a quantidade e o detalhamento formal dos desenhos. Como toda técnica construtiva continua a ser determinação exclusiva do canteiro, torna-se uma arma de resistência poderosa contra a dominação do capital sobre a força de trabalho. Para David Harvey, esses *savoir* e *savoir-faire* constituem "monopólios" operários. Como os monopólios do capital, servem na luta de classes — em sentido inverso, evidentemente. Durante séculos, na legalidade ou na ilegalidade, os *métiers* "monopolizáveis" conduziram a resistência e a formação operária: a época dos *compagnons*. Adequados à ação direta, eles reforçam na segunda metade do século XIX as afinidades "naturais" dos canteiros com o anarquismo. O sindicalismo emergente na Terceira República, posterior à Comuna de Paris de 1871, dominado por gente de pequenas e médias manufaturas e artesãos diversos, logo se radicaliza e se transforma no agressivo, exigente e combativo sindicalismo revolucionário de tendência anarquista. Os trabalhadores da construção destacam-se no seu comando.[3] Ocupando-se o menos possível com questões habituais nas lutas sindicais (salários, jornada de trabalho, segurança etc.), esse sindicalismo dedica-se quase exclusivamente a preparar a greve geral de duração indeterminada que resultaria fatalmente, e dentro de pouco tempo, na revolução preta e vermelha, anarquista e comunista. Há convergência espontânea entre manufatura, anarquismo autogestionário e sindicalismo revolucionário. É compreensível que o pânico assalte as classes possuidoras. Durante quase toda a história dos canteiros de "nossas" construções, raramente houve períodos duráveis de tranquilidade para os patrões.

A Guerra de 1914 desarranja esse quadro. Com a cessação das batalhas e a derrota de alguns movimentos radicais, praticamente desaparece o sindicalismo revolucionário. A CGT (Confédération Générale du

---

[3] Ver Guillaume Davranche, *Trop jeunes pour mourir: ouvriers et révolutionnaires face à la guerre (1909-1914)*, Paris, L'Insomniaque & Libertalia, 2014, p. 9: "[...] a poderosa federação da construção [é a] coluna vertebral do sindicalismo e [o] viveiro do sindicalismo revolucionário".

Travail) agora sob a tutela da União Soviética e do Partido Comunista, muda completamente sua orientação política. Adota a postura procrastinadora de seus tutores: se a revolução não veio quando era esperada, foi porque seria prematura. As forças de produção não haviam atingido o grau de desenvolvimento necessário para que se tornasse inevitável a transformação correspondente das relações de produção. A tática sindical, portanto, deveria ser alterada. Em vez da preparação exclusiva e para logo da greve geral revolucionária, o sindicalismo deveria lutar para obter a satisfação das reclamações por melhores condições de trabalho (salários, segurança etc.) e promover uma política favorável ao progresso das forças produtivas, a condição para a revolução... algum dia no futuro. Os trabalhadores que esperassem. Tratava-se de uma variante do desenvolvimentismo.

A produção manufatureira, fornecedora desde o século XV de montanhas de mais-valia para a acumulação primitiva de capitais, compensa também desde o século XIX a tendência do sistema industrial a diminuir a taxa de lucros. Essa produção é caracterizada pela subordinação somente formal do trabalho, um gênero de subordinação essencialmente contraditória. Nesse caso, com a compra da força de trabalho, o capital impõe a divisão do trabalhador em duas partes incompossíveis: por um lado, deve ser o serviçal passivo diante das determinações formais do capital; por outro, deve ser o colaborador ativo, autogerido quanto às decisões de técnica construtiva, somente conhecida por ele. Esbarrão de contrários: a autogestão técnica a serviço da subordinação formal. Não há como rasgar harmoniosamente um mesmo homem entre atividade e passividade simultaneamente requeridas pela mesma operação. As duas partes são fragmentos incompletos do que foi um indivíduo. Mas esta obrigação impossível cabe aos operários: eles que se arranjassem como possível. A partir da instauração da manufatura, a feitura passa a ser designada por "trabalho", palavra derivada de *tripalium*, instrumento de tortura.

Todos esses elementos apontados pela análise marxista da qual nos apropriamos caracterizam nossos canteiros ainda hoje, mesmo a memória das lutas do sindicalismo revolucionário, trazidas pelos migrantes europeus que desembarcaram aqui depois da Primeira Grande Guerra. Leiam, por exemplo, o jornal *Avante*, publicação operária dessa época.

Em vez de prefácio

C.

A agitação intensa e vigorosa do sindicalismo revolucionário por volta de 1900 é parte essencial do processo de formação do movimento moderno nas artes plásticas e na arquitetura. "Assim que terminou o curto episódio do terrorismo anarquista no fim do século XIX [...] o anarquismo gozou de imensa popularidade no mundo das artes e das letras."[4] Sua luta e sua tática de ação direta remetem, repito, ao mundo da manufatura e do pequeno artesanato, e sua arma principal, o potencial revolucionário do monopólio operário do *savoir* e do *savoir-faire*. Essas características se assemelham às da pintura e da escultura — as quais, em paralelo com o movimento sindical, entram num momento de radical ebulição transformadora. Braque e Picasso, vestidos como trabalhadores, invertem entre 1912 e 1914 o *slogan* de John Ruskin e William Morris: no lugar de "arte é trabalho livre", propõem "trabalho livre é arte". A situação cria pânico nas classes dirigentes: "[...] a grande campanha pelas 8 horas e pela greve geral [...] viu a burguesia quase enlouquecer diante da multiplicação das greves, dos sindicatos crescendo como cogumelos e da CGT adquirindo estatura incontornável".[5]

O caso da arquitetura é mais travado e toma o sentido contrário. Não posso descrever aqui a reação do capital, múltipla, errante e tortuosa — e feia. A maioria dos arquitetos procura afoitamente na virada do século XIX para o XX uma resposta simples e praticável para o desafio crescente vindo dos canteiros de obras. Resumo, sem entrar em detalhes do confuso andamento, seu resultado. O núcleo mais combativo dos trabalhadores da construção reunia os carpinteiros e talhadores de pedra, "a aristocracia operária".[6] Seus *métiers*, os mais "monopolizáveis", eram as armas mais poderosas do mundo da construção: se eles entrassem em greve, todo o canteiro pararia sem esperança de encontrar *jaunes*, fura-greves. O remédio encontrado foi suprimir esses *métiers* graças à substituição de seus materiais, a madeira e a pedra, pelo ferro e o concreto armado. Os historiadores do modernismo salientam o papel transformador do uso desses materiais — mas destacam suas virtudes plásticas

---

[4] G. Davranche, *Trop jeunes pour mourir: ouvriers et révolutionnaires face à la guerre (1909-1914)*, op. cit., p. 5. Ver também Patricia D. Leighten, *Re-ordering the Universe: Picasso and Anarchism, 1897-1914*, Princeton, Princeton University Press, 1989.

[5] G. Davranche, *Trop jeunes pour mourir: ouvriers et révolutionnaires face à la guerre (1909-1914)*, op. cit., p. 234.

[6] *Idem, ibidem*, p. 30.

Sérgio Ferro

sem considerar sua interferência drástica nas condições de produção. A quase totalidade dos trabalhadores combativos dos *métiers* tradicionais foi afastada dos canteiros de obras. Alguns deles são os que migram para o Brasil, como disse anteriormente.

A subordinação real, dependente na indústria da introdução do maquinário, vem juntar-se à formal, inseparável da manufatura. Na construção, a impossível industrialização é substituída pela hegemonia crescente do desenho centralizado e a troca de materiais. Essa hegemonia se afirma ainda mais com a degradação crescente e generalizada dos *savoir* e *savoir-faire* dos *métiers*, que passam todos por um processo de aspiração pelo *bureau-technique* semelhante e inspirado no sofrido pelo ferro e pelo concreto armado. À centralização do desenho junta-se a do saber técnico: todo o *savoir*, adaptado à sua mudança de lado na luta de classes, migra para o *brain trust*, o *bunker* dos técnicos prescritores. Torna-se aliado da dominação. Esse correlato da industrialização na construção não conduz ao mesmo desastre econômico que seria causado pela verdadeira industrialização, mas conduz a gravíssimos desastres humanos.

Resumindo, até o século XIX quase todo *savoir* e *savoir-faire* construtivos estão nas mãos dos trabalhadores. Depois, boa parte deles é destruída no processo de substituir a industrialização perigosa pela troca de alguns *métiers* por outros não "monopolizáveis" pelos trabalhadores. Chega-se assim a um tipo diferente de manufatura com centralização praticamente total do *savoir* e da prescrição técnica detalhada. Tipo eminentemente contraditório, pois tem fundamentação ainda no *savoir-faire* operário, mas desprovido do *savoir* agora centralizado e sujeito a um tipo de subordinação (mal) copiada da subordinação real na indústria. Uma salada incoerente, conveniente para o capital mas de modo algum para a construção e os construtores.

D.

Esse trançado histórico, ultracondensado aqui, cruza uma antinomia cujos polos têm raízes em Marx. Pierre Dardot e Christian Laval resumem do seguinte modo a polêmica que ainda hoje agita os teóricos: "A necessidade histórica da autossuperação do capitalismo pode ser pensada a partir do modelo de uma 'necessidade natural'". Pouco depois, acrescentam o polo oposto:

Em vez de prefácio

Entretanto, a experiência mostrou que a revolução pode irromper mesmo lá onde as condições econômicas e sociais não estão reunidas [...]. É por isto que numerosos foram os que, como Trótski, tiveram que redigir contra os esquemas evolucionistas "anexos" à teoria de Marx que deveriam permitir preparar a revolução sem esperar o amadurecimento completo das condições para a instauração do socialismo e recolocar os combates políticos aparentemente "periféricos" no centro do afrontamento mundial da luta de classes.[7]

E.

A construção no meio do século passado encontrava-se no cruzamento dessas tendências. Dominada pela ideologia desenvolvimentista postergadora, parece engajada num processo "necessário" de progressão de suas forças produtivas — quando, na verdade, está bloqueada por restrições macroestruturais: deve permanecer "atrasada" para facilitar a acumulação do capital e servir de barreira contra a queda tendencial da taxa de lucro.[8] Mais ainda: como a subordinação do trabalho contém restos importantes de subordinação formal, sua tecnologia "atrasada" sofre pressão suplementar para desaparecer sob cobertura plástica inadequada a ela (como hoje fica demonstrado pelas "fantasias" de Frank Gehry e seus semelhantes, verdadeiros crimes contra o trabalho humano), com o que se desgasta ainda mais. A ideologia desenvolvimentista na

---

[7] Pierre Dardot e Christian Laval, *Marx: prénom Karl*, Paris, Gallimard, 2012, pp. 13-9. Ver também Kevin B. Anderson, *Marx aux antípodes: nations, ethnicité et sociétés non occidentales*, Paris, Syllèpse, 2015. Anderson mostra como o próprio Marx, em seus últimos estudos e notas pouco conhecidos, examina alternativas para a "necessidade natural", para a trilha obrigatória da evolução econômica ainda defendida no *Capital*. "Na sua correspondência com a exilada russa Vera Zasulitch e em outros lugares, Marx começa a sugerir (no fim de sua vida) que as aldeias comunitárias da Rússia agrária poderiam servir de ponto de partida para uma transformação socialista, transformação que poderia evitar o processo brutal da acumulação primitiva de capital" (p. 300). Ver também Jorge Nóvoa (org.), *Incontornável Marx*, Salvador/São Paulo, Edufba/Editora Unesp, 2007.

[8] Nos anos 1970, essas contradições foram analisadas com pertinência por André Gunder Frank, com quem nos reunimos algumas vezes no comitê editorial da revista *Teoria e Prática*.

construção, quando não se aplica em equipamentos para o capital constante fixo ou para a circulação de mercadorias, encobre seu oposto: a necessidade do "desenvolvimento do subdesenvolvimento" (título de uma obra de André Gunder Frank) para que o capital se mantenha.

F.

Agora podemos chegar a nós: Rodrigo, Flávio e eu. O quadro esboçado até aqui é a situação que encontramos.

O que fazer?

O que fizemos.

O desenvolvimentismo tornou-se ideologia oficial no governo de Juscelino Kubitschek. Seu programa continha duas sequências. Na primeira, a construção de Brasília acompanharia a industrialização para substituir importações. Na segunda, quinhentas aldeias rurais seriam criadas com a continuação da industrialização. A massa de mais-valia produzida pela construção de Brasília somada à produzida pela construção das quinhentas aldeias e sua exploração agrícola forneceria o grosso do capital necessário para a industrialização. A segunda parte do programa foi anulada pelo golpe militar. A ditadura, entretanto, prolongou em outros termos o projeto desenvolvimentista.

No campo da arquitetura, Oscar Niemeyer e Vilanova Artigas, as duas grandes referências de esquerda nos anos 1950, ambos do Partido Comunista, eram também desenvolvimentistas, como a maioria da população. Cada um a seu modo defendia a necessidade do desenvolvimento das forças de produção para que houvesse, depois, transformação das relações de produção.

Nós — Rodrigo, Flávio e eu —, como boa parte da juventude de esquerda, desde quase o começo de nossa formação (1957-1961) nos afastamos pouco a pouco dessa perspectiva — o que não era fácil, dado o clima de euforia, entre os arquitetos, provocado pelo espetáculo do nascimento de Brasília. Já adiantei acima algumas de nossas críticas e, portanto, em negativo, nossas propostas.

Vamos resumi-las. Não era possível citar um só exemplo de efetivação e êxito do modelo desenvolvimentista. Poderia haver avanço das forças de produção, mas nunca houve modificação correspondente das relações de produção nem distribuição relativamente homogênea da riqueza produzida. O que podíamos constatar era o contrário: as revoluções de maior repercussão — na União Soviética, na China, em Cuba etc. — não esperaram as condições previstas para eclodir, assim como as lutas de independência ou de descolonização, numerosas na época, a maioria com perspectivas socialistas. Por outro lado, o desenvolvimento intrínseco do sistema do capital tende a acentuar globalmente a desigualdade e a exploração do operariado e dos assalariados em geral. Fora da situação de Guerra Fria aguda, nenhum progresso econômico jamais favoreceu efetivamente os de baixo. O capital tem tendências suicidas, como demonstram suas "crises", mas elas independem do patamar da evolução das forças de produção. De qualquer maneira, como ninguém até hoje determinou o grau de incompatibilidade necessário para que o "salto qualitativo" das relações de produção responda à evolução das forças produtivas, o melhor é estarmos preparados.

Concretamente, isso significa o seguinte: como não sabemos a hora da aurora, temos que adotar a hipótese segundo a qual ela pode chegar a qualquer momento. Nosso dever, pensávamos e penso ainda, é estarmos prontos — e mais, é ajudarmos para que a aurora chegue logo. Ora, nessa hipótese, o que deveríamos preparar enquanto arquitetos formados com dinheiro público seria o atendimento imediato possível das necessidades sociais mais urgentes com os meios disponíveis no momento. Provavelmente, a situação material logo depois da revolução não será melhor do que a que a precede — provavelmente será pior, se a transição não for pacífica. Mas as necessidades podem aumentar com o acolhimento de novas necessidades emergentes a partir da transformação social. Encontraremos os mesmos materiais, a mesma técnica, a mesma manufatura, as mesmas ou maiores necessidades etc. Tudo isso desfigurado pelo uso de toda a técnica construtiva como instrumentos de exploração. Primeira tarefa: a crítica radical dessas condições de produção, separando, tanto quanto possível, a técnica de produção da técnica de exploração, emaranhadas uma com a outra pelo capital. Na direção contrária, unir de novo o que foi separado para reforçar a exploração, ou seja, rejuntar o saber técnico e o desenho com o canteiro, por exemplo. E, sobretudo — condição indispensável para o sucesso de qualquer revolução — iniciar desde já os primeiros passos para transformar radicalmente todas as relações de produção no sentido da liberdade, da fraternidade e da igualdade — e ancorar essas abstrações no miolo de qualquer prática, plantando-as efetivamente. A pesquisa orientada nessas direções deveria ser simultaneamente teórica na universidade e prática nos canteiros que aceitassem experiências de maior ou menor ambição. Minhas preferidas neste último caso foram as residências Bernardo Issler (experiência de rigorosa aplicação do modelo ideal de manufatura serial) e, no mesmo momento, mais ou menos, a Boris Fausto (aplicação do modelo ideal de manufatura heterogênea) — dentro, evidentemente, das enormes limitações usuais para esse tipo de tentativa. Elas saíram diretamente do XIV capítulo, IV seção, do livro I (Divisão do trabalho e manufatura), sob a perspectiva dos capítulos IX e X, I seção, do livro III (Lei da queda tendencial da taxa de lucro), todos de *O capital*, de Karl Marx, para aterrissar como possível em Cotia e no Butantã, em São Paulo. Quanto às pesquisas teóricas, elas sustentavam todas as nossas atividades pedagógicas, sobretudo no efêmero ensaio da Faculdade de Arquitetura de Santos. Foi tudo isso que levou nossos contraditores a nos chamar "arquitetos de tijolo e areia", pois, em vez de esperarmos por tecnologias messiânicas, preferimos trabalhar com o que já tínhamos. O livro de Miguel Antonio Buzzar é exaustivo e claro a esse respeito.

G.

No mesmo impulso, pensávamos ser necessário também romper com as divisões mais ou menos arbitrárias entre as artes plásticas, que retalharam sua continuidade anterior à sua submissão ao capital. Nós desrespeitávamos as fronteiras entre elas, com maior ou menor amplitude. Teatro, cinema, gravura, *design*, arquitetura, pintura etc. se cruzavam em nossa prática como nos tempos do começo do modernismo, mas sempre respeitando rigorosamente a especificidade produtiva de cada uma dessas atividades — nossa mania de marxistas atentos às condições concretas de produção. Não se passa do *métier* de pintor ao de arquiteto desconhecendo a relativa autonomia do artista plástico comparada à dependência intrínseca do arquiteto com relação aos interesses do capital. Entretanto, essa diáspora ocultada no classicismo, inexistente antes do período gótico, deveria ser superada com a alteração total das relações específicas de produção. Marx, exagerando, prevê que "depois" poderemos ser esportistas de manhã, assistentes médicos à tarde e críticos à noite. Sob esse ângulo, propúnhamos retornar a práticas do momento românico anterior ao século XII. Mas esses retornos, como em John Ruskin e William Morris, meus heróis, são na verdade restaurações do que somente adquire consistência no futuro anterior. Se, por esse tempo, percebemos o início do que tem ar de ruptura de "alguma coisa" anterior integrada, uma e simples, podemos atribuir alguma forma de existência anterior a essa "alguma coisa". Se houver qualquer coisa cindida, terá havido unidade; é o que defende, por exemplo (simplificando), o filósofo Franck Fischbach, apoiado numa posição de Marx: o que temos que justificar é a divisão posterior e não o um anterior.[9] A restauração da inteireza (unidade por-si) é volta a si (para-si) do que, por um momento, foi para-o-outro. Portanto, nada tem a ver com atitude reacionária, bem pelo contrário.

H.

Como se fôssemos militantes ocupados com a *agitprop*, multiplicamos nossas atividades pedagógicas, nossas intervenções em várias instâncias universitárias, em colóquios, debates, conferências, seminários, júris, jornais, livros etc. Ensinamos, pregamos, divulgamos, debatemos... Em cada uma de nossas atividades, arranjávamos um modo de atuar em seu miolo, em que a intervenção tem mais possibilidade de pegar. Mas sem descuidar das periferias, dos cursinhos, das assembleias.

I.

Arrematando o que pode parecer distúrbio de hiperativos, imprimindo no nível do fundamento de todas essas atividades a mesma exigência de máxima coerência e rigor, participamos da luta armada com a intensidade compatível com nossa situação — armada primeiro pela violência dos golpistas e somente depois por nós: desse modo assegurávamos o embasamento radical de nossas proposições. Poucos professores universitários fizeram o mesmo.[10]

---

[9] Ver Franck Fischbach, *L'Être et l'acte: enquête sur les fondements de l'ontologie moderne de l'agir*, Paris, Vrin, 2002; *La Production des hommes: Marx avec Spinoza*, Paris, PUF, 2005; *Sans objet: capitalisme, subjectivité, aliénation*, Paris, Vrin, 2012.

[10] Ver Marcelo Ridenti, *Em busca do povo brasileiro: artistas da revolução, do CPC à era da TV*, Rio de Janeiro, Record, 2000. Para outras formulações complementares sobre essas questões, ver "Reflexões para uma política na arquitetura" (anteprojeto escrito em 1972 para estruturar um novo programa para a École d'Architecture de Grenoble,

J.

As coisas como descritas até este momento parecem abstratas. As contradições têm ar de "antinomias do entendimento" e as disparidades entre setores de produção, ar de preciosismo acadêmico. Mas elas estão entranhadas na mais profunda e dolorosa efetividade.

Brunelleschi já estava envolvido na construção da cúpula de Santa Maria del Fiori em Florença desde 1404: participou de uma comissão encarregada de seguir os trabalhos decorrentes do projeto de Arnolfo di Cambio. O concurso para o projeto da cúpula ocorreu em 1418: faz 600 anos em 2018. Ela é considerada o marco inicial da constituição de nosso ofício de arquitetos e a primeira obra da nova era da arquitetura. É considerada também como uma das primeiras obras de importância a ser construída sob o regime da manufatura. Como se fosse ironia da história, essa igreja foi concebida como monumento comemorativo da derrota dos *ciompi* e dos "unhas azuis".[11] Essa revolta do *popolo minuto* visava principalmente os violentos manufatureiros da Arte dela Lana, sombrios fabricantes de tecidos em Florença. Os "unhas azuis" compunham uma das equipes da fabricação de tecidos: passavam o longo dia de trabalho mergulhados num líquido azul infecto, em condições inimagináveis de trabalho. Revoltaram-se pedindo melhorias, perderam, voltaram ao mergulho. Ora, é essa mesma Arte dela Lana que financia a construção da cúpula para festejar a derrota dos "unhas azuis", que emprega Brunelleschi e transmite o *know-how* manufatureiro ao canteiro de obras. Santa Maria del Fiori é, portanto, um símbolo anagógico. De baixo para cima significa: festejo pela derrota de trabalhadores e confirmação de sua situação de subordinados; festejo pela vitória dos manufatureiros; festejo pela manutenção da divisão e da hierarquia de classes; confirmação do

---

totalmente desarticulada pelo movimento estudantil de maio de 1968); ver ainda "Sobre *O canteiro e o desenho*" (balanço acadêmico de encerramento de minhas funções na École d'Architecture de Grenoble, escrito entre 2001 e 2003), e também "O desenho hoje e seu contradesenho" (escrito em 2005), todos em Sérgio Ferro, *Arquitetura e trabalho livre*, São Paulo, Cosac Naify, 2006. ["Sobre *O canteiro e o desenho*", encontra-se hoje desmembrado na nova edição de *Arquitetura e trabalho livre*. Uma parte agora está no volume I (São Paulo, Editora 34, 2024, pp. 165-248), enquanto as seções "A função modeladora do desenho no Renascimento", "O palimpsesto do Palácio Thiene" e "Um desenho para a Porta Pia" farão parte do volume III, em preparo. (N. do O.)]

[11] Ver Michel Mollat e Philippe Wolff, *Ongles bleus Jacques et Ciompi: les révolutions populaires en Europe aux XlVe et XVe siècles*, Paris, Calmann-Lévy, 1970.

papel odioso da Igreja; festejo pela vitória simbólica da religião, escolhida como suporte do sistema político restaurado; festejo do Céu, que encobre toda essa vergonha. E festa dos arquitetos, que entraram inteiramente na dança macabra.

De lá para cá, são seiscentos anos de repetição do mesmo. Algumas repetições literais, como a construção da igreja do Sacré Coeur de Paris, em comemoração da derrota sangrenta da Comuna de 1871, a passagem mais vergonhosa da história da França. Ou hoje, a farra dos arquitetos-estrelas propondo graciosas fantasias plásticas para serem realizadas por uma das concentrações mais nojentas, humilhantes e violentas de trabalhadores migrantes sem quaisquer direitos, lá nas areias inférteis dos Emirados Árabes. Ou ontem quando, nos canteiros que erguiam o pássaro Brasília, destinado a embarcar nosso sonho de integração fraternal, esmagávamos sem remorsos nossos operários da construção... Marx avisou que a situação nos setores ditos atrasados, pré-industriais da economia do capital, seria ainda pior que a dos setores avançados — se sobrevivessem sob a dominação do capital. É o caso da manufatura: a cavalo entre a subordinação formal ultrapassada e um arremedo de subordinação real, reúne o pior das duas. Mas por isso mesmo, do exclusivo ponto de vista das relações de produção, é a forma de produção mais apta a ser recuperada, desembaraçada dos enxertos deformantes da técnica de dominação, por uma sociedade enfim liberada do capital. Os vestígios que carrega de participação integral e coletiva, apesar de toda sua corrosão para servir à exploração dos trabalhadores, podem ser reativados num outro projeto de sociedade.

K.

Arremate.

Abril ou maio de 1971 no Presídio Tiradentes. Como ocorria de tempo em tempo, os policiais entraram na cela berrando, desarrumando e quebrando o que estivesse à mão. Nem mais fingiam procurar alguma coisa. O objetivo era amedrontar, desestabilizar e humilhar. Ostentar a arbitrariedade de seu poder. Terminado o espetáculo, partiram para a cela vizinha repetir a mesma vergonha. Ainda ao som da gritaria ao lado, Rodrigo, mudo, começou a catar lascas dos caixotezinhos de madeira que faziam as vezes de nossas mesas de cabeceira nos "mocós", fios e farrapos saídos dos "colchões" e outros vestígios da invasão. Lentamente, como quem se contém, amarrou lascas e farrapos, trançou fios e papéis rasgados: compôs um enorme móbile ao molde de Calder. A cela em silêncio assistiu à aparição amarrada no teto: a dança calma de formas pacíficas num canto mudo de reconstrução. O móbile nos parecia branco, luminoso, festivo, apesar de certamente sujo e desajeitado. Mas, a essa altura, já víamos mal o que víamos, a vista embaçada. Obra de arte perfeita, concubinato entre *happening, performance, arte povera,* intervenção *in situ* e sei lá mais o quê. E obra efêmera: assim que os policiais souberam da coisa, voltaram e repetiram o espetáculo. A cada fim de tarde, todas as celas cantavam em coro nosso hino, o "Apesar de você", do autor de *Construção*, o ex-aluno de arquitetura Chico Buarque. Nossa cela desafinou mais que de hábito: cantou alto demais, festejando nossa minúscula vitória ética na briga que um dia ainda talvez ganhemos. Uma briga vinda de longe, do poço dos "unhas azuis", passando por Münzer, pelos *communards*, por Marx, por William Morris, por Braque e Picasso entre 1912 e 1914, por Rosa Luxemburgo, pelo Che, por Marighella e Toledo, por Lamarca e Yara, por Fleurizinho, Benetazzo e tantos outros, pelos índios de Chiapas, pelos Sem Terra, pelos Sem Teto, pelos meninos da Usina, pelo Alípio — e pelo Rodrigo e pelo Flávio. Continuará depois de nós. É nela que inscrevemos o que fizemos.

Um abraço para você, Miguel.

Junho de 2017

Sobre as escolas[1]

O que vou contar aconteceu há quase sessenta anos, lembro-me de fragmentos, e já peço desculpas de antemão. Entre 1966 e 1967, Flávio Império, Rodrigo Lefèvre e eu recebemos a demanda de projetar oito escolas para a Secretaria Estadual de Educação de São Paulo, uma encomenda feita pela arquiteta Mayumi Watanabe de Souza Lima. Essas escolas talvez tenham sido nossa maior realização, a mais radical, em vários sentidos, a despeito da ditadura que cortava horizontes e nos cercava progressivamente.

Retomo primeiro alguns lampejos de memória sobre nossa companheira nessa história, a querida Mayumi. Ela e Sérgio de Souza Lima estudaram na FAU-USP conosco — Mayumi na turma de Flávio, eu e Rodrigo na turma de Sérgio. Estávamos sempre juntos, todos nós, naquela parte dos fundos da escola, ainda na rua Maranhão. Era um barracão montado naquele pátio dos fundos, uma enorme tripa, com divisões meio aleatórias e frágeis. Ali acontecia uma mistura constante dos estudantes, sem segregação nítida por ano de ingresso. Os próprios alunos do primeiro ano vinham na sala do quinto, os do quinto iam para a do segundo. Todas as relações eram mais informais e ao mesmo tempo estimulavam uma criatividade grande. Os professores também circulavam, não ficavam presos na sua sala, percorriam a escola toda, com entusiasmo e presença política. Era uma escola se formando, nitidamente se constituindo. Havia um clima arejado que o Vilanova Artigas tentou refazer no prédio definitivo da FAU na Cidade Universitária. Esse mesmo clima eu encontrei depois em Santos, em Brasília e na França. Nós vivíamos criando escolas novas de arquitetura.

Na FAU da rua Maranhão, como em toda escola, formavam-se grupos por afinidades. Tínhamos o nosso, que andava sempre junto, com-

---

[1] Texto inédito redigido em 2024. (N. do O.)

posto não por acaso pelos mesmos quatro arquitetos que foram presos pela ditadura em 1970: o Sérgio de Souza Lima, o Júlio Barone, o Rodrigo e eu, além do Carlos Heck, que não era da nossa turma, mas também foi preso. Outros faziam parte informal do grupo, como o Geraldo Serra, a Vera Catunda, o Waldemar Hermann, o Luiz Kupfer. A Mayumi se aproximou porque namorava o Sérgio de Souza Lima e passou a estar constantemente conosco. Já o Flávio, que era mais velho, trancou o curso porque tinha inúmeras solicitações de produção de cenários, e retomou no ano seguinte, vindo para a nossa turma.

Além da escola, nos reuníamos nos escritórios — todo mundo já tinha seus escritórios, mesmo que em porões ou edículas. Eu já projetava desde o primeiro ano. Em 1961 projetei minhas primeiras casas experimentais, para Boris Fausto e Bernardo Issler. Sérgio e Mayumi projetaram três escolas entre 1960 e 1963, em São Paulo e Cabreúva. Logo depois de formados, os dois foram para a recém-criada Universidade de Brasília (UnB), para ajudar na montagem do curso de arquitetura. Liderada por Darcy Ribeiro e Anísio Teixeira, a UnB foi concebida para pensar os grandes problemas nacionais, do desenvolvimento e do povo brasileiro. Tinha um projeto institucional e pedagógico ousado e atraiu grandes intelectuais, cientistas e artistas para estabelecer as bases dos seus primeiros cursos. Logo chegando, Mayumi iniciou o mestrado e começou a dar aulas no departamento de arquitetura, que tinha como professores Lucio Costa, Niemeyer, Edgar Graeff e João Filgueiras Lima, o Lelé. Seu mestrado pioneiro em habitação social era orientado pelo Lelé, com quem também colaborava em disciplinas. Além da universidade, Mayumi se envolveu com o Ceplan, que era um laboratório experimental para iniciativas de pré-fabricação, que o Lelé levaria adiante de forma inigualável. O Ceplan era responsável pela produção de componentes pré-fabricados para diversas das obras em Brasília, incluindo a da própria universidade (o chamado "minhocão"), e iria inspirar o CTRS em Salvador e o CEDEC em São Paulo.[2] Mayumi também esteve no Congresso Internacional de Arquitetos (UIA) em Havana, em 1963, com a Revolução Cuba-

---

2 Sobre o Centro de Desenvolvimento de Equipamentos Urbanos e Comunitários (CEDEC), experiência coordenada por Mayumi Watanabe de Souza Lima durante a gestão municipal de Luiza Erundina (1989-1992) em São Paulo, ver toda a parte 3 de Mayumi Watanabe de Souza Lima, *Arquitetura e educação*, São Paulo, Studio Nobel, 1995, pp. 113-73. (N. do O.)

na lidando com a superação dos problemas mais básicos da população, incluindo a construção de moradias, escolas e edifícios de saúde.

Com o golpe de 1964, a UnB passou a ser visada. Militares depõem o reitor Anísio Teixeira, ocupam a universidade, controlam docentes e estudantes, e iniciam demissões sumárias. No final de 1965, dos então 305 professores, 223 renunciaram aos seus cargos, em solidariedade aos colegas exonerados. Nessa conjuntura, Mayumi e Sérgio retornam a São Paulo. Ela começa a trabalhar na Secretaria de Educação, na diretoria de planejamento do Fundo Estadual de Construções Escolares (FECE). Uma escolha que será um compromisso de vida inteira: com a política pública, com a educação (e com a arquitetura escolar), e sobretudo com os jovens, preparados para refundar nosso país depois daqueles anos de chumbo. Por isso, além de arquiteta, torna-se uma pensadora da educação crítica, criativa, emancipadora, e dos espaços adequados para que ela se realize.

Logo que assume uma posição de direção no FECE, Mayumi nos procura com a proposta de realizarmos oito escolas no interior de São Paulo — seis em Piracicaba, uma em Brotas e outra em São José do Rio Preto. Assumindo o cargo e avaliando a produção das escolas de concreto armado pelos nossos arquitetos paulistas, Mayumi irá propor outros caminhos. Sempre discreta e refinada, ela jamais criticava esses projetos brutalistas, tampouco fazia comentários descorteses sobre outros projetistas. No entanto, desde o início de nossa colaboração, sua postura delicada nos induzia a reafirmar nossa linha de trabalho, que já experimentávamos nas casas em abóbadas. Lembro-me de seu pedido explícito, feito com satisfação mútua: que continuássemos usando materiais simples e baratos, e expondo todas as etapas produtivas e os diferentes *métiers* construtivos, como sempre fizemos. Ela usou como exemplo a eletricidade, observando que crianças acham misterioso apertar um botão e ver uma lâmpada acender à distância. Deixando os conduítes aparentes, o mistério diminui e abre espaço para explicações.

Esse princípio de clareza e autoexplicação deveria guiar todas as etapas da construção. Mayumi valorizava salas de aula simples, sem elementos impositivos, como rampas ou tablados para professores. O espaço deveria permitir reorganizações livres pelos alunos, adaptando-se às atividades. Essa polivalência, no entanto, nem sempre era fácil de implementar. Um exemplo foi a ideia de permitir que as crianças desenhassem nas paredes, incompatível com o uso de quadros-negros. A solução encontrada foi pintar anualmente as paredes de cal branco, como nas casas

Sobre as escolas

mediterrâneas. Já a criação de espaços de transição para facilitar o deslocamento das crianças entre ambientes permaneceu um desafio devido ao impacto no custo e na área construída. Em um país gigantesco como o Brasil, com tantas crianças sem escolas, maximizar os recursos disponíveis era essencial. Nosso maior orgulho — talvez um dos motivos de nossas oito encomendas — foi "construir duas escolas com o orçamento de uma".

Mayumi recomendava criar ambientes que incentivassem a transformação, permitindo marcas de mudanças e intervenções. Flávio Império e Anatol Rosenfeld, com suas paixões pelo teatro épico brechtiano, contribuíram muito para essas empreitadas. No entanto, Mayumi enfrentou resistência institucional. Em seu livro *Arquitetura e educação* (São Paulo, Nobel, 1995), Mayumi relata a frustração ao ver, anos depois, que muitas de suas iniciativas para emancipar as crianças foram desfeitas. Em casos extremos, professores proibiram desenhos nas paredes e falsificaram desenhos, fingindo serem das crianças. Arquitetos igualmente são mestres em tais trapaças.

Conversávamos também sobre educação. Recorríamos a Ivan Illich, Paulo Freire e Lev Vigotski. Líamos também Gramsci, mas confesso que não simpatizo com sua aprovação do trabalho forçado, por exemplo, um traço de seu leninismo abafante. Aprendi muito com Vigotski. Suas propostas de organização horizontal e coletiva, as zonas de desenvolvimento proximal, a prática direta como elemento de aprendizado em grupo, reforçando a autonomia dos indivíduos e do coletivo, como livres-pensadores-produtores. Minha história a contrapelo do trabalhador da construção, *grosso modo*, percorre ao inverso sua história do desenvolvimento das faculdades psíquicas superiores.

Mayumi nos visitava com frequência, assim como nós a ela e a Sérgio de Souza Lima, sempre em encontros informais e longe de repartições oficiais, quando possível. Inspirados por "O autor como produtor", ensaio de Walter Benjamin, acreditávamos que uma escola deveria ensinar a fazer outras escolas — sem extravagâncias, apenas protótipos simples e evolutivos. Nossa arquitetura escolar deveria acatar intervenções de alunos e professores, permanecendo renovável e jamais definitiva. Ainda assim, há um conflito interno: enquanto promovemos essas ideias, uma parte do inconsciente protesta contra mudanças em "nossa" obra. Na casa Bernardo Issler, em Cotia, reformas foram realizadas com sucesso, graças à flexibilidade das abóbadas. Mas ainda sinto saudade do "meu" plano original. Nosso estilo austero às vezes parece o de um convento, o que me incomoda. Talvez por isso, na casa Bresser Pereira, tenhamos proposto gárgulas com rostos de Marx e Freud, para romper esse ar sisudo. A arquitetura, afinal, precisa acolher o movimento e as marcas da vida.

Nossos projetos contrastavam, em termos técnicos, teóricos e políticos, com o que vinha sendo produzido após o "chamado aos arquitetos paulistas" para projetarem escolas no governo Carvalho Pinto (1959-1963). O modelo de referência foi estabelecido por Artigas e seguido pela maioria dos arquitetos da época. No início dos anos 1960, destacaram-se as escolas projetadas por Artigas e Cascaldi, em Itanhaém, Guarulhos e Utinga, e por Paulo Mendes da Rocha, em São José dos Campos e Campinas. Obras com grandes estruturas de concreto armado, concebidas com a ideia de pré-fabricação pesada, semelhantes a obras de infraestrutura, como pontes e viadutos. Articulavam amplos espaços sob coberturas de luz zenital, com cortinas de concreto sustentadas por pontos de apoio "cantantes", recurso que Artigas expandiu no edifício da FAU na Cidade Universitária. Esses projetos buscavam acolher o "novo estudante", protagonista na transformação e na modernização do país. Mas são escolas monumentais, mantêm um peso institucional, das estruturas de concreto e de Estado. Não por acaso, o peso e a monumentalidade das estruturas revelavam a linha política do Partido Comunista Brasileiro (PCB): o desenvolvimento das forças produtivas, a modernização acelerada, a demanda por grandes obras públicas e a centralização do poder estatal.

Em oposição, nossos projetos adotavam uma abordagem radicalmente distinta. Nessa época já havíamos começado a criticar o concreto armado, o mito modernista e da modernização. Perto de São Paulo, numa cidade onde havia uma usina de cimento, tudo era cinza e quase toda a população tinha problemas pulmonares. O concreto era a causa da doença número 1 no mundo do trabalho: silicoses e dermatoses gravíssimas. Por isso, nós começamos a diminuir o máximo possível o uso do cimento e do concreto, ainda sem eliminá-los totalmente. Apostávamos na pré-fabricação leve, realizada no próprio canteiro, e no uso de cerâmica. Utilizávamos tijolos furados, armados em curvatura, montados no solo e depois içados sobre cimbramento, sendo solidificados por uma camada fina de argamassa e impermeabilização na cobertura. Assim, as cascas em abóbada nasciam do chão e depois eram apoiadas entre si, em pórticos esbeltos ao longo do edifício, até descansarem novamente no solo, transferindo os esforços da estrutura de volta à terra. Essa técnica permitia construções de baixo custo, realizadas por pequenas construtoras locais ou cooperativas, sem a necessidade de grandes empreiteiras, guindastes ou usinagem pesada. Eram projetos feitos essencialmente em blocos cerâmicos, com mínimo uso de aço e concreto, e mobilizavam os saberes dos trabalhadores da construção do interior paulista, muito afeitos à tradição do tijolo.

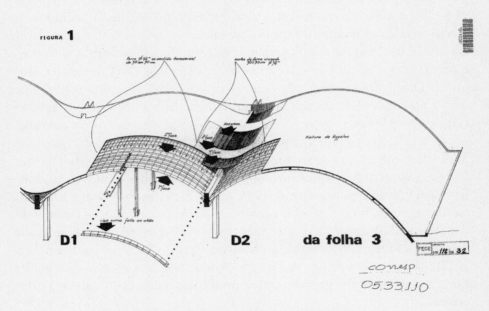

Perspectiva de processo construtivo das abóbadas
das escolas da Arquitetura Nova, 1966.

Essa contraposição à arquitetura paulista do concreto armado — que denominei uma vez de "brutalismo caboclo" — foi tema do meu ensaio "Arquitetura Nova", de 1967.[3] Nele, critiquei a racionalidade ilusória dessa arquitetura, pressionada a camuflar seu esvaziamento diante do golpe militar e das expectativas frustradas de modernização liderada pela burguesia nacional. Rejeitávamos essa fé cega no desenho e no progresso. Meu alvo era a arquitetura desligada da crítica da produção nos canteiros de obras. Seja por esnobismo ou complexo de superioridade, de que o mito do desígnio/desenho encobre veleidades de sublimação, ou ainda por ignorância ou desprezo pelo trabalho material, tornou-se acei-

---

[3] Nesta coletânea, pp. 55-68.

tável e respeitável projetar "nas nuvens". Postura velha, datada de Alberti (1404-1472), posta oportunisticamente como superação do engajamento social que o golpe militar tornou anacrônico ou perigoso. O que permitiu voltar ao elitismo encrustado no *métier* da arquitetura desde que se separou do canteiro de obras lá no comecinho do período gótico.

Essa crítica também permeou nossos embates no Fórum de reforma curricular de 1968 na FAU, período em que já havíamos rompido com o PCB e ingressado na Aliança Libertadora Nacional (ALN), ao lado de Carlos Marighella. O Partido Comunista que Rodrigo Lefèvre e eu frequentávamos até então era bastante burocratizado. O "centralismo democrático" foi um recurso retórico para encobrir um centralismo nada democrático e eivado de chavões. O marxismo foi pouco a pouco edulcorado pelas "sínteses" e resumos da Segunda Internacional e pelos interesses soviéticos. Poucos, mesmo os do Comitê Central do Partidão, liam Marx na fonte. Flávio Império não teve melhor sorte no meio trotskista. Nós três rapidamente nos livramos desse mundo bolorento, graças ao contato direto com trabalhadores da construção nos locais de trabalho, e não em reuniões partidárias. A leitura direta de Marx foi o que mais nos ajudou. Fizemos parte de um retorno mundial e renovado a Marx nos anos 1960.

Nessa época, estudávamos *O capital* a sério. Eu estava escrevendo meus primeiros textos críticos com base nos capítulos — cuja leitura sempre recomendava aos estudantes de arquitetura — sobre a cooperação simples, a manufatura, a grande indústria, no primeiro volume; e sobre a queda tendencial da taxa de lucro, no terceiro. O que propúnhamos em arquitetura era atravessado pela discussão teórica, estávamos pensando nos operários, no canteiro, nas relações entre técnica, trabalho e capital. O Artigas, por exemplo, apesar de ser do Comitê Central do Partidão, nunca havia lido mais que algumas partes de *O capital*. Disse-me que achou "muito chato". Para nós, era como uma Bíblia, o que apenas corrigi com o tempo.

Flávio Império, Rodrigo Lefèvre e eu tivemos realmente consciência de que havíamos elaborado uma teoria consistente durante esse Fórum de ensino na FAU, em 1968. O catalisador foi ter que enfrentar o papa da hora, o Artigas, no seu próprio campo: o do desenho, a "arquitetura separada" que pregava. Acho que ele mesmo percebeu a força da nossa posição pois, apesar de ter saído vencedor nos debates do Fórum, como era de se esperar, me ofereceu generosamente a responsabilidade por um curso no qual eu poderia expor nossa teoria. O outro catalisador foram

Sobre as escolas

as nossas escolas, em que pela primeira vez, depois das primeiras ousadias nas casas para conhecidos, pudemos ser mais radicais.

Assim, nosso debate com o Artigas não era apenas retórico ou formal, pressupunha o entendimento de uma mudança profunda, social, histórica e mundial, onde entrava inclusive a renovação do marxismo. Fredric Jameson escreveu um livrão muito chato para ignorantes em *science fiction* como eu, *Arqueologias do futuro*, em que notava como era difícil, naquela época, imaginar o "[...] reavivamento extraordinário [...] o redescobrimento do marxismo e dos grandes textos da tradição dialética nos anos 1960: um entusiasmo que identifica um momento do passado esquecido ou reprimido como novo e subversivo e descobre a gramática dialética de um Hegel ou de um Adorno, de um Marx ou de um Lukács, como uma língua estrangeira com recursos indisponíveis na nossa própria".[4]

Quando as escolas começaram a ser construídas, já estávamos às vésperas do Ato Institucional nº 5. Eu e Rodrigo integrávamos a ALN de Marighella, o Sérgio de Souza Lima também. Não tínhamos tempo de visitar as obras como gostaríamos — foi o período mais intenso da guerrilha. Nesses anos, não projetei nada além dessas escolas, já a caminho de meu "suicídio" profissional. A luta armada tomava quase todo meu tempo. As escolas foram sendo construídas por empreiteiros escolhidos pelos processos de obras públicas. Meu sonho, nunca realizado, era formar cooperativas com trabalhadores para construí-las. Toda a lógica construtiva que a Arquitetura Nova elaborou pressupunha tais cooperativas, a livre associação dos produtores auto-organizados.

A distância do canteiro de obras, imposta pelas circunstâncias daquele momento, trouxe desafios significativos. Um exemplo ocorreu na construção de uma das escolas de Piracicaba, a Sud Mennucci. O empreiteiro retirou o cimbramento de uma abóbada antes que a sequência das abóbadas voltasse a descarregar as tensões laterais na terra. Tudo desabou como num castelo de cartas. Assumo a responsabilidade. A construção em abóbadas não era comum e eu deveria ter prevenido o empreiteiro a respeito desse problema. Foi, penso, a razão do abandono desse tipo de cobertura em outras escolas. Felizmente, não houve feridos. Apenas a

---

[4] Fredric Jameson, *Archéologies du Futur: le désir nommé Utopie et autres sciences-fictions*, Paris/Amsterdã, Les Prairies Ordinaires, 2021, p. 53 [ed. bras.: *Arqueologias do futuro: o desejo chamado Utopia e outras ficções científicas*, trad. Carlos Pissardo, Belo Horizonte, Autêntica, 2021].

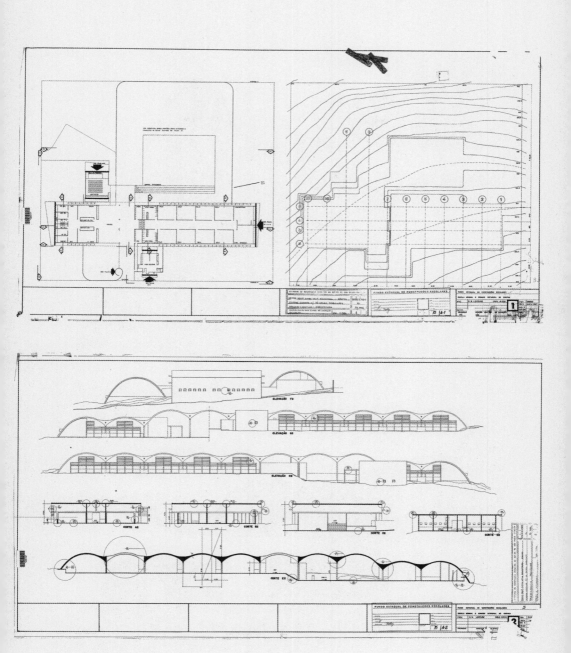

Planta e cortes da Escola de Brotas, 1967
(Projeto Executivo, Acervo FDE).

A Escola de Brotas em construção, 1970
(fotos de Rodrigo Lefèvre).

unidade de Brotas manteve a proposta original com as abóbadas e é, por isso, a que vale ser conhecida. Em São José do Rio Preto, optamos por não utilizá-las, para demonstrar que o princípio que propúnhamos poderia ser alcançado por outras técnicas, obtendo resultados e efeitos semelhantes, desde que seguindo a premissa da simplicidade, da pré-fabricação leve, da limitação orçamentária, da autoevidência da construção.

Talvez tenhamos exagerado no recurso às abóbadas. Mas era tão didático! Ela nos permitiu apropriarmo-nos da grande invenção do Artigas ou do Niemeyer da Pampulha: a vasta cobertura que permite o plano realmente livre. Nossa colaboração foi evitar estruturas pesadas de concreto e usar o tijolo comum. Somente a cúpula ganha da abóbada em simplicidade, mas em vários casos requer pendentivos para apoiar-se em construções quadradas, o que complica tudo. É o caso nas obras do CRAterre, grupo de pesquisa em arquitetura de terra da Faculdade de Arquitetura de Grenoble. Mas a cúpula tem outra vantagem: pode dispensar fôrmas, como no caso de Brunelleschi e em todo o Magrebe, usando uma guia central giratória que determina a inclinação dos tijolos em cada camada.

A escola de Brotas foi inaugurada em 1970, com direito a bandinha, discurso do prefeito, unção por um padre, além de políticos, militares e homens engravatados, beneficiários e operadores do regime. Rodrigo Lefèvre tirou uma série de fotos da escola poucos meses antes desta inauguração. Este o único registro que tínhamos da sua construção. Naquele mesmo ano, seríamos presos e torturados.

Pouco antes de sermos levados para a cadeia, ainda estivemos juntos com Mayumi e Sérgio de Souza Lima por um ano na criação da Faculdade de Arquitetura e Urbanismo de Santos (FAUS). Lá, levávamos os estudantes para enfrentar o mundo real. Em Santos, nos pareceu que a questão mais urgente era ajudar a favela próxima da escola. Um caso particular, mas de alcance enorme. O "programa" portanto era tentar como fosse possível, com favelados e alunos, melhorar a situação da comunidade vizinha. Quando fosse necessário, seriam organizados pacotes (eu dizia "gavetas") de generalidades acadêmicas — mas sempre em função de problemas concretos e urgentes. Lembro em particular de Sérgio de Souza Lima, professor de estruturas, tentando resolver, com a ajuda de maquetes sumárias, os problemas estruturais mais frequentes encontrados no local. Os alunos e professores deveriam trabalhar com os favelados em regime de autoconstrução, mas tendendo a constituir cooperativas permanentes.

168   Sérgio Ferro

O plano era simples: inverter quase todo o fundamento habitual do ensino universitário. Este último segue um esquema imutável: primeiro, generalidades, as grandes linhas dos campos de cada disciplina; depois, afunilar na direção de especialidades. Nossa proposta, pelo menos no meu caso, seguia o que fez a Comuna de Paris segundo a descrição de Marx em *A guerra civil na França*. Não havia programa preestabelecido e pronto para ser aplicado pelos "comunários": o "programa" era ir resolvendo as questões mais urgentes como fosse possível e com a participação, em todos os momentos, dos interessados.

Nossa iniciativa em Santos durou apenas um ano. Fomos presos eu, Rodrigo, Sérgio de Souza Lima, Júlio Barone... Mayumi também foi presa conosco na OBAN. Sei bem que foi a única de nosso grupo a ser torturada ao mesmo tempo e no mesmo lugar que eu. Me recordo de nós dois descendo uma escada e apanhando para cantarmos o hino nacional. Depois, não a vi mais e também não vi quando saiu da prisão. Quando souberam que éramos da burguesia, nossas mulheres não foram mais importunadas. A Ediane nunca foi presa ou torturada.

Complemento à entrevista "Sobre as escolas"

Pedro Arantes me encarregou de concluir esta "entrevista" — na verdade, agora um texto elaborado a quatro mãos. Ele é o curador da parte de arquitetura de uma exposição sobre meu trabalho que será aberta, espero, em março de 2025, no Museu de Arte Contemporânea da Universidade de São Paulo. E se interessou por nossas escolas. Em suas perguntas para este texto, surgiram dele a maioria das boas ideias sobre as escolas, aqui agora incorporadas.

Na preparação da exposição, Pedro notou que uma parte do trabalho da Arquitetura Nova havia permanecido na sombra: as oito escolas que Mayumi nos encomendou e sobre as quais falamos acima. Creio que pela primeira vez elas são objeto de estudo detalhado. Pedro considera que estas escolas representariam o ponto alto de nossa atividade. Sua hipótese me convenceu. Mas permanece a questão: por que nós mesmos quase não falamos delas? Rodrigo Lefèvre e Flávio Império nos deixaram antes que o próprio Pedro e Ana Paula Koury, quase simultaneamente, chamassem a atenção no comecinho deste século para nossa arquitetura. Sobrei eu, a quem portanto cabe a responsabilidade desse silêncio.

Não posso evidentemente responder por Rodrigo e Flávio, mas res-

A Escola de Brotas (E. E. Profa. Dinah Lucia Balestrero) em 2024
(fotos de Camila Alba).

pondo por mim — no entanto, creio responder também em parte, pelo menos, por eles. Houve momentos da ditadura militar em que a máxima racionalidade exigida pela situação tensa de resistência ao regime se cruzou com o dever de agir, o qual se contrapõe à essência da racionalidade, a autoconservação.[5] Falo disso porque, naquele momento, as escolas se tornaram não somente secundárias, mas quase um peso inoportuno diante da gravidade da situação.

O desabamento da escola Sud Mennucci foi um grande trauma para nós. Os meninos precoces, que haviam merecido um número especial de uma das revistas de arquitetura mais importantes do Brasil, agora tinham que carregar um fiasco construtivo relacionado às suas teorias sobre a estética da economia. Assim a coisa foi recebida no meio profissional. As cinco escolas previstas com o mesmo princípio construtivo, mas ainda não executadas, foram revistas às pressas e, pelo que sei, sem nos consultarem, pelas construtoras. Substituíram as abóbadas previstas por pilares e lajes que eu não me cansava de denunciar como a pior das escolhas estruturais. Somente a de Brotas corresponde ao que queríamos, já que a escola de São José do Rio Preto foi projetada de outro modo. Nosso sonho encalhou: as duas escolas que cabiam no orçamento de uma só, não cabiam mais sem as abóbadas. Na hora do desastre, ninguém se interessou em verificar suas causas — bastou o *fait divers* em si.

Mas eu mesmo tive que reexaminar minhas apostas. A opção por trabalhar com tecnologia comum de maneira incomum não implica dispensar preparação especial, bem pelo contrário. Eu deveria ter explicado melhor o encadeamento dos empuxos laterais no caso de abóbadas em série. Já na casa de Cotia (que, aliás, é também bastante radical) tive problema com o pedreiro. Primeiro, tomou o corte por planta: começou a fazer as fundações em forma de catenária. Depois, na parte de trás, a curva da abóbada tem um pequeno ângulo que a transforma em arco de ogiva. Tive que alargar os pilotis da base para absorver o desvio da curva de compressões.

Dificuldades anteriores desse tipo e nossa militância prática com os trabalhadores para suprimir vícios decorrentes da técnica de dominação do capital já nos haviam conduzido a uma preocupação maior com a comunicação e a pedagogia em nossos ensaios. Em duas frentes. Primeiro, com relação a nossos próprios canteiros. Nossos desenhos se multiplica-

---

[5] Ver Theodor W. Adorno, *Problèmes de la philosophie morale*, Paris, Klincksieck, 2023, em particular o curso de 27 de junho de 1963, pp. 105-15.

ram enormemente esmiuçando cada tarefa de cada *métier*, frequentemente em perspectiva cavaleira, sob o ângulo técnico a mais compreensível de imediato. Todas as equipes de trabalho recebiam cópias de todos os desenhos para se inteirarem da totalidade da obra e não somente de suas parcelas. Explicávamos os projetos, suas razões e as possibilidades de os modificarem, tudo temperado com muito Marx. Por outro lado, nomeados professores desde que nos formamos, tentávamos comunicar aos alunos, na medida do possível, os progressos de nossa posição. Isto se transformou numa pesada obrigação para mim quando o Artigas, no seu programa aprovado no Fórum de 1968 da FAU-USP, me ofereceu um curso para que eu pudesse expor publicamente em detalhe nossa "teoria". Gentileza e elegância do mestre que implicou para mim outra enorme sobrecarga de trabalho e responsabilidade. Uma coisa são conversas no escritório, outra, organizá-las num discurso acadêmico. Mais ainda, nosso agrupamento de intelectuais esquerdistas resolveu fundar uma contraescola de arquitetura em Santos, onde o que teorizávamos de manhã era aplicado à tarde.

Entretanto, o ritmo acelerado de outros desastres muito maiores nos fez esquecer rapidamente o fiasco das escolas. A resistência armada foi rapidamente desmantelada a partir de 1968 pela violência assassina instaurada pelo AI-5. Nosso grupo, apesar de descontente com o rumo exclusivamente defensivo tomado pela luta armada pressionada pela repressão, tornou-se um dos últimos redutos de militantes com condições de socorrer e proteger os resistentes clandestinos perseguidos furiosamente. Eu mesmo já havia sido denunciado ao delegado Fleury, que felizmente não acreditou que um burguês grã-fino se metesse com a resistência armada. Mesmo assim, éramos dos poucos ainda disponíveis. A urgência das necessidades e a complexidade das mudanças clandestinas tomava todo nosso tempo, com riscos enormes que a urgência acentuava. Como era de se esperar, rapidamente fomos presos. Depois, fui para a França, onde ainda moro.

E a historinha das nossas escolas ficou para trás, esquecida mesmo por mim, o sobrevivente descuidado. Até que o faro de Pedro Arantes para a montagem da exposição as ressuscitou agora. Em mim só havia sobrado a certeza da necessidade de cooperativas operárias competentes que incluíssem os arquitetos — e uma paixão pelas corretíssimas abóbadas, tão maternais.

Sobre as escolas

Pressupostos possíveis dos "canteiros emancipatórios ou experimentais"[1]

> A ordem e a conexão das ideias são as mesmas que a ordem e a conexão das coisas.
>
> Espinosa, *Ética*[2]

O que denominamos "canteiros emancipatórios ou experimentais", canteiros a inventar como alternativa à barbárie dos canteiros de construção atuais, pode nos levar a esboçar sua pré-história por um efeito retroativo da urgência de sua existência. Alguns fatos passados poderiam ser alinhados como suas pressuposições entre nós, os brasileiros da periferia do capitalismo.

Cito um primeiro precedente que não posso senão apontar por falta de competência para ir mais longe, o que poderíamos chamar de experiência promovida em parte por Rui Barbosa de um ensino do desenho técnico de inspiração ruskiniana e eclética no Brasil, estudada por Claudio Amaral.[3] Há também, no projeto de pesquisa TF/TK (Translating Ferro/ Transforming Knowledges of Architecture, Design, and Labour for the New Field of Production Studies), estudos em andamento sobre a história de técnicas construtivas sul-americanas, efetuados por José Thisen, que mereceriam ser mencionados e conhecidos.

Portanto, começo minha construção da historinha destes pressupostos no meio do caminho, recorrendo ao que me sobrou como lembrança após a potente varredura feita pelo tempo e pela idade.

As primeiras recordações de contato com canteiros de obras no âmbito universitário que me vêm à memória são as de visitas feitas aos sá-

---

[1] Texto inédito redigido em 2023. (N. do O.)

[2] Spinoza, *Étique*, parte II, proposição 7, Paris, Flammarion, 1965, p. 75.

[3] Claudio Silveira Amaral, *John Ruskin e o ensino do desenho no Brasil*, São Paulo, Editora Unesp, 2011.

bados a canteiros de nossos professores arquitetos. Foi um costume simpático, convivial e importante. Víamos o desenho tomando corpo — o que o tornava menos abstrato, mas ainda permanecia distante, pois não experimentávamos subjetivamente a passagem da prancheta (a mesa de trabalho agora em desuso) ao canteiro.

A segunda recordação destas coisas se refere à Faculdade de Arquitetura de Brasília durante a construção da capital. Professores de várias disciplinas participavam da elaboração de projetos públicos (e mesmo particulares, como no caso de Mayumi e Sérgio de Souza Lima), em geral sob a orientação de Oscar Niemeyer. Alunos destes professores os assistiam na projetação, não sei dizer se todos ou em parte e sob quais critérios de seleção. Seja como for, tais estudantes participavam também posteriormente, como era de hábito então, das visitas aos canteiros em que os responsáveis verificavam a fidelidade das construções em andamento a seus projetos, bem como resolviam problemas não ou mal previstos. Esta é minha primeira referência a respeito de interação pedagógica efetiva entre projetação e verificação de sua aplicação concreta. Posso afirmar que, de opinião geral, o resultado deste imbricamento foi proveitoso.

Em minha lembrança daqueles tempos, outro momento ligado a este tema creio que foi o do convite do IAB nacional para participar do processo de reabertura da mesma Faculdade de Arquitetura após a expulsão vergonhosa de boa parte de seus professores da Universidade de Brasília pela ditadura militar de 1964. A Faculdade tinha sido desmantelada. Os professores convidados pelo IAB não tinham por missão substituir os professores expulsos. Esta responsabilidade caberia à iniciativa dos restos da antiga administração. Mas os convidados deveriam somente discutir com os professores sobrantes, esparsos e desaparelhados, critérios para uma reconstrução pedagógica e socialmente aceitável da Faculdade desfeita. Fui um dos convidados. Passei alguns dias em Brasília apresentando ao resto dos professores, administradores e estudantes os esboços da teoria da Arquitetura Nova tal como Rodrigo Lefèvre, Flávio Império e eu havíamos elaborado até então e insistindo sobre a necessidade de reconduzir a prática de projetação e fiscalização colegiada tal como existia anteriormente.

Pouco antes ou depois, não me recordo, aconteceu o Fórum da Faculdade de Arquitetura e Urbanismo da Universidade de São Paulo de 1968. O Fórum anterior de 1962 havia instituído a centralidade e a hegemonia do Projeto no ensino. O Fórum de 1968, por sua vez, foi fundamental para a consolidação e a formalização da Arquitetura Nova. Rodrigo Lefèvre, Flávio Império e eu conseguimos atuar separadamente em comissões diversas de modo coerente e convergente sem nos termos preparado de modo especial. Creio que nossa oposição amigável e respeitosa, mas firme e claramente argumentada, a Vilanova Artigas e à centralidade e à hegemonia do Projeto, teve papel estruturante em nossa teoria. A relação opositiva, em regra geral, consolida os extremos que ela mesma formata. Tenho hoje a impressão de que, tanto a hipóstase do Projeto elevado ao *status* quase abstrato do desígnio,[4] quanto a radicalização da teoria da Arquitetura Nova, adquiriram nova consistência em decorrência desta situação opositiva. Os alunos batizaram os extremos no título das publicações que encabeçavam as duas metades em que se dividiram: desígnio e/ou...

Não vou repetir pela centésima vez as teses fundamentais da Arquitetura Nova. Mas, em ressonância com a renovação extraordinária do marxismo e das perspectivas revolucionárias da década profundamente libertária dos anos 1960, basta lembrar que opúnhamos radicalmente a perspectiva dos trabalhadores da construção, que adotávamos explicitamente, à pretensão de hegemonia dos profissionais da arquitetura. Praticamente invertíamos as prioridades. À prática tradicional de começar e se ater somente à projetação, ao "retrato" do resultado a ser atingido por caminhos aos quais a profissão raramente prestava atenção, interessada apenas por considerações funcionais e estéticas, opúnhamos seu contrário. Sem descuidar do futuro uso e formosura, dávamos prioridade ao andamento produtivo. Pondo o fundamento em Deus de lado, seguíamos fora de seu contexto a proposição 7 da segunda parte da *Ética* de Espinosa, relembrada naquele tempo por Louis Althusser, segundo a qual a ordem e a conexão das ideias (do projeto), são as mesmas que a ordem e a conexão das coisas (no canteiro). Queríamos, sem o saber ainda, restaurar a prática de autonomia absoluta reclamada pelo sindicalismo revolucionário de origem francesa da passagem do século XIX ao XX.

Sem desmerecer as "ciências" da construção, como nosso objetivo era o atendimento às carências dos mais destituídos de tudo, procurávamos caminhos para as evitar, ter que recorrer a elas muito frequentemen-

---

[4] O termo "desígnio" foi amplamente utilizado pelos discípulos de Vilanova Artigas como sinônimo de "desenho", sendo que ambos teriam a mesma origem etimológica. No final da década de 1960, Flávio Motta escreveu a respeito um breve texto, hoje clássico, "Desenho e emancipação".

Pressupostos possíveis dos "canteiros emancipatórios ou experimentais"

te. Por exemplo: as abóbadas em catenária, a mania da Arquitetura Nova. Seu cálculo e seu desenho são difíceis e custosos. Mas são as estruturas mais econômicas e corretas sob o ângulo da técnica. Ora, seus traçados diretamente no canteiro podem ser facilmente obtidos com uma simples corrente pendurada por seus extremos e invertida, como fazia Gaudí, evitando o recurso dispendioso aos sábios nos canteiros da pobreza e executando assim mesmo com perfeição a mais eficaz das abóbadas.

A hipóstase do projeto, sua avaliação como abstração suficiente e correspondente ao real, tem consequências graves. A mais tosca delas é considerá-lo como tendo em si razão suficiente no sentido que esta locução aparece na teoria de Leibniz, ter em si a razão suficiente para ser o que é como verdade de fato. Esta ilusão faz com que tenda a construir em volta do arquiteto projetador um universo fechado, aparentemente "científico", mas constituído somente por constatações empíricas desnorteadas. Este hipotético saber, tido como um "universal", tolhe e desconsidera tudo o que resista a ele. Nas palavras de Adorno:

> Para além do círculo mágico da filosofia da identidade, o sujeito transcendental pode ser decifrado como a sociedade inconsciente de si mesma. Podemos mesmo chegar a deduzir tal inconsciência. Desde que o trabalho intelectual e o trabalho corporal cindiram-se sob o signo do domínio do espírito e da justificação do privilégio, o espírito cindido precisou reivindicar com o exagero da má consciência mesmo essa pretensão de domínio que ele deduziu da tese de que ele é o primeiro e o originário, e, por isso, se não quiser se degenerar, deve se esforçar para esquecer de onde vem sua pretensão.[5]

Esta pretensão vem, historicamente, da violência exercida contra o trabalhador coletivo autodeterminado, verdadeira origem do saber e do saber construtivo ocidental na segunda Idade Média. O sujeito transcendental incorporado pelo arquiteto nascente a partir desta violência é a antítese do trabalhador coletivo originário. Apesar desta elevada imagem de si, os arquitetos reclamam de "falta de poder", como mostraram as teses de Raymonde Moulin, ou de traição do projeto pela realização.

---

[5] Theodor W. Adorno, *Dialética negativa*, trad. Marco Antonio Casanova, Rio de Janeiro, Zahar, 2009, p. 153.

São "livres", mas enganados. Vale a pena citar novamente Espinosa: "[...] os homens enganam-se quando se julgam livres, e esta opinião consiste apenas em que eles têm consciência das suas ações e são ignorantes das causas pelas quais eles são determinados. O que constitui, portanto, a ideia da sua liberdade é que eles não conhecem nenhuma causa de suas ações".[6] Por ignorar suas determinações pelo capital que os dirige com sua "mão invisível", os arquitetos se imaginam senhores de si mesmos.

Recapitulemos. Da visita ao canteiro como propedêutica para sustentar a projetação, passando pela visita para verificar a obediência ao projeto compartilhado, chegando ao canteiro recomendado pela Arquitetura Nova como guia da projetação, seguiu... uma brusca ruptura: o caso (efêmero) da Faculdade de Arquitetura de Santos. A nosso ver, o modernismo arquitetônico, tendo traído a promessa de seus pioneiros, ou melhor, tendo constatado a vacuidade enganosa dessas promessas, teria que fazer total autocrítica e renovar inteiramente seus procedimentos. Recomeçar da estaca zero, ou melhor, segundo os ensinamentos da Comuna de 1871 em Paris, partir das necessidades concretas dos desprovidos de tudo na situação da hora e, com os meios disponíveis, tentar atê-las na sua particularidade e sua especificidade hostis a generalidades abstratas.

Dito de outro modo: dar vigor à luta efetiva de classes a partir do lado de baixo. Recusar conciliações com o outro lado, sabendo que o a fazer alternativo espera sua invenção. A prática emancipatória não herda nada: remexe no passado à procura do que nele foi tolhido e merece ser restaurado em termos contemporâneos. A "imagem dialética" de Walter Benjamin. Enfim, quase procedendo como as artes plásticas contemporâneas, mergulhar no escuro e guiar-se negativamente pelo que não queríamos mais. No caso, o saber preestabelecido derivado da hegemonia epistemológica do projeto, desconhecedor contumaz do sofrimento dos marginalizados, sobretudo o de seus próprios executantes.

Em Santos, portanto, entramos pela contramão. Chamados para recompor o ensino de arquitetura de sua faculdade, tomamos o modelo, repito, da Comuna de Paris. Em 72 dias, os *communards* inventaram ou instauraram, pela primeira vez coletivamente, medidas absolutamente revolucionárias tais como creches (ainda hoje operantes), restaurantes populares, o ensino teórico e prático laico, obrigatório e gratuito, a igual-

---

[6] Spinoza, *Étique*, *op. cit.*, proposição 35, escólio, p. 109.

Pressupostos possíveis dos "canteiros emancipatórios ou experimentais"

dade absoluta dos sexos etc. Todas elas medidas urgentes, determinadas por necessidades imediatas. Na cola de Paulo Freire, pensamos ancorar o ensino de arquitetura pública, financiada pela população, a partir das necessidades sociais existentes na favela vizinha ao nosso lado. A discutida função social do arquiteto formado em escola pública teve resposta imediata: serviria às carências mais urgentes dos favelados. Eis o programa da escola.

Como os *communards*, não tínhamos nenhuma ideia pronta para aplicar, a não ser tentar ajudar a responder às questões levantadas pelos próprios habitantes das favelas. O ensino não seria estruturado a partir das generalidades das "disciplinas de base", isto é, das divisões arbitrárias da atividade construtiva global em pacotes estanques, mas partiria da elaboração por grupos de estudantes e professores de possíveis respostas a questões concretas levantadas pelos próprios favelados. A experiência foi interrompida, acho, no fim do segundo ano, com boa parte dos professores, inclusive eu, presos.

Na França, onde me resguardei depois de sair da prisão, fui imediatamente encarregado de estabelecer as diretrizes para o programa da Escola de Arquitetura a ser instalada na enorme extensão urbana chamada Villeneuve de Grenoble. Foi onde conheci a manufatura heterogênea pesada, dominante no interrupto canteiro no interior do qual morei durante dez anos. O programa que escrevi ensaiou uma improvável quadratura do círculo. Quis fazer de conta que seria possível implantar um programa como o de Santos num contexto caótico marcado pela derrota da quase vitória da quase única revolução a seguir o modelo previsto por *O capital* para os países adiantados da Europa Ocidental! Mais ainda: fui contratado não pela Escola ela mesma, mas pela equipe da AUA (Architectes et Urbanistes Associés), responsável pelo projeto, uma espécie de antena do PCF (Partido Comunista Francês), radicalmente oposto, segundo as orientações da União Soviética, à nossa tentativa frustrada de resistência revolucionária à ditadura. O movimento de 1968 na França, por outro lado, havia desmantelado completamente a antiga Faculdade de Arquitetura de molde ainda acadêmico, do tipo "século XIX", e da qual não haviam sobrado senão restos desconexos — realidade que eu desconhecia quando escrevi sozinho o programa.[7]

---

[7] "Reflexões para uma política na arquitetura" (1972), in Sérgio Ferro, *Arquitetura e trabalho livre*, organização e apresentação de Pedro Fiori Arantes, São Paulo, Cosac Naify, 2006, pp. 203-13.

Em resumo: eu, recém-saído da prisão no Brasil por tentativa de revolução, sou assim mesmo convidado logo que desembarco na França — cheguei em começos de abril e fui chamado para escrever este texto no começo de maio de 1972, desconhecendo a situação desastrosa da escola de Grenoble — por uma equipe mais que simpática e acolhedora mas fundamente hostil à ideia de uma revolução imediata... Um enorme angu para mim! Este "programa" tem ar de número de funâmbulo sobre um fio imaginário estirado sobre um precipício bem real!

Mas o texto impressionou, apesar de me confessarem que era pouco compreensível. E como continha conceitos aparentemente sofisticados, mas desconhecidos pelos colegas, fiquei com aura de conhecedor das coisas. No ano seguinte ganhei o melhor contrato disponível (o do antigo diretor cujo programa era fechar a Escola). Em consequência de minha gratidão pela vertiginosa promoção, me encarreguei do novo programa que, óbvio, não tinha nenhuma relação com o texto escrito por mim anteriormente. Não havia nenhuma favela ou equivalente nas redondezas, nem sobra coerente de corpo docente, nem nenhum curso sobrevivente à demolição de 1968. Me saí da enrascada recorrendo ao *slogan* maoista da hora: deixar mil flores florescerem.

Ou seja, apelei para o funcionamento do mercado. Cada professor isolado apresentaria à livre escolha dos estudantes um módulo contendo o que supunha ser o miolo de seu ensinamento, e isso, felizmente, não formou nenhum todo que tivesse aparência de programa. Em muitos módulos não houve inscritos. Grupos de estudantes poderiam propor também módulos a partir de seus interesses desde que encontrassem professores disponíveis para enquadrá-los. Foi assim que, enquanto *metèque* (estrangeiro, na gíria), assumi uma montanha de trabalhos de fim de curso de outros *metèques*, acumulados desde a paralisia de 1968, sobretudo de argelinos, tunisianos e marroquinos em cujos países de origem não havia cursos de arquitetura. Quase me tornei especialista do Magrebe. Acatei também proposições do grupo de Patrice Doat, originalmente sobre palafitas, mas logo transformado em pesquisa sobre arquitetura de terra, uma especialidade da região de Grenoble. Talvez tenha assumido outros, mas não me lembro mais.

Por minha vez, fiel a meu princípio de ser ultraexigente com estudantes universitários do ensino público, propus um seminário sobre o texto mais cabeludo aparecido então recentemente — *Écrits* (1966) de Jacques Lacan —, além de cursos de ateliê sobre projeto, acompanhados por experiências de canteiro e pela participação em cursos profissionalizantes de trabalhadores da construção existentes em Grenoble. De certa maneira fui o único a aplicar "meu" programa. Este bolo de atividades deu origem ao Laboratório Dessin/Chantier, assim como o grupo de Doat deu origem ao Laboratório CRAterre, os primeiros laboratórios de pesquisa da Escola de Arquitetura de Grenoble. Sem anunciarmos publicamente, a colaboração com trabalhadores da construção era indispensável para os dois laboratórios.

A meu ver, nenhum canteiro emancipatório poderá realmente operar sem incluir essencialmente as atividades renovadoras reais, centrais e efetivas do mundo do trabalho na construção. Não emanciparemos nada, nem ninguém, sem aqueles que procuram ou deveriam procurar emancipar-se. Foi, aliás, esta ausência que desfigurou o projeto do Centro de Pesquisas em Construção de L'Isle d'Abeau do qual, apesar do silêncio de suas publicações autossatisfeitas, os laboratórios Dessin/Chantier e CRAterre foram os iniciadores.[8] Como imaginar que um tal centro seja viável sem a participação massiva e hegemônica dos próprios interessados, os trabalhadores da construção? É preciso retornar a um dos princípios fundadores da primeira Associação Internacional dos Trabalhadores, dirigida por Marx: a revolução será obra dos trabalhadores eles mesmos ou não será.

Depois de 1972 não tive mais participação ativa no desenvolvimento de práticas alternativas e/ou emancipatórias no Brasil. Limitei minha participação, quando pude retornar de vez em quando ao meu país de origem, em apoiar como pude algumas destas novas práticas tais como a Usina ou o MST. Na França, até minha aposentadoria, tentei criar oportunidades de práticas alternativas e emancipatórias, inclusive os Grands Ateliers em L'Isle d'Abeau, mas nenhuma deu certo dentro dos critérios do Laboratório Dessin/Chantier.

Paro, portanto, por aqui.

Grignan, junho de 2023

---

[8] Ver "Programa para polo de ensino, pesquisa e experimentação da construção" (1994), in S. Ferro, *Arquitetura e trabalho livre*, *op. cit.*, pp. 222-32.

Variante para a edição inglesa[1]

> [...] as revoluções proletárias como as do século XIX encontram-se em constante autocrítica, interrompem continuamente a sua própria marcha, retornam ao que aparentemente conseguiram realizar para começar tudo de novo, zombam de modo cruel e minucioso de todas as meias medidas, das debilidades e dos aspectos deploráveis das suas primeiras tentativas, parecem jogar o seu adversário por terra somente para que ele sugue dela novas forças e se reerga diante delas em proporções ainda mais gigantescas, recuam repetidamente ante a enormidade ainda difusa dos seus próprios objetivos até que se produza a situação que inviabiliza qualquer retorno [...].
>
> Karl Marx, *O dezoito brumário de Luís Bonaparte*[2]

Os estarrecedores genocídios friamente programados nos canteiros de obras espetaculares no Qatar e em outras capitais do *jet set* deveriam nos obrigar não apenas a denunciá-los molemente, como tem sido o caso, mas a tentar lhes opor práticas alternativas. Obras magníficas foram erguidas pela humanidade sem que se recorresse a tais crimes. Essa tem sido a estratégia do MST, o movimento dos trabalhadores sem terra que inquieta crescentemente o agronegócio e sua política de desflorestamento e agrotóxicos. O MST lhe opõe uma agricultura orgânica com uma organização solidária e igualitária da produção, de enorme sucesso. Devemos copiar o MST. Mesmo se somos davidecos contra goliaços, não devemos desistir, bem pelo contrário.

Conheci alguns esboços elementares de práticas alternativas ou complementares ao limitado ensino de arquitetura vigente no Brasil quando

---

[1] Escrito em 2024 para o segundo volume de *Architecture from Below* (Londres, Mack, no prelo), coletânea inglesa dos textos de Sérgio Ferro organizada por Silke Kapp e Mariana Moura.

[2] Karl Marx, *O dezoito brumário de Luís Bonaparte* [1852], trad. Nélio Schneider, São Paulo, Boitempo, 2011, p. 30.

ainda ali morava, isto é, até 1970 (durante a prisão, estava de fato, fora do ar). Pedro Arantes me pediu que voltasse atrás e alinhasse alguns vestígios dessas práticas, mesmo os minúsculos que sobraram no que me sobra de memória. Nem menciono, portanto, os êxitos posteriores a 1970, como os da Usina, dos trabalhos em favelas do MOM e outras formas de assessoria técnica (em vez de "assistência" técnica, como corrigem com razão Ana Baltazar e Silke Kapp[3]). Nada digo sobre experiências construtivas do MST ou das ocupações do movimento dos sem teto. De tudo isso não tenho experiência própria, e me calo, apesar de apoiar calorosamente todos.

[...][4]

Parêntese

Tenho que abrir um parêntese que não está em bom lugar aqui, mas me ajudará mais tarde, na segunda parte destas notas. A hipóstase do projeto, sua avaliação como abstração suficiente e correspondente ao real, tem consequências graves, tanto para o desenho como para o canteiro.

No que concerne aos arquitetos, a mais perniciosa dessas consequências é a de considerar o desenho separado como razão suficiente no sentido em que essa locução aparece na teoria de Leibniz: ter em si a razão suficiente para ser o que é; e isso como verdade de fato, não como decorrência de algum princípio exterior. Essa ilusão tem origem (quase) objetiva. Em sua primeira função no canteiro de obras, o desenho deveria poder se justificar exclusivamente por considerações técnicas. Suas funções posteriores de uso e fruição não deveriam implicar desrespeito às melhores regras construtivas. Há casos, infelizmente raros, dessa mútua conveniência, mas poucos se interrogam sobre a raridade como tal. O modernismo se tirou do embaraço com uma pirueta: pôs-se como vanguarda. A vanguarda joga, como o capital financeiro, com uma diacronia

---

[3] Ana Baltazar e Silke Kapp, "Assessoria técnica com interfaces" [2016], in Silke Kapp e Ana Baltazar, *Moradia e outras margens*, Belo Horizonte, MOM, 2021, vol. 1, pp. 127-50.

[4] A partir deste ponto a variante para a edição inglesa reproduz os parágrafos que no texto anterior, "Pressupostos possíveis dos 'canteiros emancipatórios ou experimentais'", começam com "Cito um primeiro precedente [...]" (p. 175) e vão até "[...] e executando assim mesmo com perfeição a mais eficaz das abóbadas" (p. 178). (N. do O.)

achatada, trazida para o presente, "sincronizada". Põe o amanhã sonhado como se fosse fruto maduro no hoje. O que, em linguagem clara, significa simulacro, *Ersatz* da pré-encarnação do que (se imagina que) será. Nas vizinhanças dos partidos comunistas de filiação soviética, a desculpa tinha mais pé: desenhar teria como uma de suas missões forçar a progressão das forças produtivas, o que explicaria alguma incongruência com a atualidade construtiva. De qualquer modo, desdenha-se a realidade produtiva e abre-se campo para ficções, as quais, por não terem outro apoio, permanecem exclusivamente formais. E aqui reencontramos Leibniz: não há como evitar que a forma comece a se encantar consigo mesma, pois não tem, repito, outro parâmetro. Na verdade, mas uma verdade sempre censurada, o desenho deve desconhecer a realidade construtiva em função de seu fundamento no sistema do capital. A captação da mais-valia sem o controle total do processo produtivo exige seu menosprezo ostensivo. Reconhecer a validade de um processo produtivo que permanece sob o controle do adversário na luta de classes significa reforçar esse adversário. Sobra, portanto, sair atrás de outra "razão suficiente". O desenho é impelido a se hipostasiar, de algum modo, em mônada. A falta de consistência da tal razão suficiente do desenho de arquitetura, nessa sua primeira missão prescritiva, é reconhecida muitas vezes: "não está totalmente claro se existe uma disciplina de arquitetura ou o que é exatamente a arquitetura".[5]

A ausência de fundamento objetivo provoca no arquiteto a emergência de uma espécie de identidade ideal: se a tarefa pena em justificar seus procedimentos, talvez a promoção do autor encubra a falha. Nas palavras de Adorno:

> Para além do círculo mágico da filosofia da identidade, o sujeito transcendental pode ser decifrado como a sociedade inconsciente de si mesma. Podemos mesmo chegar a deduzir uma tal inconsciência. Desde que o trabalho intelectual e o trabalho corporal cindiram-se sob o signo do domínio do espírito e da justificação do privilégio, o espírito cindido precisou reivindicar com o exagero da má consciência mesmo essa pretensão de domínio que ele deduziu da tese de que ele é o primeiro e originá-

---

[5] Garry Stevens, *O círculo privilegiado: fundamentos sociais da distinção arquitetônica*, trad. Lenise Garcia Corrêa Barbosa, Brasília, Editora da UnB, 2003, p. 235.

rio, e, por isso, se não quiser se degenerar, deve se esforçar para esquecer de onde provém sua pretensão.[6]

Ora, essa pretensão de domínio do "espírito" nasce, historicamente, da violência exercida contra o trabalhador coletivo autodeterminado, verdadeira origem do saber construtivo ocidental, na segunda Idade Média. A sequência vai da separação opositiva entre desenho e canteiro, no começo desse período, à ruptura contraditória, no fim, com a aurificação intrinsecamente mistificante do classicismo e de seus "ressuscitadores". O sujeito transcendental incorporado pelo arquiteto nascente a partir dessa violência é a antítese do trabalhador coletivo originário.[7] Os arquitetos, desgarrados de qualquer vínculo determinável, imaginam-se "livres", sobretudo desembaraçados do canteiro. Vale a pena citar novamente Espinosa: "[...] os homens enganam-se quando se julgam livres, e esta opinião consiste apenas em que eles têm consciência das suas ações e são ignorantes das causas pelas quais eles são determinados. O que constitui, portanto, a ideia da sua liberdade é que eles não conhecem nenhuma causa de suas ações".[8]

Por ignorarem suas determinações pelo capital, que passa a dirigi-los sem alarde, com "mão invisível", os arquitetos se imaginam senhores de si mesmos. O poder tirânico das ordens vitruvianas sobre o desenho de arquitetura — uma ridícula transcrição em pedra de uma mítica obra em madeira, que reinará por todo o período manufatureiro e em toda parte — confessa por deslocamento o que é realmente: empulhação para não construir diretamente com a tecnologia "original" disponível, isto é, o saber e saber-fazer em posse dos trabalhadores.

Essa imagem de si dos arquitetos é também objetivamente determinada. Passemos para o lado do canteiro.

> [...] para um ser para o qual é natural produzir objetos, exprimir-se e objetificar-se neles, a experiência negativa da perda dos objetos produzidos, da perda dos objetos nos quais ele se exprimiu, [...] [faz com que] a expressão se torne perda da

---

[6] Theodor W. Adorno, *Dialética negativa*, trad. Marco Antonio Casanova, Rio de Janeiro, Zahar, 2009, p. 153.

[7] Sérgio Ferro, *Construção do desenho clássico*, Belo Horizonte, MOM, 2021.

[8] Spinoza, *Étique*, parte II, proposição 35, escólio, Paris, Flammarion, 1965, p. 166.

expressão, que a *Äusserung* [processo de expressão] se inverta em *Entäusserung* [processo de desobjetivação], que a objetivação se torne desobjetivação. [...] A desobjetivação não é [...] apenas o resultado do processo de trabalho, nem é apenas o conteúdo mesmo desse processo: ela é, na realidade, [...] o ponto de partida do processo de trabalho, o que o condiciona inteiramente desde o começo, mas de que o trabalhador mesmo não faz a experiência senão e novamente ao término do processo de trabalho. O trabalhador veio ao processo de trabalho, apresentou-se a ele como um ser já desobjetivado: não havia, portanto, nenhuma razão para que o processo de trabalho permitisse uma realização, uma expressão e uma objetivação de si porque elas foram tornadas impossíveis desde as condições iniciais, desde a situação de partida desse mesmo processo.[9]

A desobjetivação do trabalhador abordada nos *Manuscritos de 1844* se torna oficial pelo ato jurídico de compra e venda da força de trabalho na esfera da circulação. No momento produtivo, no caso da construção manufatureira, essa desobjetivação é embaralhada, limitada, convulsionada pela natureza da subsunção ainda "apenas" formal do trabalho, anterior à instauração da subsunção real e total. Essa última torna efetiva a desobjetivação na produção. Mas a subsunção formal, incompleta, exige do trabalhador autonomia produtiva, o que colide com a imposição de subordinação.

Duas décadas depois dos *Manuscritos de 1844*, Marx chama a atenção para essas diferenças:

> Primeiro: as mercadorias que o capitalista comprou para usá-las como meio de produção no processo de produção, no processo de trabalho, são propriedade dele. Elas são, de fato, apenas seu dinheiro transformado em mercadoria [...]. Tais meios são, portanto, capital. Em contrapartida, com a outra parte da soma de dinheiro adiantada, o capitalista comprou ca-

---

[9] Franck Fischbach, "Présentation", in Karl Marx, *Manuscrits économico-philosophiques de 1844*, Paris, Vrin, 2007, p. 61. Há observações importantes sobre esses temas em Marcello Musto, *Repensar Marx e os marxismos: guia para novas leituras*, trad. Diego Silveira, São Paulo, Boitempo, 2022; em particular no capítulo 8, "A concepção de alienação segundo Marx".

pacidade de trabalho, trabalhadores ou, como aparece no capítulo IV, trabalho vivo. Este, portanto, pertence a ele tanto quanto as condições objetivas do processo de trabalho. Mas impõe aqui, porém, a seguinte diferença específica: o trabalho real é o que o trabalhador realmente cede ao capitalista como equivalente à parte do capital convertido em salário [...]. É o gasto de sua força vital, a realização de suas faculdades produtivas, seu movimento, não o do capitalista [...]. Isso se desenvolve ainda mais [...], em parte pelo desenvolvimento do modo de produção especificamente capitalista (em que a maquinaria etc. se torna o verdadeiro dominador do trabalho vivo).[10]

A compra do *potencial* (termo que Marx usa em grego) que os meios objetivos e subjetivos de produção representam na esfera da circulação difere radicalmente do exercício real da força de trabalho pelo trabalhador no canteiro de obras. Não são apenas momentos separados: para a crítica que assume o ponto de vista dos trabalhadores, o ponto de vista abstrato da posse jurídica deve ser relativizado e até posto entre parênteses. Ricardo Antunes e Murillo van der Laan, na apresentação da edição brasileira desse texto de Marx, especificam:

A subsunção formal do trabalho ao capital encontrou vigência na fase manufatureira, quando o trabalho preservava sua perícia produtiva e sua destreza, enquanto a subsunção real do trabalho ao capital se tornou a expressão típica da fase que Marx denominou como grande indústria. Com o advento da maquinaria, a atividade laborativa converteu os trabalhadores e as trabalhadoras em apêndices da máquina, espécies de autômatos em relação à maquinaria e ao capital.[11]

É evidente que a categoria genérica do trabalho ou da "atividade laborativa" é abstraída de duas espécies de trabalho radicalmente distintas. As duas citações acima destacam justamente essa distinção — quanto aos meios de produção subjetivos e objetivos, e quanto às esferas envolvidas,

---

[10] Karl Marx, *Capítulo VI (Inédito)* [*c.* 1863], trad. Ronaldo Vielmi Fortes, São Paulo, Boitempo, 2022, pp. 53-4.

[11] *Idem, ibidem*, p. 12.

circulação e produção — que desaparece na abstração jurídica formulada por Marx nos *Manuscritos de 1844* (e, penso eu, ainda exasperada por Fischbach). Porém, é indispensável prosseguir na determinação dessa abstração, em si mesma correta, mas insuficiente e enganosa se for levada adiante sem cuidado. De fato, o Marx da década de 1860 insiste na diferença:

> [...] o trabalhador está desde o início em posição superior à do capitalista, pois este [o capitalista] está enraizado nesse processo de estranhamento e encontra nele sua satisfação absoluta, enquanto o trabalhador, como sua vítima, está em uma relação de rebeldia desde o início e sente isso como um processo de servidão. [...] Ao considerarmos o processo de produção de dois pontos de vista diferentes, 1) como processo de trabalho e 2) como processo de valorização, fica evidente que ele é apenas um processo de trabalho, único e indivisível. Não se trabalha duas vezes. [...] No primeiro aspecto, trata-se exclusivamente da qualidade, no segundo, apenas da quantidade de trabalho.[12]

Ainda no mesmo texto, no item intitulado "Mistificação do capital etc.", Marx afirma:

> Uma vez que o trabalho vivo — no interior do processo de produção — já está incorporado ao capital, todas as forças produtivas sociais do trabalho se apresentam como forças produtivas, como propriedades inerentes ao capital [...]. Essas forças produtivas sociais do trabalho ou forças produtivas do trabalho social se desenvolvem historicamente *apenas* com o modo de produção especificamente capitalista [...].[13]

Ora, pelo menos no caso da construção, essa última afirmação, isto é, o "apenas" sublinhado por mim, não é verdadeira. Por isso, criei a expressão cooperação simples desenvolvida (seria preferível substituir "de-

---

[12] *Idem, ibidem*, pp. 61-3.

[13] *Idem, ibidem*, pp. 121-2.

Variante para a edição inglesa

senvolvida" por "autodeterminada" ou "autônoma"[14]). Marx só menciona a cooperação simples sob a dominação do capital. Mas na construção houve um período anterior à emergência do capitalismo no qual as forças produtivas do trabalho social decorreram da livre associação de trabalhadores igualmente competentes. Esse período, que durou até os primeiros tempos das corporações urbanas, começou com a constituição de grupos de trabalhadores que se deslocavam juntos no norte da Europa e, provavelmente, eram instruídos por conhecedores dos ofícios da construção capturados e escravizados nas cruzadas ou nas lutas de expulsão dos árabes na Península Ibérica. Portanto, houve, por dois ou três séculos, uma espécie de cooperação simples autodeterminada na construção, produzindo uma arquitetura de altíssimo nível que compreende o românico e o primeiro gótico.

Uma das funções mais obscuras e sórdidas do projeto separado é a de impedir qualquer fantasia de objetivação pelo trabalhador, ao manifestar com vaidade sua completa indiferença à produção concreta, seu evidente não reconhecimento do trabalho real no próprio projeto prescritivo. O desenho redobra e aprofunda a *Entäusserung* [processo de desobjetivação], uma perversidade no fundo inútil, pois ela está inscrita no processo produtivo como um todo desde a etapa da circulação da força de trabalho. O desenho reesmaga o já esmagado — precaução encravada na estrutura da mediação entre a projetação separada e o canteiro subordinado pela metade. Trata-se, para o desenho, de exorcizar essa ambiguidade e a potencial insubordinação embutida na subsunção "apenas" formal. A redundância é sintoma da insuficiência (para o capital) desse tipo de subsunção.

Esses aspectos transitórios da desobjetivação na produção durante o período manufatureiro me parecem, em geral, marginalizados pela crítica. Essa se concentra prioritariamente nas etapas mais avançadas do capital e se esquece do "desenvolvimento do subdesenvolvimento", cada vez mais requerido pelo próprio desenvolvimento da produção capitalista. A subsunção "apenas" formal se mantém e até se agrava com essa simultaneidade. Não há dúvida sobre a complexidade da desobjetivação e sobre o fato de ela avançar no período manufatureiro. Mas a meia autonomia produtiva do trabalhador — ele tem que fazer o que o capitalista impõe, porém, de uma maneira que somente ele sabe fazer — não se coa-

---

[14] S. Ferro, *Construção do desenho clássico, op. cit.*

duna perfeitamente com a rigidez da conceituação totalizante. Quanto a esse pormenor, o Adorno da *Dialética negativa* tem razão.

Em resumo, trata-se de um divórcio problemático e incompleto, em que a aparente indiferença recíproca recobre áreas subterrâneas de tensões ainda bem ativas. Elas são fundamentais para a Arquitetura Nova.

Volta às lembranças

[...][15]
Nesse período, promovi duas experiências de canteiro. Resumo o comentário que escrevi a respeito, em 2020, a pedido de Nicolas Tixier, diretor do laboratório de pesquisas CRESSON da École Nationale Supérieure d'Architecture de Grenoble.[16]

Quando cheguei na França, repito, o ensino de arquitetura estava completamente desarticulado, exceto por sua espinha dorsal ideológica: a hegemonia do projeto separado. Como essa hegemonia é peça central para a dominação do capital nesse setor da produção, cabia a mim, como representante da teoria do Dessin/Chantier (o nome adaptado da teoria da Arquitetura Nova), demonstrar na prática a possibilidade de uma projetação não separada do canteiro, mas integrada a ele harmoniosamente. Como convém às demonstrações, propus duas experiências opostas.

A primeira foi a Patate (Batata), uma construção sem projeto prévio e com previsão apenas aproximativa do resultado. Um estudante foi encarregado de desenhar de improviso, no chão do terreno da futura escola em Villeneuve, uma ameba arredondada e fechada. Sem alterar nada do desenho, os estudantes, Ediane Ferro e eu cavamos as fundações seguindo esse contorno, as enchemos de concreto ligeiramente armado e fincamos verticalmente vergalhões a intervalos mais ou menos regulares, da ordem de um palmo e meio. A partir delas, "tecemos" outros vergalhões

---

[15] A partir deste ponto o texto reproduz os parágrafos que, em "Pressupostos possíveis dos 'canteiros emancipatórios ou experimentais'", começam com "Recapitulemos. Da visita ao canteiro como propedêutica [...]" (p. 179) e vão até "[...] a colaboração com trabalhadores da construção era indispensável para os dois laboratórios" (p. 182). (N. do O.)

[16] Sérgio Ferro, "La 'Patate' racontée par Sérgio Ferro", *Caravansérail: Une Revue de Bazar Urbain*, nº 2, 2022, pp. 208-10.

Variante para a edição inglesa

numa trama, obtendo um volume também arredondado. Os tratados de arquitetura alternativa da época (a dos *hippies*) forneciam as regras de segurança: enquanto a estrutura suportasse nosso peso durante os trabalhos, estaria correta. Depois, aplicamos o concreto segundo uma variante da taipa de sopapo: a mão de uma pessoa no interior pressionando o concreto contra a mão de outra, por fora, em camadas horizontais até o fechamento no alto. A porta foi prevista desde o início, para que quem estivesse trabalhando por dentro pudesse entrar. As janelas foram abertas depois, com uma boa serra. Uma chaminé arrematou a maravilha. Um estudante, o brasileiro Ruy Sauerbronn, ocupou a Patate como ateliê.

A segunda experiência foi uma abóbada em catenária feita com vigotas retas de concreto e enchimento de blocos cerâmicos. Não requer comentários, pois se tornou a marca da Arquitetura Nova desde a casa Bernardo Issler em Cotia.

Nos dois casos, houve a mesma independência com relação aos *bureaux d'études*. Assim como o desenho, o conhecimento técnico deve voltar ao canteiro sempre que possível, isto é, fora casos de alta complexidade. Nas duas experiências, a alegria no fazer foi a mesma. Ela não dependia nem da indeterminação do primeiro, nem da determinação precisa do segundo. A meu ver, dependia de duas particularidades: ausência de assalariamento, a trava que impede qualquer investimento afetivo feliz no trabalho; e a possibilidade de alterar o rumo das coisas. Na Patate, essa possibilidade é evidente. Na outra experiência, ela se dava pelo fato de a abóbada cobrir uma área livre de qualquer obstáculo e pronta a receber qualquer enchimento com qualquer tecnologia.

Em diversas ocasiões, tentamos obter financiamentos para projetos experimentais, recorrendo a organismos públicos ligados à construção. Eram, em geral, bem aceitos no início e sistematicamente bloqueados depois, a partir de argumentos em favor da exclusividade da elaboração de projetos por profissionais em exercício. Em todos os nossos projetos, executávamos maquetes construtivas precisas, com materiais semelhantes aos da realidade em escala 1/20 (como vi no ateliê de Renzo Piano em Lyon). Eram lindas e praticamente suficientes para levar adiante grande parte dos trabalhos de canteiro. Tanto as experiências quanto essas maquetes foram destruídas, por descaso ou para não perturbar a beleza da escola. [...][17]

---

[17] A partir deste ponto, o texto reproduz os parágrafos que em "Pressupostos pos-

Entretanto, creio que nossa contribuição mais importante para o advento de canteiros emancipatórios ultrapassa os limites da disciplina oficial: canteiros experimentais para estudantes de arquitetura. A prática crítica da Arquitetura Nova tem um horizonte e uma potencialidade mais amplos.

ARQUITETURA NOVA E OS PRESSUPOSTOS PARA UMA PRÁTICA EMANCIPATÓRIA

> [...] o contrário de uma sociedade de apropriação da força de trabalho e, portanto, de sua submissão ao processo de produção e de valorização do capital, seria uma sociedade no centro da qual estaria o processo de trabalho ele mesmo, como suporte direto e explícito do laço social.
>
> Franck Fischbach[18]

A Arquitetura Nova foi uma tentativa de limitar, tanto quanto possível, os efeitos negativos da contradição entre canteiro e desenho característica do capitalismo. Essa contradição foi precedida, na segunda metade do período gótico, pela separação opositiva entre desenho e canteiro, a condição para a penetração do capital na construção. Esse pressuposto passou em seguida a ser posto pelo próprio processo construtivo como um todo, assim que ele foi transformado, no começo de século XV, em regime manufatureiro.

A Arquitetura Nova partiu dessas constatações fundamentais. Ela examinou criticamente a estrutura manufatureira "normal" no seu contexto — sobretudo o de São Paulo nos anos 1960 — e atacou o pressuposto de todo esse processo: a separação entre desenho e canteiro. Insisto que a prática da Arquitetura Nova sempre foi crítica, envolvendo teoria e prática indissociavelmente.

A sequência das lembranças que descrevi até aqui dependeu de outra mais abrangente. Falei desde o começo que os canteiros emancipató-

---

síveis dos 'canteiros emancipatórios ou experimentais'" vão de "A meu ver, nenhum canteiro emancipatório poderá realmente operar [...]" (p. 182) até "[...] mas nenhuma deu certo dentro dos critérios do Laboratório Dessin/Chantier" (p. 182). (N. do O.)

[18] Franck Fischbach, *Après la production: travail, nature et capital*, Paris, Vrin, 2019, p. 83.

Variante para a edição inglesa

rios a inventar teriam o propósito de propor alternativas à barbárie dos canteiros atuais, o que, evidentemente, vai muito além dos canteiros universitários. A prática crítica da Arquitetura Nova, até o ponto em que pôde avançar, visava encaminhar uma futura prática emancipatória a ser efetivada pelos próprios trabalhadores. A trajetória dessa prática complexa passou por alguns períodos, marcados pela interferência entre nosso próprio avanço teórico (marxiano), o que aprendíamos com nossas experiências concretas e o esforço de articular tudo isso num discurso consistente.

Para sugerir a complexidade desse processo, somente a título indicativo, lembro algumas teses de Marx e Engels:

> Os pressupostos de que partimos não são pressupostos arbitrários, dogmas, mas pressupostos reais, de que só se pode abstrair na imaginação. São os indivíduos reais, sua ação e suas condições materiais de vida, tanto aquelas por eles já encontradas como as produzidas por sua própria ação. Esses pressupostos são, portanto, constatáveis por via puramente empírica.[19]

Esse modo de considerar as coisas não é isento de pressupostos. Ele parte de pressupostos reais e não os abandona em nenhum instante. Seus pressupostos são os homens, não em quaisquer isolamento ou fixação fantásticos, mas em seu processo de desenvolvimento real, empiricamente observável, sob determinadas condições. Tão logo seja apresentado esse processo ativo de vida, a história deixa de ser uma coleção de fatos mortos, como para os empiristas ainda abstratos, ou uma ação imaginária de sujeitos imaginários, como para os idealistas.

Ali onde termina a especulação, na vida real, começa também, portanto, a ciência real, positiva, a exposição da atividade prática, do processo prático de desenvolvimento dos homens.[20]

> Tal pergunta abriu, até para os teóricos alemães, o caminho para uma visão materialista do mundo, não isenta de pres-

---

[19] Karl Marx e Friedrich Engels, *A ideologia alemã: crítica da mais recente filosofia alemã em seus representantes Feuerbach, B. Bauer e Stirner, e do socialismo alemão em seus diferentes profetas (1845-1846)*, trad. Rubens Enderle, Nélio Schneider e Luciano Cavini Martorano, São Paulo, Boitempo, 2007, pp. 86-7.

[20] *Idem, ibidem*, pp. 94-5.

supostos, mas empiricamente atenta aos reais pressupostos materiais como tais e que, por isso, é a primeira visão de mundo realmente crítica.[21]

Pierre Dardot e Christian Laval sublinham três pontos para explicitar o posicionamento de Marx e Engels com relação à teoria que a discussão dos "pressupostos reais", citada acima, contém de modo implícito. O primeiro ponto é que "a maneira de ver de Marx e Engels reivindica abertamente, como um traço que a especifica, os pressupostos de que parte, ao contrário da especulação filosófica que pretende ser 'isenta de pressupostos'".[22] O segundo é o caráter não dogmático nem arbitrário desses pressupostos reais, "justamente ditos 'reais' (*wirklich*) pelo fato de que se impõem ao pensamento do exterior", e isso vale mesmo em se tratando da ignorância imposta pela realidade.[23] Finalmente, Dardot e Laval sublinham que, se os pressupostos reais são empiricamente observáveis, exigem "sair da especulação" e se dedicar a uma ciência que, nas palavras de Marx, consiste na "exposição da atividade prática, do processo prático de desenvolvimento dos homens". A atividade dos seres humanos, seja qual for, "é condicionada e produz novas condições, transformando as condições 'encontradas' de início".[24]

Essa tomada de posição de Marx e Engels esclarece algo da prática crítica da Arquitetura Nova, que pode ser lida como seu análogo. Ela passou por ao menos três momentos bem delimitados.

O primeiro, de caráter fundador, resultou do trauma que a experiência dos canteiros de Brasília provocou em Rodrigo Lefèvre e em mim. Ele constituiu o verdadeiro pressuposto real da Arquitetura Nova. O que vimos ali nos levou a tomar posições a contrapelo da *doxa* profissional. Marx nos forneceu a armação teórica dessas posições. Sem saber, inaugurávamos uma nova maneira de considerar a arquitetura: por baixo, a partir do canteiro de obras.

O segundo período lógico, cronologicamente imbricado ao primeiro, foi marcado pela adoção do paradigma do legissigno utilizado por

---

[21] *Idem*, *ibidem*, p. 231.

[22] Pierre Dardot e Christian Laval, *Marx, prénom: Karl*, Paris, Gallimard, 2012, pp. 138-9.

[23] *Idem*, *ibidem*.

[24] *Idem*, *ibidem*.

Variante para a edição inglesa

Vilanova Artigas: uma grande cobertura autossuficiente, permitindo que o espaço coberto seja preenchido mediante outras técnicas, livremente, sem embaraços e passível de transformações. Costumo dizer que a nossa casa Helladio Capisano é quase uma citação direta da casa Taques Bittencourt, projetada por Artigas. Mas houve um pequeno projeto meu anterior, da residência de meu tio Milton Simone Pereira: uma cobertura com telhado apoiado nos muros laterais de um terreno estreito, com planta absolutamente "livre".

A partir de nossas primeiras formulações teóricas, e já nas residências Boris Fausto e Bernardo Issler, uma nova inquietação — derivada de outras leituras de Marx e de textos então recentes sobre a fragmentação do trabalho, como a *Crítica da divisão do trabalho*, editada por André Gorz — veio complementar o adotado legissigno de Artigas. Marx mostra que a manufatura do capital decompõe, divide e esfarela o trabalho dos antigos ofícios. Esse esfarelamento induz à perda da visão de conjunto da obra pelos trabalhadores, mesmo se ainda deixa, até o fim do século XIX, a responsabilidade operacional sob o poder da somatória desses mesmos trabalhadores. Pareceu-nos importante reconstituir, ou melhor, criar condições para que os trabalhadores reconstituíssem, em termos atuais, a inteireza de cada um de seus ofícios e a interdependências entre eles. Acreditávamos que esse pressuposto era indispensável para uma real autonomia produtiva dos trabalhadores da construção manufatureira sem as taras da técnica produtiva do capital. É pouco provável que haja restabelecimento de alguma autonomia produtiva a partir das minúsculas partículas de saber e saber-fazer operários, tais como as encontramos nos grandes canteiros contemporâneos. Mais uma vez, a questão da escala é crucial, não no sentido metafísico de Philippe Boudon, e sim no sentido terra a terra de tamanho. Penso que só há terreno favorável para voltarmos lentamente à autonomia produtiva em pequenas cooperativas informais de trabalhadores da construção, e sem idealizá-las. O saber e o saber-fazer que eventualmente preservam estão mutilados e atabalhoados, e precisam ser completados e reorganizados. A Arquitetura Nova cuidou com especial atenção da inteireza e da organicidade operacional das intervenções dos vários ofícios, separando-os claramente, de modo a possibilitar um primeiro passo desse restabelecimento. Essa questão é fundamental.[25]

---

[25] Uma prova em sentido contrário a essas afirmações: as novas modalidades das

Assinalo de passagem que essa inteireza operacional das intervenções para encaminhar uma superação da fragmentação do trabalho manufatureiro nos distingue do ecletismo francês do século XIX, com o qual, de resto, a Arquitetura Nova tem grande afinidade. Ambos cuidam não somente do projeto posto como imagem antecipada do resultado da produção, mas também do caminho lógico, baseado nos ofícios, para chegar a esse resultado. Glosando Espinosa, a ordem e a conexão das ideias, dos projetos, deve ser a mesma que a ordem e a conexão das coisas, das produções. O ecletismo francês, entretanto, tinha vocação de dominar o canteiro e não, como a Arquitetura Nova, de devolver sua hegemonia, integrando-lhe a arquitetura como o ofício das interfaces, como era lá atrás, antes da separação entre projeto e canteiro. O ecletismo do século XIX misturava os ofícios, constante e intrincadamente, tornando problemática a sua autonomia, apesar de sempre afirmar o contrário. Penso que essa incongruência não foi consciente, mas estimulada pela promessa de um reencontro entre arquitetura e canteiro de obras. O resultado é, muitas vezes, belíssimo, mas o próprio ecletismo fez retroceder a promessa por fomentar um excesso de enlaçamentos desnecessários, repetitivos e por demais exaltados.

Curiosamente, apesar de alguns trabalhadores e arquitetos terem adotado nossa tática — cujo resultado era sempre uma significativa economia nos custos de produção simplesmente por evitar os absurdos impostos à construção pelas técnicas de dominação do capital —, esse aspecto de nossa prática crítica tem sido pouco lembrado. Entretanto, tais experiências demonstraram um caminho possível e várias vezes testado para nos conduzir a uma futura prática efetivamente emancipatória. Eliminar os absurdos da prática construtiva atual é a primeira medida para isso, mas eles estão de tal modo embaralhados com nossos hábitos que a triagem não será fácil.

Esse mesmo sucesso foi o que me levou ao suicídio profissional e à constatação desiludida de que não haverá nenhuma saída efetiva enquanto não for abolida a venda da força de trabalho — esse escândalo ético numa sociedade pretensamente herdeira da *Aufklärung*, mas que há tem-

---

instituições oficiais de ofertas de trabalho na França do presidente Emmanuel Macron, o ultraliberal de direita, abandonaram a classificação por *métiers*, já divididos em múltiplas "especializações", e a substituíram por "unidades de trabalho" bastante ambíguas. Por exemplo, a unidade "experiência com microfones" pode incluir tanto comentadores de televisão ou cantores, como anunciantes de produtos do dia em supermercados.

Variante para a edição inglesa

pos não mais se escandaliza com escândalos éticos. Salvo se... Salvo se movimentos como o MST ou o MTST adotassem uma política bem estruturada de cooperativas autônomas de trabalhadores da construção. Elas poderiam assumir, como ponto de partida, os avanços prático-críticos da Arquitetura Nova, devidamente atualizados.

Creio que essa foi a principal contribuição da Arquitetura Nova para o posicionamento de pressupostos reais de futuras experiências emancipatórias de canteiros autônomos de construção: reunia, por um lado, a desconfiança do dogma de eventual "progresso das forças produtivas" rumo à industrialização da construção e, por outro lado, a reconstituição atualizada de formas "arcaicas" de autonomia do corpo produtivo, no qual arquitetos e engenheiros estariam incluídos. "É indispensável desenvolver um 'faro para o atual' que estava oculto 'na folhagem do antigamente'. Este 'salto de tigre em direção do passado', quando realizado 'sob o céu aberto da história', é o salto dialético da Revolução."[26]

Vale a pena terminar estas notas com uma observação de Marcello Musto sobre os hábitos de trabalho de Marx:

> No processo de elaboração de suas teorias, ele tinha o costume de percorrer um longo caminho, marcado por uma grande quantidade de pesquisas, a partir de formulação de hipóteses iniciais, que eram inevitavelmente seguidas de dúvidas e autocríticas sobre a sua validade. Esgotada esta fase, Marx chegava a novas teses que, por sua vez, exigiam mais estudos. Os escritos da última parte de sua vida não fogem a esse padrão.[27]

> Os elementos novos que intervieram em relação ao passado dizem respeito [...] a uma abertura teórica cada vez maior em relação a ele, o que permitiu que Marx considerasse outros caminhos possíveis para a transição ao socialismo que ele não havia avaliado anteriormente ou que havia considerado irrealizáveis.[28]

---

[26] Imaculada Kangussu, "Sobre obras de arte e centelhas de esperança", in Ricardo Timm de Souza *et al.* (orgs.), *Walter Benjamin: barbárie e memória ética*, Porto Alegre, Zouk, 2020, pp. 75-87. As citações no interior da citação são de Walter Benjamin.

[27] M. Musto, *Repensar Marx e os marxismos*, *op. cit.*, p. 275.

[28] *Idem, ibidem*, p. 270.

[...] Marx tinha a esperança de que a crise econômica em curso pudesse determinar as condições favoráveis para a eliminação do capitalismo e "o retorno, na sociedade moderna, [de] uma forma superior de um tipo 'arcaico' da propriedade e da produção coletivas".[29]

A frase entre aspas na última citação é da carta de Marx a Vera Zasulitch e corresponde perfeitamente às intenções da Arquitetura Nova. O promissor tipo "arcaico" de produção seria a manufatura sem capital, que retornaria sob "uma forma superior", com a absorção de uma forma também superior de arquitetos e engenheiros. Esse tipo arcaico seria, ainda, o casamento de uma forma superior do universo dos ofícios inteiriços com uma forma superior do mais longínquo e mais substancial fundamento: a autodeterminação coletiva de trabalhadores. A construção reformada e ampliada retomaria coletivamente as decisões quanto ao que fazer e a como fazer.

Dreams!

---

[29] *Idem, ibidem*, p. 268.

Variante para a edição inglesa

"Trabalhador coletivo" e autonomia[1]

Para o aniversário de 25 anos da Usina

Sou acusado de difamar o exercício da arquitetura. De toda arquitetura. Não é verdade. Não suporto o que domina entre nós: o exercício de um poder tirânico e covarde, o qual, em nome de um suposto saber, apoia a exploração de gente desarmada. Ao vender sua força de trabalho, o operário abdica de sua vontade. É obrigado: não possui nenhum meio de produção, não tem como efetivar sua própria vontade. Foi desarmado: obedecerá à vontade de quem comprou sua força de trabalho. Tirania é isto: a "liberdade" de um só polo, o que possui os meios de produção, contraposta à subordinação forçada de "seus" outros. A venda imposta da força de trabalho obriga o trabalhador a se subordinar à vontade alheia e fazer-se meio para uma finalidade que jamais poderá assumir como sua, sua própria exploração para a obtenção de mais-valia. Refinamento da perversidade: é o operário que comete o que Kant qualifica como "crime contra a natureza humana", é ele, cidadão juridicamente livre, que abdica de sua liberdade ao vender sua força de trabalho. Pouco importa, para a "consciência" do patrão, que sua classe seja a responsável pela prévia retirada de qualquer meio de produção das mãos dos trabalhadores — a causa da venda "criminosa". Quem vende é o operário, do qual o patrão tem a "generosidade" de comprar e empregar a capacidade produtiva.

Mas há outras maneiras de exercer a arquitetura.

* * *

Um grupo (ou nem isto, uma somatória) de carentes de tudo à procura de teto, por exemplo. Nada seria mais simples que rabiscar e construir um projeto de caixas de "morar" — vide BNHs, COHABs, Minha Casa ou Cingapuras — como resposta. Organismos competentes selecio-

---

[1] Publicado como prefácio a *Usina: entre o projeto e o canteiro*, organização de Ícaro Vilaça e Paula Constante, São Paulo, Aurora, 2015, pp. 21-30. (N. do O.)

nariam os que podem pagar o financiamento para comprá-las e pronto. Só falta recolher a mais-valia: a razão real do rabisco — chamar de projeto ou desenho o documento que precede estes horrores seria muita generosidade — e da "construção" — são horrores em ruína assim que concluídos.

A Usina cultiva outra história.

Nos canteiros habituais, a reunião pelo capital de diversas forças de trabalho submetidas à mesma vontade produz efeitos que verificam o que é dito dos organismos: o todo é mais que a soma das partes. Como esta reunião ocorre entre nós sob o patrocínio do capital, atribuímos a ele a origem destes efeitos. A figura do "trabalhador coletivo", metáfora da totalização destes efeitos, é considerada pelo próprio trabalhador como emanação do capital, bem como todos os outros efeitos das "combinações sociais do trabalho".[2] Mais ainda: o ganho que decorre da interação produtiva entre trabalhadores — que não é pouco — não somente não é pago pelo capital e parece emanação sua, mas se volta contra eles, aumentando a produtividade do trabalho com consequente diminuição de salários.

Um dos primeiros cuidados da Usina é desfazer esta ficção. Examinem os diversos textos contidos neste livro: o projeto e a construção propriamente ditos não são quase nunca os marcos iniciais de seu relacionamento com o grupo e sua organização. Antes, os membros da Usina examinam com ele detalhadamente as condições indispensáveis para viabilizar sua esperança. Como obter terreno, financiamento, meios de produção, condições de trabalho. Como chegar a um acordo sobre o que fazer para obter tudo isto, pedir, pressionar, enrolar, ocupar etc. Como estruturar o grupo para enfrentar, talvez por longo tempo, as inúmeras tarefas indispensáveis, as várias responsabilidades, com quais regras de conduta, prioridades etc. etc. etc. Por um bom tempo, o trabalho comum do grupo e da Usina se concentra em torno da obtenção das condições para produzir e da antecipação do futuro sujeito coletivo desta produção. Trata-se de constituir firmemente o que será a raiz situada da coesão e da solidariedade interna do grupo. Antecipar significa simultaneamente ir na direção deste sujeito supraindividual conhecido em suas linhas gerais graças às experiências anteriores nas quais Usina e grupo se fundem sem perder sua diferença, e abrir-se ao imprevisto inevitável que particulariza

---

[2] Karl Marx, *Un chapitre inédit du Capital*, Paris, UGE, 1971, p. 253.

cada nova experiência. Trata-se sobretudo de "alimentar a imaginação e o reconhecimento de suas reais necessidades [o que] é o primeiro passo para um processo autogestionário cujo fim seja em alguma medida emancipador e não a reiteração das opressões".[3]

Vamos recomeçar. Nas obras comuns, o que Marx chama de "trabalhador coletivo" aparece aos trabalhadores como um efeito, uma exteriorização do capital. Na verdade, é efeito da totalização na ação das diversas competências produtivas dos próprios trabalhadores, o sujeito coletivo da produção. Entre nós, acostumados com a separação entre desenho e canteiro, entre proprietários dos meios de produção e portadores da força de trabalho, o "trabalhador coletivo", mesmo nos textos de Marx, surge como metáfora do conjunto das combinações sociais que emergem no canteiro de obras sob dominação do capital — e somente aí. Tudo o que precede a abertura do canteiro não lhe diz respeito. O coletivo de trabalho autogerido + Usina supera esta dicotomia. A preparação das condições mínimas de trabalho, a escolha (tanto quanto possível) dos objetivos, as ações para obter condições indispensáveis de produção, a projetação em comum, a organização da vida social do grupo etc. são, desde o começo, passos constitutivos do "trabalhador coletivo". Evidentemente, de um outro "trabalhador coletivo". Não o que trai o trabalhador individual passando objetivamente para o lado do capital, mas o que volta a ser o que é, emanação exclusiva do coletivo de trabalho que, agora, dispensa o capital, deixa de ser colaborador da subordinação e faz-se emancipador. Ele não é mais o executante de uma vontade exterior — mas, em termos voluntariamente pomposos, sujeito coletivo de sua própria liberdade, sujeito "livre" do trabalho coletivo, do corpo produtivo autônomo (o que inclui, necessariamente, teoricamente, o consumo "livre" — mas isto fica para outra conversa).

Mesmo que o futuro "trabalhador coletivo", no início do encontro entre a Usina e o grupo dos mutirantes, ainda não tenha sido posto pelo processo de produção em seu sentido limitado (isto é, no atual sentido somente de execução material), ele já retroage fora de seu momento usual sobre a etapa de "preparação". Retroage enquanto futuro "trabalhador atuante", e o que fará está assim pressuposto no que faz, na constituição progressiva do "espírito (coletivo) se sabendo" como crescentemente autodeterminado. Mas "retroagir" não é um conceito adequado. Os termos

---

[3] *Usina: entre o projeto e o canteiro, op. cit.*, p. 147.

"Trabalhador coletivo" e autonomia

hoje empregados como evidências não servem mais. Como separar concepção de realização, se desde o começo a primeira tem que levar em conta o que é conquistado pelos passos iniciais da segunda (obtenção do terreno, lugar para reunião, financiamento, avanço da autonomia etc.), passos que pressupõem um coletivo (em formação) antecipador do futuro "trabalhador coletivo"? Não há como descrever o que emerge corretamente sem embaralhar o que nosso entendimento dividiu como se fosse coisa de sempre, mas que de fato obedece às cegas o que o capital fez do trabalho desde a Renascença.

Quando o projeto volta a ser vontade do "trabalhador coletivo", seu significado muda radicalmente e a antiga extensão semântica do significante "projeto" se torna tacanha, inconveniente, inoportuna diante da radicalidade do que muda. Literalmente, muda o que estava na raiz da subordinação do processo de trabalho, o impedimento da autodeterminação. E se muda a raiz, o fundamento, tudo o mais muda também, de forma ou de posição. Leiam as descrições da etapa de projetação nos vários textos apresentados neste livro, sigam em detalhe o emprego e a evolução dos meios e as discussões sucessivas: já está em atividade aqui um coletivo resultante das relações recíprocas entre todos os participantes, a maioria dos quais participará do canteiro (em sentido restrito), o sujeito coletivo que reúne suas condições de trabalho, a totalidade destas condições (não confundir com "as melhores condições").

> [A Usina] busca problematizar o projeto arquitetônico nos contextos de luta dos movimentos sociais, quando questões como autogestão, participação, direito à cidade e tecnologia entram em cena como um único processo.[4]

O processo de autodeterminação exclui, por princípio, corpos estranhos, determinações exteriores. Portanto, exclui, se a autodeterminação for total, como deve ser, o projeto que não é o do corpo produtivo — o qual, portanto, já tem que estar constituído (e prossegue sua constituição) durante a projetação — a qual, portanto, não pode se separar da produção... Estão vendo? As velhas partições vindas do universo das subordinações — universo estreito do entendimento — não servem mais. Mais que nunca somos obrigados a ouvir Hegel:

---

[4] *Idem*, p. 155.

[...] esta dificuldade resulta do fato de que o que é dito do sujeito [da proposição] tem uma vez a significação de seu conceito, enquanto uma outra vez tem somente a significação de seu predicado ou de seu acidente.[5]

A palavra *projeto* tem "uma vez" a significação de antecipação de uma ação futura, que é seu conceito; "uma outra vez", tem a significação do plano separado, da série de documentos gráficos que, de hábito, contém as prescrições formais do que há que fazer; neste caso, refere-se a um "acidente", a uma forma histórica, portanto transitória, do *projeto*. As duas significações não se sobrepõem obrigatoriamente. O plano separado aparece durante o período gótico e logo, ao começar a ser utilizado como meio de subordinação, tende a se confundir com o conceito de projeto, como se fosse todo seu conteúdo. Projetar torna-se atividade separada, uma especialidade de profissionais, os quais, com o tempo e a inércia do costume, não voltam mais ao coletivo do qual partiram, da colaboração simples entre trabalhadores iguais. Nossa dificuldade agora é compreender que o projeto, enquanto conceito, provém do trabalhador coletivo, é por ele determinado completamente, mas seu desenho, sua transcrição gráfica, pode ser tarefa da Usina. Somente neste último sentido pode ser considerado como separado da realização. Quase todos os outros termos do vocabulário profissional apresentam esfoliações semelhantes, habitualmente despercebidas — mas que vêm à tona quando há alteração de fundamento. A mudança das relações de produção mexe, em consonância com transformações práticas, com todo o aparelhamento conceitual adaptado às relações de produção anteriores. Notem bem, se o conceito em sua universalidade (projeto = antecipação de uma ação futura) permanece o mesmo, sua nova particularização muda radicalmente: passa de instrumento de subordinação a meio de autodeterminação, ao inverso do que era. Feito por um agente exterior, por mais bem-intencionado que seja, mantém-se como conjunto de prescrições independentes da vontade dos construtores, subordinando-os portanto, mesmo então, a uma vontade alheia. Mas há mais. O movimento de formação, de gestação da forma, é também movimento de elaboração progressiva do conteúdo. Forma é exteriorização de conteúdo. E formação, germinação de conteúdo. O projeto de um coletivo autodeterminado tem que ser, e

---

[5] G. W. F. Hegel, *La Phénoménologie de l'esprit*, t. I, Paris, Aubier, 1939, p. 55.

ser somente, o registro da projetação coletiva, da ação projetiva comum durante a qual forma e conteúdo se interdeterminam no movimento de sua ação recíproca. Conteúdo isolável de sua expressão formal é também outro efeito e defeito da prática do capital: a Usina não pode se limitar a dar forma de fora ao desejo imediato dos mutirantes, pois, se fosse assim, permaneceria à margem do coletivo de produção e sua atuação seria meramente assistencial. O contrário do "poder popular" que procura formar junto com os mutirantes.

Em termos de história longa, três períodos do "trabalhador coletivo" se encadearam: 1) o da cooperação simples permanece somente interior, já constituído "em-si", mas ainda somente potencial e provavelmente despercebido pela consciência de seus integrantes. O projeto sumário, feito por ele quase integralmente no canteiro, já anuncia este primeiro "trabalhador coletivo" subterrâneo; 2) o reunido pelo capital, aparentemente exterior ao conjunto dos trabalhadores, em situação de "para-si", isto é, em atividade performante, é objeto de consciência; de emanação do corpo produtivo passa a poder hostil a ele. O projeto é totalmente separado do canteiro, a tal ponto que geralmente desenha uma ficção construtiva que recobre a verdadeira construção; e 3) finalmente, o que a Usina começa a formar com os mutirantes e algumas cooperativas de produção, e que advém da cooperação complexa de seus integrantes, é agora "em-si" e "para-si". É o retorno do que havia sido exteriorizado ao corpo produtivo, o qual assume então a totalidade do processo produtivo, da concepção à realização — e à distribuição e ao consumo.

A marginalidade e a juventude deste último período não deve impedir o reconhecimento de suas enormes implicações: o "trabalhador coletivo" que está prefigurando, antecipando, e, esperamos, "vendo vir" — esta última expressão é de Catherine Malabou[6] —, é a emanação de relações de produção pré-revolucionárias — o que não significa, infelizmente, necessariamente próximas.

O que a interação Usina/mutirantes inaugura, junto com outras experiências semelhantes, é uma outra prática da arquitetura que pressupõe (antecipa a posição de) outras relações de produção, totalmente contrárias às que vigoram hoje. Os inúmeros e constantes obstáculos de todo tipo que suas atuações encontram não são somente o resultado da inércia que a burocracia opõe a tudo que ameace sua continuidade e sua imobi-

---

[6] Catherine Malabou, *L'Avenir de Hegel: plasticité, temporalité, dialectique*, Paris, Vrin, 1996.

lidade, a seu sonho de eternidade. Nem da infinita ganância do capital, que não despreza roer os menores vestígios de mais-valia, mesmo que para isto tenha que descer à produção de verdadeiros embustes. Essas taras sociais reagem a um perigo maior implícito no exemplo. Todos os gêneros de avaliação de seus resultados são unânimes: eles superam de longe os que o liberalismo selvagem permite hoje ao capital produtivo na produção da casa popular. Sob o ângulo urbanístico, arquitetônico, construtivo, plástico, social, econômico, educativo, democrático, humano etc. etc. etc., não há comparação possível. A hostilidade patológica que essas experiências provocam nas instâncias do poder e do dinheiro só pode ser explicada pelo medo subterrâneo de que seu exemplo pegue.

Que o exemplo da evidente superioridade da produção autogestionária saia da marginalidade em que hoje se encontra e contamine as lutas do setor da construção — e de lá, as de toda a produção. Catástrofe para a sociedade alicerçada na desigualdade da relação salarial, na subordinação do trabalho, na vergonhosa exploração dos trabalhadores.

A Usina desenvolve táticas delicadíssimas, pacientes e respeitosas para desfazer a teia densa e multiforme dos hábitos sociais decorrentes da inferiorização do trabalhador, para fazê-lo assumir realmente todos os direitos que tem como cidadão livre. Nunca transforma a massa de seus saberes profissionais em álibi de poder. Em vez disso, devolve o máximo possível os saberes saqueados dos canteiros ao longo da história de seu afastamento do desenho, os do *savoir-faire*, bem como tenta transferir as linhas mestras do conhecimento adquirido durante esta separação graças ao privilégio da formação universitária. Isto, sem nenhuma abdicação de sua própria responsabilidade profissional, mas na esperança de uma relação de efetiva igualdade e respeito recíproco. Como nas fotos de Sebastião Salgado, em que as vanguardas dos sem-terra desconhecem as cercas que protegem as terras a ocupar, nossas organizações populares e mutirantes aliados à Usina desconhecem as separações que parecem justificar os instrumentos da exploração do trabalhador da construção. A coisa se torna perigosa demais quando os mutirantes são efetivamente gente de movimentos como o MST. Leiam com cuidado o texto comovedor, lúcido e rigoroso de João Marcos de Almeida Lopes, sobre o Assentamento Ireno Alves dos Santos, presente neste livro.[7] Há sementes de transformações poderosas e fundamentais nas entrelinhas — e, evidente-

---

[7] *Usina: entre o projeto e o canteiro, op. cit.*, p. 58.

mente, na experiência descrita: "a re/afirmação, de si para si mesmos, da condição de sujeitos" pelos acampados desde o tempo da ocupação das beiras de estrada. Mas mesmo quando não há esta junção potencialmente explosiva, a cuidadosa pertinência das relações justas de trabalho que a Usina tece pacientemente com os mutirantes anuncia a possibilidade concreta de mudanças substanciais — já e sem recursos utópicos de outros meios de produção, constantemente anunciados mas que nunca chegam.

No canteiro, os efeitos da ação coletiva não aparecem mais como fertilidade misteriosa do capital e outra fonte de miséria para os operários, mas como prêmio à solidariedade produtiva, como suplemento obtido pelo mérito exclusivo da autogestão comunitária. Não mais como força hostil, mas como recompensa à união e à colaboração interior. O "trabalhador coletivo" desce de sua abstração e faz-se *Geist* familiar, espírito objetivo companheiro, e aparece como alegria, orgulho, dignidade, renovado, restaurado, descoberto. Torna-se prefiguração da sociedade de iguais, modelo de formação revolucionária. Em vez da tarefa estúpida, porque inexplicada, e imposta sem mais por direito absoluto do comprador da força de trabalho, surge o trabalho empenhado, não somente porque destinado ao próprio produtor e aos seus, mas porque compreendido em sua justeza e necessidade, em sua correlação com o projeto sabido em sua totalidade, projeto que não é mais somente um a-fazer, mas a imagem da unidade coletiva a efetivar.

No canteiro autogerido o trabalho abandona a mais pestilenta associação com o que deveria ser seu contrário, o *tripalium*, o instrumento de tortura do qual o capital derivou o nome e com o qual afastou o antigo *ars*, arte, potencialmente contagioso desde que foi reservado para o trabalho "livre". No canteiro autogerido e em outras experiências semelhantes ele volta a ser, com a linguagem, um dos dois pilares centrais de nossa humanidade. Merece de volta seu antigo nome: arte, *"man's expression of his joy in labour"*, no perfeito enunciado de William Morris.[8]

Ocupado quase desde a infância com a atividade em que a evolução das forças produtivas não tem sentido — a pintura — e, um pouco mais tarde, também com outra na qual ela é interdita pela censura econômica imposta pelo capital — a arquitetura —, sou particularmente sensível à força criativa de transformações fundamentais (de fundamento) das relações de produção. Mais ainda, minhas simpatias com as táticas anar-

---

[8] Em minha tradução livre: "manifestação da alegria do homem no trabalho".

quistas de ação direta e nos locais de produção me inclinam a admirar com muita humildade, pois minha própria atividade nunca chegou à feliz simbiose entre a admirável ousadia e competência da Usina, de um lado, e a tenaz coragem dos despossuídos e suas organizações com os quais compartilham a esperança revolucionária.

A experiência da Usina demonstra claramente que, apesar da adversidade ininterrupta que encontra, um outro exercício da arquitetura é possível hoje e aqui. E faz esperar que, com sua multiplicação e de outras semelhantes — que já existem e são fortes em diversas paragens da nossa América do Sul — seja possível acelerar a chegada sempre adiada dos amanhãs que cantam — antes que fiquemos surdos.

Parabéns pelo aniversário de 25 anos. Que a Usina, por onde tem passado tanta gente luminosa, prossiga — apesar de eventuais momentâneos desencorajamentos — por muitos e muitos anos ainda seu caminho transformador.

Grignan, abril de 2015

Sobre o autor

Sérgio Ferro nasceu em Curitiba, em 1938, e foi, durante mais de quarenta anos, professor de História da Arte e da Arquitetura na Faculdade de Arquitetura e Urbanismo da Universidade de São Paulo (1962-1970) e na École Nationale Supérieure d'Architecture de Grenoble (1972-2003). Foi também diretor do Laboratoire de Recherche Dessin/Chantier do Ministério da Cultura da França.

Em sua atividade de pesquisador seguiu o ensinamento de Flávio Motta: além dos procedimentos habituais da tradição universitária, a pesquisa deve incluir a experimentação prática. Assim, a maior parte de sua obra em arquitetura (associado com Flávio Império e Rodrigo Lefèvre), como em pintura, é constituída por experiências nas quais sua teoria, de fundamento marxista, é diversamente testada. A teoria conduz, entretanto, a resultados praticamente opostos nestas duas áreas, em função de seus posicionamentos diversos na produção social. Em consequência, os dois volumes de *Artes plásticas e trabalho livre* são o complemento em negativo de *Arquitetura e trabalho livre* (São Paulo, Cosac Naify, 2006; Prêmio Jabuti 2007 na categoria Ciências Humanas).

Tem pinturas em diversos museus internacionais e obra de arquitetura classificada como monumento histórico. É *Chevalier de l'Ordre des Arts et des Lettres*, nomeado pelo governo da França em 1992.

Publicou:

O canteiro e o desenho. São Paulo: Projeto, 1979. Ed. fr.: *Dessin/Chantier*. Prefácio de Vincent Michel. Paris: Éditions de la Villette/Collection École d'Architecture de Grenoble, 2005. Ed. port.: *O canteiro e o desenho*. Porto: Dafne, 2024.

A casa popular/Arquitetura Nova. São Paulo: GFAU, 1979.

Michelangelo: notas. São Paulo: Palavra e Imagem, 1981.

Le Couvent de la Tourette (com Chérif Kebbal, Philippe Potié e Cyrille Simonnet). Marselha: Parenthèses, 1987.

L'idée constructive en architecture (com Edoardo Benvenuto, Jean-Louis Cohen, Jean-Pierre Épron, Jacques Guillerme, Judi Loach, Robin D. Middleton, Jean-Marie Pérouse de Montclos, Antoine Picon, Philippe Potié, Bruno Queysanne, Pierre Saddy e Cyrille Simonnet). Paris: Picard, 1987.

Futuro/anterior. São Paulo: Nobel, 1989.

Arquitetura e trabalho livre. Organização e apresentação de Pedro Fiori Arantes. Posfácio de Roberto Schwarz. São Paulo: Cosac Naify, 2006.

Artes plásticas e trabalho livre: de Dürer a Velázquez. São Paulo: Editora 34, 2015.

Michelangelo. Arquiteto e escultor da Capela dos Médici. São Paulo: Martins Fontes, 2016.

Construção do desenho clássico. Belo Horizonte: MOM Edições/Editora da Escola de Arquitetura da UFMG, 2021.

Artes plásticas e trabalho livre II: de Manet ao Cubismo Analítico. São Paulo: Editora 34, 2022.

Architecture from Below: An Anthology. Organização de Silke Kapp e Mariana Moura. Tradução de Ellen Heyward e Ana Naomi de Sousa. Londres: Mack, 2024.

Arquitetura e trabalho livre I: O canteiro e o desenho *e seus desdobramentos.* Organização e apresentação de Pedro Fiori Arantes. São Paulo: Editora 34, 2024.

Este livro foi composto em Sabon,
pela Franciosi & Malta, com CTP
e impressão da Edições Loyola em
papel Pólen Natural 80 g/m² da Cia.
Suzano de Papel e Celulose para a
Editora 34, em fevereiro de 2025.